佛祖 禪文化研究院

研究시리즈 Ⅰ

禪學概論

鄭 唯 眞 著

경서원
2009

머 리 말

내가 처음 해인사로 출가했을 때 행사실에서 오가는 말이나 스님들 입에서 나오는 말들이 전부 선과 관련된 이야기였고, 또 대적광전에서 매달 보름과 초하루 날 이루어지고 있는 상당법문도 모두 선을 주제로 한 설법이었다. 그 후 해인사 강원을 졸업하고 대학원에서 공부할 때도 막연히 한국불교는 선종이기 때문에 선과 관련된 모든 전적들이 이미 한글화가 다 되어 있을 것이라고 생각했고, 또 선과 관련된 저서나 논문도 세계 어느 나라에 못지않게 넓고 깊게 많은 연구가 되어 있을 것이라고 생각했다. 그러나 정작 선에 관심을 가지고 들어가 본 결과는 정반대였다. 한국 불교가 선종이라는 말이 무색할 정도로 여러 면에서 너무나 연구가 미진한 상태에 있는 것을 보고 놀랬다. 게다가 경주 캠퍼스에 내려와서 선학과 강의를 담당하면서 선학과에 개설된 기초과목 가운데 꼭 있어야 할 교재들이 아직까지 없는 것을 보고 또 한 번 놀라게 되었다.

지금까지 선학과가 교재 없이 강의해 온 것을 필자는 결코 좋지 않게 말하고 싶지는 않다. 왜냐하면 선이란 원래 언어문자를 초월해 있는 것이고, 만약 언어문자로 선을 정의하거나 개념화 한다면 선은 죽어버리기 때문이다. 선학과가 선을 언어문자로써 형식화하지 않고, 형해화하지 않은 점은 아직 선이 살아 있다는 증거이며, 또 우리 조계종이 세계 어느 나라에서도 볼 수 없는 참선 위주의 수행을 줄곧 고수하고 있는 것은 선의 본래 모습을 십분 살리고 있는 것이라고 생각되기 때문에 바람직한 길로 나아가고 있다고 본다.

그러나 선이 언어문자의 세계에서 벗어나 있고, 체험만 하면 된다고 해서 선을 글로 표현하여 객관화하지 않는다면 이타의 교화행은 단절되고 말 것이다. 그러므로 선의 본의를 손상시키지 않는 범위 내에서 선이 나아갈 방향을 제시하는 것은 꼭 필요하다고 생각한다. 중국의 어떤 선사는 깨달음을 이루는 것보다 깨달음의 세계를 언어문자로 표현하는 것이 더 어렵다고 했듯이 선의 본래 모습을 해치지 않으면서 그 세계를 문자로써 표현하는 것은 참으로 어려운 일이다.

본서에서는 체험의 세계를 말하려고 하는 것이 아니라 단지 선의 깨달음으로 나가는 방향을 제시하고자 할 뿐이다. 체험의 세계는 禪者들의 내면세계이기 때문에 이 자리에서 말할 내용이 아니라고 생각한다. 따라서 선 그 자체에 대한 추구보다는 선학을 탐구해 보자는 것이다.

체계적으로 선학을 탐구하기 위해서는 우선 지침서 정도의 교재는 있어야 한다고 생각되어 부족하지만 감히 몇 가지 항목을 구상하여 글을 써 보았다. 특히 앞으로 선은 각자의 지혜를 개발하는 것은 물론이고 인류의 정신건강과 육체건강을 담당하는데 앞장서야 한다고 보기 때문에 응용선학이 절실히 요구되는 시기라고 생각한다. 그래서 인류의 고통을 책임지고 있는 출가 수행자들은 과학자, 의사, 철학자, 심리학자들과 협력하여 이 시대가 요구하는 새로운 선법을 하루 빨리 창출해 내야 할 것이다.

끝으로 보잘것없는 이 책이 바탕이 되어 앞으로 이보다 훨씬 더 훌륭한 선학개론이 세상에 나오기를 학수고대한다. 그리고 본서가 세상에서 빛을 볼 수 있도록 도와주신 경서원 이규택 사장님께 사의를 표합니다.

불기 2550년 8월 17일

금곡산 불조선문화연구원에서

活空唯眞 화남

차 례

禪學概論

1. 선학 연구 방법

우선 선과 선학을 엄격히 구분해야 한다. 선은 생활과 분리될 수 없는 밀접한 관계에 있기 때문에 일상사에서 그 본래의 모습이 드러난다. 부연하면 평상시의 매사가 선이고, 도라는 뜻이다. 그러나 선학은 평상시에 불법의 정신으로 생활할 수 있도록 철학적이고 이론적인 근거를 제공해 주는 것이다. 따라서 선학은 논리적이고 이론적일 수밖에 없다. 그 이론적인 논리의 근거는 선적에서 찾아내야 한다. 우리가 자신 있는 선생활을 하기 위해서는 먼저 선학이 확립되어야 하고, 선학이 뒷받침되지 않은 선은 사상누각이 될 수밖에 없을 것이다.

연구란 학문의 발전에 기여할 수 있어야 하고 학계에 새로운 식견을 덧붙일 수 있어야 한다. 선학을 처음 연구하고자 할 때 세 가지 부문으로 나누어 접근할 필요가 있다. 첫째, 역사적 연구 둘째, 사상적 연구 셋째, 문화적 연구이다. 이 세 가지는 반드시 일정한 순서가 정해져 있는 것은 아니지만 일반적으로 처음에는 역사연구로부터 시작하여 그 역사위에 사상을 연구하고, 다시 그 사상을 토대로 하여 문화를 연구하는 것이 바람직하다고 생각한다.

먼저 역사적 연구는 선종의 성립사적 연구라고도 할 수 있는

데 선종의 성립과 변화, 그리고 발전의 각 단계를 폭넓게 연구하는 것이다. 예를 들면 학파에서 종파로 성립되는 과정이나 전등설의 성립 등을 연구하는 것이다. 역사적인 연구를 함에 있어서 각 시대별 선사상의 특징을 연구하는 것도 중요하지만 그런 사상이 어떠한 과정을 통해서 형성되었고, 이후 어떻게 발전되어 갔으며, 또 그러한 사상적 변화가 같은 시기의 다른 사상들과 어떠한 관계를 가지고 있으며, 사회의 변화와는 어떠한 영향을 주고받았는지에 대하여 歷時的인 인과관계 속에서 연구를 해야 한다. 특히 중국에서 선종이 토착화되어 가는 과정에서 일어나고 있는 여러 가지 주변상황들이 명확히 밝혀져야 하고, 또 천태나 화엄 등 교학불교와의 상호관계라든가 노장 등 중국전통사상과의 관계 등도 소홀히 해서는 안 된다. 최근 연구에 의하면 선종이 5세기말 6세기 초에 인도에서 건너온 보리달마에 의해서 갑자기 출현한 것이 아니라 위진시대의 반야사상과 남북조시대에 크게 성행했던 지론종계통의 유식사상과 『열반경』의 불성사상을 기반으로 하여 점진적으로 형성되었음이 밝혀졌다. 이 양 시대에 중국인들이 인도의 불교학을 수용할 때 노장자 사상이 그 일을 도왔던 것도 사실이다. 이와 같이 종합적인 연구를 통해야만 선종의 형성과 발전이 명확히 규명될 것이며, 아울러 그 전체적인 위상도 정립될 수 있고, 본질도 밝혀질 것이다.

선종은 남북조시대 후기부터 현재까지 약 1,500년이 넘는 긴 역사를 가지고 있다. 이를 증명하듯 수많은 역사서가 남아 있다. 이들 역사서는 과거의 정확한 선종의 역사를 이해하는데 도움을 주기는커녕 오히려 방해가 되는 것도 있다. 예를 들면 전등사서에 따라서 동일한 인물과 사건이 서로 다르게 이야기 되고 있을 뿐만 아니라 선종의 기본 입장과 발전방향도 상반된 내용으로 기술하고 있는 것을 들 수 있다. 대표적으로 초기 선종의 선사들에 대한 위상은 역사서에 따라 각각 다르게 나타나고 있다. 앞으로 종합적인 연구를 통하여 이들을 사실대로 규명해 내야 할 것이다.

다음, 사상적 연구는 앞의 역사적 연구와 반드시 연결이 되어야 한다. 그렇지 않으면 혼란을 야기할 수 있기 때문이다. 이 사상적 연구는 역사를 통찰할 수 있는 힘을 길러 史觀을 형성하는데 큰 영향을 준다. 그리고 무엇보다 중요한 것은 과거와 현재를 바탕으로 미래의 새로운 방향을 볼 수 있는 안목을 갖게 해 주는 것이다. 사상을 연구할 때는 선문헌이 있어야 하는데 선문헌들을 분류하면 대략 다음과 같다.

① 禪經 : 『유마경』·『금강반야경』·『금강삼매경』·『화엄경』·『법화경』·『범망경』·『원각경』·『능가경』 등.

② 燈史 : 『傳法寶紀』(713作)·『楞伽師資記』(716작)·『歷代法寶記』(774작)·『寶林傳』(801작)·『祖堂集』(952작)·『景德傳燈錄』(1004작)·『天聖廣燈錄』(1036작)·『傳法正宗記』(1061작)·『建中靖國續燈錄』(1101작)·『禪林僧寶傳』(1123작)·『宗門聯燈會要』(1183작)·『嘉泰普燈錄』(1202작)·『五燈會元』(1252작) 등.

③ 어록 : 『이입사행론』·『수심요론』·『관심론』·『육조단경』·『전심법요』·『마조록』·『임제록』.

④ 청규 : 『선원청규』·『칙수백장청규』 등.

⑤ 기타 : 禪詩・說話・私記 등.

이들 분류 가운데 선경은 이것만을 가리키는 것은 아니다. 중국 선종에 가장 많이 영향을 준 경전들만 우선 든 것이다. 중국선은 대승불교를 바탕으로 하여 성립된 것이기 때문에 대승경론은 모두 선경에 포함되며, 달마가 내조하기 이전에는 소승선이 한 때 유행하기도 했다. 그러므로 아함경은 물론이고 부파의 경론까지도 선경의 범위 안에 들어가야 할 것이다.

선종의 역사를 연구할 때는 위의 등사 외에도 『양고승전』(519작)・『속고승전』(645~667작)・『송고승전』(988작) 등의 고승전과 『부법장인연전』(472역)・『보리달마남종정시비론』(732작)・『조계대사전』(781)과 비문 등도 같이 보아야 한다.

어록을 연구하고자 할 때는 반드시 먼저 원전의 비판이 선행되어야 한다. 왜냐하면 대부분의 어록은 제자나 손제자 등 제3자가 필사한 것이기 때문에 오자나 탈자가 많다. 따라서 정확한 사상을 이해하기 위해서는 먼저 원전 비판을 통한 오자의 교정과 탈자의 보충이 선행되어야 한다. 그렇지 않으면 전혀 다른 사상이 나올 수도 있기 때문이다. 선문헌을 통해서 연구해야 할 과제는 문헌의 글자 하나하나와 한 문구, 한 구절을 자세하게 짚어 나가면서 법의 구체적인 양태를 파악해야 하고, 어떤 인물의 사상을 밝혀내야 하며, 문헌의 사상적 특징을 규명해야 한다. 그리고 실천과정, 실천사상, 경험의 세계, 僧堂의 생활 모습 등도 밝혀내어야 한다. 또 사상을 연구할 때는 사상교섭사나 비교사상연구를 하는 것도 중요하다.

그 다음 문화적 연구는 무엇보다도 먼저 선문헌과 청규 그 외에 선시나 설화에 대한 정확한 이해가 선행되어야 한다. 왜냐하면 과거의 선승들이 살아 온 생생한 문화생활을 지금 여기에서 재구성하고, 또 더 나아가 새로운 문화를 창조하기 위해서는 기존의 사상과 문화를 토대로 하여 그 보다 낳은 문화를 창출해 내야 하기 때문이다. 문화는 살아있는 인간의 정신적 물질적 산물이기 때문에 반드시 생활과 하나가 되지 않으면 안 된다.

끝으로 위에서 소개한 선문들을 근거로 하여 최근에 학자들이 연구한 자료들을 시대별로 내용별로 분류하여 소개하면 다음과 같다.

<참고문헌>

*柳田聖山,『禪佛教の硏究』(『柳田聖山全集』1, 京都: 法藏館, 1999).
*松本史朗,『禪思想の批判的硏究』, 東京: 大藏出版.
*柳田聖山,『禪文獻の硏究』, 京都: 法藏館, 2001.
*鈴木大拙,『新版鈴木大拙禪選集』(禪佛教入門), 東京: 春秋社.
*湯用彤,　『漢魏兩晉南北朝佛教史』, 北京: 北京大學出版社, 1997.
*塚本善隆,　「敦煌佛教史槪說」(西域文化硏究會編,　『西域文化硏究』제1, 1958).
*任繼愈,　『漢唐佛教思想論集』, 北京: 三聯書店, 1963.
*鈴木貞太郞,『鈴木大拙選集』追卷(2. 禪による生活, 3. 禪の硏究, 4. 禪の諸問題, 5. 宗教と現代生活), 東京: 春秋社, 1952.

*鈴木貞太郎,『禪の研究』, 東京: 丙午出版社, 1916.
*保坂玉泉,『禪の研究』, 東京: 鴻盟社, 1962.
*古田紹欽,『禪論』, 京都: 金尾文淵堂, 1948.
*井原徹山,『禪の文字』-禪語の文法學的考察, 特に品詞篇-, 東京: 雄山閣, 1941.
*增永靈鳳,『現代禪學讀本』, 東京: 誠信書房, 1956.
*伊藤英三,『禪』, 東京: 弘文堂, 1955.
*岡田宜法,『禪學概論』, 東京: 甲子社書房, 1930.
*日種讓山,『禪宗學』, 東京: 內外書房, 1942.
*山田孝道,『禪宗教義の特色』, 東京: 大阪屋號書店, 1918.
*秋野孝道,『禪宗綱要』, 東京: 丙午出版社, 1920.
*小野淸秀,『禪宗哲學』, 東京: 廣文堂, 1917.
*增永靈鳳,『禪佛教の綱要(*Outline of Zen Buddhism*)』, 鎌倉慧日會, 1956.
*胡適,　『支那禪學の變遷』, 今關天彭, 東京: 東方學術書院, 1936.
*忽滑谷快天,『禪學思想史』, 東京: 玄黃社, 1939.
*鈴木貞太郎,『禪思想史研究』, 東京: 岩波書店, 1951.
*日種讓山,『禪學研究』, 京都: 禪學研究會, 1929.
*岡田宜法,『禪學研究法とその資料』, 東京: 代代木書院, 1931.
*近重眞澄,『禪學眞髓』, 東京: 東亞堂, 1929.
*高橋北堂,『直道直入 禪學大觀』, 東京: 太陽堂, 1929.
*鈴木貞太郎,『禪學大要』, 東京: 光融館, 1920.
*新井石禪,『禪學入門』, 東京: 豐文館, 明治44年.
*秋野孝道,『禪學入門』, 東京: 東亞堂, 1916.
*鈴木貞太郎,『禪學入門』, 東京: 大東出版社, 1940.
*今枝法雲,『禪學入門』, 東京: 日本禪書刊行會, 1931.
*山田靈林,『禪學入門の書』, 東京: 實業之日本社, 1937.
*鈴木貞太郎,『禪學への道』, 京都: 法藏館, 1953.
*加藤熊一郎,『禪學要義』, 東京: 丙午出版社, 1918.

*大內青巒, 『禪學講話』, 東京: 京文社, 1935.
*秋山悟庵, 『奥義解説 禪學講話』-附, 禪の身心健康法-, 東京: 弘道館, 1916.
*後藤大用, 『禪學新講座』, 東京: 洋文社, 1940.
*牧田諦亮, 『中國佛教史研究』第1·2, 東京: 文麗社, 1981.
*鎌田茂雄, 『中國佛教史』第1～8, 東京: 東京大學出版會, 1982.

2. 선종사의 새로운 시각과 선의 略史

1) 선종사에 대한 새로운 시각

종래의 선종사 연구는 『景德傳燈錄』(1004년 성립)이나 『傳法正宗記』(1061년 성립) 등 燈史에 기록된 기사를 史實인 것처럼 믿고 연구해 왔으나 1920년대 돈황에서 새로운 선종의 문서들이 다량 발견됨으로써 기존의 연구결과가 거짓임이 판명되어 아무런 쓸모가 없게 되었다. 그 결과 학자들은 선의 역사를 보는 시각을 바꾸지 않으면 안 되었다. 구체적으로 말해서 일반적으로 史家들이 기록한 正史상에 나타난 선종의 역사와 선종 내부에서 만들어진 傳承의 사실을 구별해서 보아야 한다는 것이다. 아울러 선종 내의 등사 상에 기재된 동일한 기사가 시대의 흐름에 따라서 변화하고 있는 모습도 세심하게 관찰해야 한다는 주장을 하고 있다.

일반 사가들이 쓴 정사는 『속고승전』과 같은 것이고, 선종 내에서 만들어진 전승의 사실을 기록한 선종의 역사서는 『전등록』과 같은 것이다. 참된 선종의 역사는 이들 양자가 동일한 내용의 기사를 왜 다르게 기록하고 있는지에 대하여 그 상위점을 歷時的인 인과관계 속에서 비판적으로 명확하게 밝혀내는 것이다. 왜냐하면 선종의 역사는 본래의 역사적인 사실과는 다른 새로운 차원의 역사적인 과제를 내포하고 있기 때문이다. 그리고 선종의 燈史상에 기재된 동일한 기사가 시간의 흐름에 따라 변모하고 있는 모습도 아울러 해명해야 한다. 다시 말해서 등사상에 나타난 동일한 전승의 사실이 시간의 흐름에 따라서 왜 개작하여 변화시키지 않으면 안 되었는지에 대한 이유를 규명해 내야 한다는 것이다.

동일한 대상의 내용이 시간의 흐름에 따라서 변화한 것은 분명히 그 시대에 살고 있는 사람들의 시대적인 요구에 부응하기 위함이라고 본다. 예를 들면 새로운 祖師像을 창조하는 것은 곧 그 시대에 사는 사람들이 요구하는 조사상임과 동시에 그것은 그 시대에 형성된 선사상을 표명한 것이기도 하다. 쉽게 말해서 한 시대에 사는 사람들의 요구에 맞추어 조사상을 만들거나 아니면 어떤 종파의 주장이나 사상을 토대로 하여 새로운 조사상을 만들었다는 뜻이다. 그러므로 조사상의 발전은 그대로 선종의 역사적인 발전을 의미하는 것이다.

2) 선의 略史

여기 선의 역사는 앞으로 넓고 자세하게 연구할 수 있도록 길을 열어주는 안내자의 역할을 하고자 하는 것이다. 이 略史 위에 앞에서 언급한 새로운 시각을 가지고 넓고 깊게 연구하여 살을 더 붙인다면 훌륭한 선종의 역사가 될 수 있을 것이라고 확신한다.

중국 사상사에서 하나의 분수령을 이루고 있는 선은 약 700년부터 1100년까지, 거의 400년에 걸쳐 그 찬란한 위용을 떨쳤다. 초기의 한 세기와 반세기는 중국 선종의 문을 처음으로 연 창시자들의 시대였다. 부연하면 그 시대는 도발적인 사고가 있었고, 용기 있는 의심을 했으며, 단순하고 꾸밈없는 언설로 자신의 사상을 표현한 시대였다고 볼 수 있다. 초창기의 신빙성 있는 기록들은 신회와 마조로부터 위산에 이르기까지 당대의 위대한 선사들은 모두 순수하고 소박해서 오해의 여지가 없는 말로 받아들여 가르치고 대화를 나누었다. 다시 말해서 그들에게 수수께끼와 같은 말이나 몸짓은 거의 없었다. 그러나 마조와 그의 수제자들로부터 나온 것으로 알려져 있는 도저히 알 수 없는 유명한 말들은 후대에 날조된 것임에 틀림없다. 기이하고 이해하기 힘들고, 어떤 때는 미친 것처럼 보이기도 하는 이런 별난 행동과 말은 결국 진실을 전달하려고 하는 선불교만의 독특한 교육방법을 개발하도록 촉진시켰다. 이러한 기이한 방법으로 제자들을 제접한 최초의 인물이 위산일 것이다. 그는 자신에게 묻는 이들을 방망이로 두들겨 패거나 귀가 먹을 정도로 고함을 질러대는 것으로 유명한 선사이다. 그는 이후 100여 년 동안 담백한 말 대신 선수행의 독특한 방법을 발전시키는데 공헌한 사람이다.

중국에서 선종이 발생한 때는 당 말기부터 송나라 시대이다. 이 시대의 선은 dhyāna의 성격에서 완전히 탈피하게 된다. 즉 인도선의 낡은 옷을 벗어버리고 새로운 중국선의 옷을 갈아입은 것이다. dhyāna라는 말에 중국의 전통사상이 농후하게 가미되어 완전히 중국어화한 새로운 의미로서 禪의 개념이 변화되었다. 오늘날 선사상 또는 선종이라고 할 때 그 선은 중국어로 바뀐 의미의 선을 두고 하는 말이다. 선종이란 말은 9세기로 내려와 황벽희운(850년 시적)이나 圭峰宗密(780~841) 등의 찬술에서 최초로 발견된다.

선종이 중국불교의 한 종파로서 출현하여 정식적으로 종교철학을 세운 것은 실제로 당대에 들어와서도 7세기 후반의 일이다. 그것이 전국적으로 광범위하게 전파된 것은 8세기에 안록산과 사사명의 난[1]이 일어난 이후이다. 그리고 선종이 가장 융성했던 때는 회창폐불(841~846) 이후이다. 여러 차례의 철저한 폐불로 인하여 경론과 章疏가 불태워지고 산실됨으로써 치밀하고 정확한 각종 교학불교는 쇠퇴하지 않을 수 없었지만 佛心을 중요시하는 선종만은 오히려 자유롭게 발전하였다. 이는 인도에서 유래한 경론을 버리고 중국의 선승들이 지은 어록이나 공안을 중시하는 새로운 선종의 출현을 의미한다.

체험을 중시하는 육조혜능 이후 마조의 선은 인도의 선과는 전혀 다르다. 다시 말해서 돈황본 『육조단경』의 설은 아직 전통사상의 연장선상에서 전개되고 있다고 한다면 중국적인 반야

---

1) 안록산과 사사명의 난 : 塞外 민족 출신의 유력한 절도사였던 安祿山과 이어 그의 막료였던 史思明이 일으킨 반란. 755~763년까지 9년 간에 걸쳐서 일어난 난으로 장안은 잿더미가 되고 당나라 왕조의 지배구조는 사실상 붕괴되었다. 정치 경제 사회뿐만 아니라 사상과 문화면에도 큰 변화를 일어났다.

사상의 실천과 그것의 철저화는 마조 이후의 사람들에 의해서 추진된 것이다. 조사선에서는 『단경』에서와 같은 철학적 해설은 필요치 않았던 것이다. 특히 마조계통의 홍주종이 중국선의 주류를 이루었던 이유는 첫째, 사상의 혁신을 이루었고, 둘째, 선을 중국인들에게 적합한 생활종교로 만들었기 때문이다. 마조 선사상의 배경에는 화엄의 법계연기사상이나 우두법융(594~657)계통의 반야사상, 그리고 승조(374~414)의 立處卽眞[2)]사상이 존재한다. 그러나 그 보다 더 중요한 것은 마조가 그러한 중국불교의 모든 사상을 소화하고 그것을 일상성의 진실로 이끌어간 점이다. 즉 마조는 철저하게 일상생활 속에서 진실을 보여 주었으며, 마음의 전체작용에서 진리 그 자체와 부처 그 자체를 보여 주었던 것이다.

---

2) 立處卽眞이란 말은 인간을 중심으로 생각하는 중국인의 현실주의적인 정신과 현세지향적인 사고에서 나온 것이다. 이와 유사한 말은 승조의 『不眞空論』에 "道가 멀리 있다고 하겠는가. 눈앞에 부딪치는 것(事)마다 진실(眞)이다. 성인이 멀리 있다고 하겠는가. 도를 체득하면 곧 바로 성인인 것이다"라고 한 '觸事而眞'과 천대지의가 『법화현의』에서 "만약 형상에 즉하여 진이라면 이것도 또한 멀리 있는 것이 아니다"라고 한 '卽事而眞'과 吉藏의 '卽物而眞'과 그리고 공자가 子路에게 죽음에 대한 질문을 받았을 때 "아직 태어남(生)도 알지 못하는데 어찌 죽음을 알겠는가"라고 한 말이나 북주의 무제가 "현실(事)에 즉하여 말한다면 어떤 것이든 도가 아닌 것이 없다"라고 한 '卽事而道' 등은 모두 현실을 중시하는 사상에서 나온 말들이다. 이 현실을 떠나서 진리가 없다는 생각은 이미 『법화경』'法師功德品'에 "세간의 경서, 세상을 다스리는 언어, 세상을 살아가는 직업 등을 말한다 해도 모두 정법에 따른다"고 한 말이나 『放光般若經』에 "진제를 움직이지 않고 제법의 입처로 삼는다(不動眞諦而爲諸法立處)"고 한 말이 그 맹아일 것이다.

이어 마조의 제자인 百丈懷海(720~814)가 선종에 공헌한 것은 두 가지이다. 첫째, 백장 당시에 종래에 지켜오던 계율이 그들의 기후풍토와 습관에 맞지 않아 한계에 부딪쳤기 때문에 그는 대소승의 계율을 박약절충하여 선원청규를 새롭게 제정함으로써 律寺에 소속되어 있던 禪院을 독립시켰다. 이것은 선종의 독립이 확고해진 것을 의미하며, 마조의 선이 자유로운 생활의 절대긍정에 빠질 위험에서 구제된 것을 의미한다.3) 사실 그 청규에 바탕을 둔 엄정하고 면밀한 총림의 行持가 선종을 선종답게 만든 것이다. 둘째, 마조의 정신을 토대로 당시 이미 어느 정도 일상화되어 있던 출가자의 노동을 명확히 긍정하여 "하루 일하지 않으면 하루 먹지 않는다"라는 사상을 확립한 것이다. 이것은 선종사원의 경제적 자립을 지지하는 사상적 기반이 되기도 하지만 또 한편으로는 출가자의 생산노동과 경제행위를 엄격히 부정하는 불교의 전통적인 노동관을 근본적으로 뒤집어 엎는 것이기도 하다.

황벽의 제자인 임제선의 특징은 세 가지로 요약할 수 있다. 첫째, 지금 여기 있는 그대로의 자기가 부처 그 자체라고 하는 것을 철저하게 확신하도록 하는 것이다. 이 확신에 근거하여 '無事是貴人'·'가는 곳마다 주인이 되면 서 있는 곳이 모두 진실이다(隨處作主, 立處皆眞)'고 한 유명한 말을 하게 된 것이다. 둘째, 그러한 확신 위에 미망에서 깨달음으로 나아가는 구

---

3) 마조가 '도는 닦을 필요가 없다(道不用修)'라고 주장하자 그 밑의 일부 사람들은 이 말을 잘못 이해하여 모두 본래 부처인데 닦을 것이 없다고 주장하면서 부처의 행세를 하는 사람들이 있었다. 이런 잘못을 백장은 바로 잡아 주었던 것이다.

체적인 실천을 '오직 밖에서 부처를 구하려고 하지 말라(莫向外馳求)'고 역설하고 있다. 그가 부처를 찾고, 법을 찾고, 삼계에서 벗어나려고 하는 것은 모두 미망의 本源에 지나지 않는다고 한 말도 '向外馳求'를 경계한 말이다. 셋째, 『임제록』에 "만약 스스로 부처라는 것을 철저하게 믿지 않는다면 당황하여 쩔쩔매면서 대상이 되는 모든 것을 이리저리 쫓아다니며 그들 대상에 끌려 자유를 얻지 못한다. 그러나 만약 한 생각 한 생각마다 찾아 헤매는 마음을 없앤다면 조불과 다를 것이 없다"고 한 것처럼 그는 주체적 자유를 선양한 선승이다. 그가 주장하는 깨달음의 자유란 진정으로 지금의 이 현실에서 자기의 본질을 자각하고 자기 자신의 자유를 실현하는 것이다. 임제선은 마조의 선을 보다 주체적인 방향으로 철저하게 규명한 것이라고 할 수 있다.

그러면 선종의 전체 역사를 시대별로 개괄해 보자.

제1기 준비시대 : 安世高에서 寶誌 이전까지, 약 2세기에서 6세기 전반 시대의 선.

제2기 純禪시대 : 보리달마에서 신수와 혜능시대까지, 6세기에서 8세기 초반까지의 선.

제3기 禪機시대 : 우두 · 청원 · 남악 등에서 법안 · 풍혈시대까지, 7세기 후반부터 10세기 중반 무렵까지의 선.

제4기 禪道熟爛시대 전기 : 延壽 · 省念 등으로부터 法演 · 克勤 · 子淳시대까지, 10세기 후반에서 11세기 전반까지의 선.

제5기 선도숙난시대 후기 : 正覺 · 宗杲에서 남송 말까지, 11세기 후반에서 13세기 전반까지의 선.

제6기 禪道變衰시대 : 원대 초기부터 청 말까지, 13세기 후반에서 19세기에 이르는 선, 쇠퇴기의 선.

위의 시대구분에서 8세기 후반에서 11세기 전반까지의 약 300년간을 선종의 전성기, 혹은 융성기라고 보는 이유는 선의 5가 7종이 일어난 시대이기 때문이다.

8세기 후반에서 9세기에 이르는 시대에 소위 선종 5가 7종 가운데 5가의 가풍이 싹을 움틔워 선종의 활동이 다른 교종이나 밀교 계통의 종교활동을 누르고 거의 독주하는 시대였다. 이 시기에 활약한 선승들을 보면 石頭希遷(700~790)이 그의 사법인 藥山惟儼(759~828)과 丹霞天然(739~829)을 배출하였고, 또 마조도일(708~788)이 백장회해(720~814)와 남전보원(748~834)을 배출하였다. 徑山法欽(714~792)으로부터 마조도일과 석두희천 등을 역참했다고 하는 天皇道悟(748~809)등이 배출되어 크게 활약하였다. 이 때 백장회해가 『선원청규』를 제정하여 율원으로부터 순수하게 禪寺가 독립하는 것을 가능하게 했다. 또한 이 시대에 하택신회(684~758)로부터 사승하였다고 하는 화엄종의 청량징관(738~838)이 출현하였고, 또 화엄종의 제5조 규봉종밀이 신회의 5대손인 大德道圓을 이어 교선일치를 제창하였다.

다음 9세기 중엽부터 10세기에 이르면 5가 중의 조동종에서는 雲巖曇晟(782~840)에게서 洞山良价(807~869)가 배출되고, 다음에 그의 제자 曹山本寂(840~901)이 출현한다. 임제종에서는 黃檗希運(?~850)에게서 臨濟義玄(?~867)이 나오고, 위앙종에서는 백장에 이어 潙山靈祐(771～853)와 仰山慧寂(814～890)의 사자상승이 이루어 졌다. 또한 후에 운문계와 법안계의 선구가 된 德山宣鑑(782～865)과 그의 제자 雪峰義存(822～908)이 출현하여 많은 대중에게 활발한 선교육을 베풀었던 때이다.

그 다음 10세기부터 11세기 중엽사이에는 앞서 말한 雲門文偃(?～949)과 그 다음 法眼文益(885～958)이 나왔으며, 조동계열로는 동산양개의 6세손인 大陽警玄(948～1027)이 있고, 임제계통으로는 임제의 7세손인 石霜楚圓(988～1041)으로부터 7종의 하나인 黃龍慧南(?～1069)과 역시 7종의 하나인 楊岐方會(?～1049)가 배출되어 그의 문인들은 후세에 크게 번창하였다.

위에서 본 것처럼 중국 선종에서 기라성 같은 걸승들이 모두 이 시기(융성기)에 출현한 것을 알 수 있다. 그러므로 선의 융성기는 8세기 후반부터 11세기 전반 무렵까지로 볼 수 있으며, 한 마디로 말한다면 5가 7종이 모두 출현한 시기로 한정할 수 있다. 그러나 이 300년 중에서도 9세기 중엽의 임제, 동산, 위산, 앙산에 이어 운문과 법안이 활동한 시기가 선의 융성기 중의 전성기라고 할 수 있을 것이다.

이 시대의 선승들은 자기의 사상을 세운다든지 자기의 명성을 높이는 데는 별 관심이 없었다. 오직 구도자를 위하여 운집한 운수납자 한 사람 한 사람을 어떻게 하면 빨리 그리고 直截(직절)하게 그들 자신의 일을 철저하게 구명하고(己事究明), 또 자기의 본래면목을 밝혀 대오케 하느냐에 관심을 가졌을 뿐이다.

융성기의 선지식들은 학인 각자로 하여금 직접 스스로 견성성불하도록 하고, 법을 거양하는 것에 주안점을 두고 활동하였다. 그 증거로서 불조의 活作略(法擧揚)을 많이 모아 평창을 붙여 이를 하나의 전형으로 삼아 구도자들이 배우게 하는 경향(후대의 公案集)이 11세기 후반부터 나타나기 시작했다. 예를 들면 雪竇重顯(980~1045)의 百則頌古에 임제종 계통의 圜悟克勤(1063~1135)이 垂示(서언), 著語, 評唱을 더한 『碧巖錄』(1125)이 있다. 이어서 조동종 계통인 宏智正覺(1091~1151)의 송고에 萬松行秀가 평창한 『從容錄』(1224), 투자의청의 송고에 단하자순이 착어를 붙이고, 林泉從倫이 평창한 『空谷集』(1285), 단하자순의 송고에 임천종륜이 평창한 『虛堂集』(1295)과 같은 공안집이 계속해서 나왔다. 이 시대를 소위 문자선의 시대라고 한다.

문자선의 선구자는 분양선소이고, 문자선의 대표적인 인물은 설두중현이다. 이 시대에 문자선이 발달한 이유는 첫째, 선승들이 사대부의 지식인들과 교류하면서 문자로 선의 뜻을 해석할 필요가 있었기 때문이고, 둘째, 선학 자체의 발전이 필요했기 때문일 것이다. 그러면 선이 문자화되면서 나타난 결과들을 보자.

먼저 어록의 출현을 들 수 있다. 언설을 절대 긍정하는 사상이 육조혜능에서부터 비롯되어 당대에 이미 선승의 어록이 있었다는 기록이 있다. 慧洪의 『林間錄』 상권에 "운문문언선사의 입실제자인 香林澄遠이 종이로 옷을 삼고, 들은 것을 기록했다"는 말이 보인다. 이어 송 대에 들어오면 어록편찬의 황금시대가 된다.

다음 燈史가 다량 편찬되었다. 송 대에 들어오면서 법등전승의 필요성을 확립하기 위하여 많은 燈錄을 편찬하였다.

그 다음 공안에 해석을 붙이기 시작했다. 공안에 주를 다는 것에는 네 가지 원칙이 있다. 첫째, 고칙을 들어 산문형식으로 비평 혹은 해석을 해야 한다. 이를 拈古라 한다. 둘째, 염고의 뒤에는 반드시 頌古가 있어야 한다. 송고란 골라낸 고칙에 대하여 운문으로 評頌을 하는 것이다. 셋째, 송고와 염고는 모두 함축된 언어로써 선을 설명하기 때문에 이해하기가 어렵다. 그렇기 때문에 공안과 송문에 대하여 문자적 고증과 새로운 해석을 가해야 한다. 이를 評唱이라 한다. 넷째, 大別이 있어야 한다. 대별은 代語와 別語를 가리킨다. 이는 공안에 대해 어떤 새로운 해석이나 평론을 더한 것을 말한다. 또 대어에는 두 가지 형식이 있다. 하나는 일곱째,가 서로 만나서 응할 때 스승이 질문하면 학인이 대답하지 못하거나 혹은 대답이 스승의 생각과 계합하지 않아서 스승이 학인을 대신하여 대답하는 것을 말한다. 또 하나는 古人을 대신하여 대답하는 것을 가리킨다. 즉 고인의 공안 중에 질문은 있으나 대답이 없는 것이 있어서 선사가 대신하여 대답하는 것이다. 그리고 별어는 공안 가운데 대답은 있지만 다른 원인 때문에 선사들이 다른 대답을 보충하는 것을 말한다.[4)]

---

4) 拈古 : 고칙공안을 골라내는 일. 즉 선배의 문답에 대하여 제3자가 비평을 가하는 것. 頌古 : 고칙이 주제인 송을 말하며, 골라낸 공안에 대하여 評頌을 더하는 것. 『벽암록』의 경우 설두가 붙인 것이 이에 해당한다. 垂示 : 總綱, 要意의 설명. 『벽암록』의 경우 원오가 말한 것. 本則 : 고인의 공안. 『벽암록』의 경우 설두가 고칙 중에서 선별한 것.

문자선 시대에 공안집을 많이 만들어서 선을 널리 보급하는 등 좋은 일도 많이 있었지만 한편으로 문자선의 폐단도 적지 않았다. 문자선의 폐단은 수단을 목적으로 오인하여 선을 문자로 유희하거나 글로써 禪意를 가려버렸다. 이는 선종의 불립문자에 위배되는 행위이다. 선을 지성적 사유와 義理로써 해석하여 선리와 선의를 증오할 것을 강조했다. 선 그 자체는 의리로써 해석을 할 수 없는 것이고, 사유로써 증오할 수 없는 것이다. 그럼에도 불구하고 지각적 사유를 지나치게 중시하여 선의 직관적인 체험에 대한 깨달음을 소홀히 하고 말았던 것이다.

선승들이 이러한 고칙공안을 수집하고 사용하는 것 그 자체는 한편으로 구도자에게 편의를 제공한다는 점에서 이로운 점도 있었지만 이를 형식화하여 그 對機인 수도자에게 부과할 때 적절하게 활용하지 못함으로 인하여 좋지 않은 문제점들을 야기하였다. 그 뿐만 아니라 그러한 고칙, 평창, 착어를 가르쳐야만 하는 데에서 자연히 선이 전문화되어 가는 현상이 생기게 되었다. 그리하여 민중을 위한 선이 도리어 선학 전문가의 것이 되고 만 것이다.

간화선을 주장한 대혜종고(1089~1163)가 『벽암록』[5])을 불태

着語 : 夾注, 즉 간결한 비평의 말. 評唱 : 구체적인 예를 들어 설명한 것, 『벽암록』의 경우 원오가 설명한 것. 代語 : 옛 사람의 문답에 대신 대답하는 것으로서 제2인칭이 자기의 해답을 부여하는 것. 다른 대답을 붙이는 것을 別語라 하고, 그러한 문답에 대하여 게송으로 대답하는 것을 頌古라 한다. 공안집은 염고→송고→평창・擊節의 순서로 만들어 진다.

5) 『벽암록』은 예부터 종문의 제1서로 존중되어 온 공안집이다. 내용은 『雪竇頌古』의 평석서라고 할 수 있다. 송대 雪竇重顯(980~1052)이 선

워 버릴 것을 주장한 이유도 여기에 있다. 굉지정각(1091~1157)과 대혜종고는 서로 인가한 사이였으나 이들이 서로 묵조와 간화의 가풍에 대하여 시비를 논했던 것도 이미 선의 가풍이 그 이전의 생생한 본래의 사명을 잃고 형식화에 빠져 있었던 증거로 볼 수 있다. 원래 묵조란 묵묵히 말을 떠나 오로지 좌선하는 그곳에서 자신이 본래 갖추고 있던 진실 그 자체의 작용이 일어나고 지혜의 빛이 비쳐 나오는 것을 의미한다. 그러나 대혜는 이 점을 현실에서 깨달음을 부정하는 것이라고 비판하였다(以悟爲則). 공안을 사용하여 의심을 매개체로 깨달음을 고취한 대혜의 간화선과 진실에 대한 믿음에 입각해서 오로지 좌선하는 가운데 스스로 깨달음의 완성을 자각한 굉지의 묵조선과의 대립은 어디까지나 수행방법에 관한 대립이라는 것을 잊어서는 안 될 것이다. 어쨌든 11세기 후반부터 시작된 선의 전성기는 그 융성함을 맞이함으로부터 퇴조가 보이는 것은 부정할 수 없다.

다만 고칙공안은 구도자에게 일종의 선의 전형을 주었기 때문에 결코 무익하다고만 할 수 없고 대기에 따라서 잘 응용만 하면 유효하다. 그러나 千聖不傳의 己事를 구명하는 선교육의 참뜻에서 보면 이 型을 각자가 時機相應하여 자유자재한 천분을 발휘할 수 있도록 작용하는 데에 주의를 기울일 필요가 있다.

인의 언행 백칙을 골라 송을 붙였는데 이것이 『설두송고』이다. 이 책에 설두보다 백년 쯤 뒤에 태어난 圜悟克勤(1063~1135)이 수시를 붙였다. 이것이 바로 『벽암록』이다. 『벽암록』은 『설두송고』의 평석서라 해도 원오극근의 깊은 禪旨가 들어간 고전이다.

이 시기에 선종에서는 학인들을 接化하는 독특한 가풍이 생겼다. 가풍이란 선승들이 구도자의 성격과 근기, 교양과 수행정도, 時·處·位와 풍속습관 등의 차이에 응하여 독특한 법거양을 펼친 것을 말한다. 다시 말해서 선승이 학인의 근기 상태에 따라서 선승 자신이 최선의 수단방법(방편)을 창안하여 학인으로 하여금 한 걸음 여래의 문에 들게 하여 철저하게 대오하도록 하는 것이다. 선의 달인은 천만성인이 전하지 못한 특유의 독자성을 발휘할 수 있기 때문에 사람들에게 각양의 독자적인 선교방편을 발휘할 수 있는 것이다. 그러나 당시 구도자들은 자기에게 맞는 유형이 있었던 것으로 생각된다. 그들이 선호하는 유형에 맞추어 교화의 수단을 발휘한 것이 위앙종·임제종·조동종·운문종·법안종 등이다. 또한 그 교화방법 중에서 한 가지 수단방법을 선호하고, 그것이 자기에게 맞다고 생각한 구도자들이 많이 모이게 되어 점차 독자적인 가풍이 형성되었다고 본다. 그 사이에 각각의 嗣法者들이 때지어 모이고, 그 사법계통이 따로 이루어져 뚜렷하게 구별되게 된 것이다. 이러한 것이 5가 종풍이다. 그렇지만 학인의 근기를 간파한 活眼宗師는 그의 제자가 자기의 견성에 적절한 가풍을 가진 종사를 선택하지 못했을 경우 종사 스스로가 그 학인을 대신하여 '너는 어느 곳의 누구를 찾아보는 것이 좋겠다'고 안내하는 자비친절을 베풀기도 했다. 이는 종사 자신을 과시하려 한다든지 자기 소속의 가풍을 내세우려 하지 않고 구도자의 견성성불을 위한 순수한 이타행으로 보여진다. 그러나 11세기 후반에는 이러한 가풍이 정형화하여 맹목적으로 따르게 하는 경향이 강화되었다. 이러한 경향이 융성기의 말기에 나타나 서로 상대방의 가풍이 가지고 있는 폐단을 지적하기 시작했다.

끝으로 『인천안목』 등에 5가 종풍을 상세하게 규정하고 있으나 여기서는 원대의 高峰原妙(1238~1295)가 주장하는 5가의 특색을 소개하면 다음과 같다.

위앙종	임제종	조동종	운문종	법안종
근엄함	통쾌함	세밀함	高古함	詳明함

그 밖에 5가의 종풍

위앙종 : 方圓[6]默契, 體用雙彰. 체용쌍창은 작용으로써 본체를 보고, 본체로써 작용을 통달하기 때문에 작용은 본체를 떠나지 못하고, 본체는 작용을 떠나지 못하는 것을 말한다. 이 체용쌍창은 체용일체와 같은 말인데 이것은 위앙종에서 처음 주장한 것이 아니고 중국불교에는 승조(374~414)로부터 시작된다. 승조는 卽體卽用을 주장했다. 이것을 다르게 표현한 것이 체용쌍창이며, 또 體用相卽, 體中有用, 用中見體 등이다. 조동조의 卽事而眞도 같은 내용이다.

임제종 : 電光石火, 臨濟喝[7](德山棒), 臨天下. 眞佛無形, 眞道

6) 圓相을 거양하기 시작한 것은 남양혜충국사부터이다. 『혜적어록』에 의하면 혜적은 위산영우를 참견하기 이전에 耽源으로부터 97종의 원상을 배웠다고 한다.

7) 원래 喝은 임제로부터 시작된 것이 아니라 마조로부터 비롯된 것이다. 마조가 고함치는 소리를 백장이 듣고 3일 간 귀가 먹었다는 일화가

無體, 眞法無相.

조동종 : 綿綿密密, 온화하고 면밀함, 卽事而眞.

임제종처럼 機鋒峻烈하고 棒喝齊施하지 않으며 마치 정성스럽게 농사짓는 농부처럼 학인을 제접하기 때문에 조동을 사민이라고 한 반면에 임제를 장군이라 한 것이다(臨濟將軍, 曹洞士民.).

운문종 : 오조법연은 "붉은 깃발을 번쩍이고(紅旗閃爍), 미세한 것을 드러낸다(顯其微路)"고 했으며, 유칙은 『宗乘要義』에서 "운문은 항상 묻는 것과는 상관이 없는 말로 대답하기 때문에 높아 오를 수 없다는 뜻에서 險峻高古라"고 했다.

법안종 : 『五家宗旨纂要』에 "법안의 가풍은 바로 소리를 듣고 도를 깨닫고(聞聲悟道), 색을 보고 마음을 밝힌다(見色明心)"고 했으며, 천여유칙은 "법안은 상세히 밝힌다(法眼詳明)고 했다."

법안의 종풍은 간명하기로 말할 것 같으면 운문종과 유사하고, 은밀하기로 말할 것 같으면 조동종과 유사하다.

있다.

<참고문헌>

*宇井伯壽,『禪宗史硏究』(印度哲學硏究9), 東京: 岩波書店, 1935.

*玉村竹二,『臨濟宗史』, 東京: 春秋社.

*印順, 『中國禪宗史』, 上海書店, 1992.

*印順, 『中國禪宗史-禪思想の誕生-』, 伊吹敦, 東京: 山喜房佛書林 1997.

*杜繼文・魏道儒,『中國禪宗通史』, 江蘇古籍出版社, 1993.

*鈴木大拙,『禪風禪骨』, 耿仁秋, 中國青年出版社, 1989.

*宇井伯壽,『支那佛敎史』, 東京: 岩波書店, 1936.

*宇井伯壽,『第二禪宗史硏究』, 東京: 岩波書店, 1935.

*宇井伯壽,『第三禪宗史硏究』, 東京: 岩波書店, 1943.

*忽滑谷快天,『禪學思想史』上下, 東京: 名著普及會, 1969.

*關口眞大,『禪宗思想史』, 東京: 山喜房佛書林, 1964.

*關口眞大,『禪宗思想史』, 이영자, 서울: 홍법원, 1989.

*鈴木哲雄,『唐五代の禪宗』, 東京: 大東出版社, 1984.

*鈴木哲雄,『唐五代の禪宗史-』, 東京: 山喜房佛書林, 1985.

*石井修道,『宋代禪宗史の硏究』, 東京: 大東出版社, 1987.

*增永靈鳳, 「中國禪宗史における五家の地位と性格」(『駒澤大學佛敎學部硏究紀要』14, 1956.

*木村淸孝,『中國佛敎思想史』, 東京: 世界聖典刊行協會, 1979.

*木村淸孝,『중국불교사상사』, 장휘옥, 서울: 민족사, 1989.

*鎌田茂雄 外,『中國佛敎의 思想』, 정순일, 서울: 민족사, 1989.

*呂澂, 『中國佛學原流略講』, 北京: 中華書局, 1979.

*阿部肇一,『中國禪宗史の硏究』, 東京: 誠信書房, 1963.

*高雄義堅, 「宋代禪宗の性格」(『宋代佛敎史の硏究』, 京都: 百華苑, 1975).

*高雄義堅, 『宋代佛教史の硏究』, 京都: 百華苑, 1975.
*柳田聖山, 『선의 사상과 역사』, 추만호 외, 서울: 민족사, 1989.
*『講座禪』3・4(禪の歷史), 東京: 筑摩書房, 1967.
*沖本克己, 『새롭게 쓴 선종사』, 佐藤繁樹, 서울: 불교시대사, 1993.
*Dumoulin, Heinrich., *A History of Zen Buddhism*. New York: Pantheon Book & London: Faber and Faber, 1963. ← Gernet, Jacques, Zen:Geschichte und Gestalt의 英譯.
*Kenneth K.S. Ch'en, *Buddhism in China*, A Historical Survey. Princeton University Press, Princeton New Jersey.
*K.S. Kenneth Ch'en, 『중국불교』상・하, 박해당, 서울: 민족사, 1991.
*久松眞一等, 『現代禪講座』第2巻(歷史と人物), 東京: 角川書店, 1957.
*孤峰智璨, 『禪宗史』, 東京: 光融社, 1919.
*宇井伯壽, 『禪宗史硏究』, 東京: 岩波書店, 1939.
*宇井伯壽, 『第二禪宗史硏究』, 東京: 岩波書店, 1941.
*宇井伯壽, 『第三禪宗史硏究』, 東京: 岩波書店, 1943.
*增永靈鳳, 『禪宗史要』, 東京: 鴻盟社, 1957.
*村上專精, 『禪宗史綱』, 東京: 富山房, 1946.
*竹田宗淵, 『禪機』, 東京: 井洌堂, 明治41年.
*大久保太寶, 『鍊膽要訣 禪の家風』, 東京: 鴻盟社, 1916.
*竹田宗淵, 『禪の機鋒』, 東京: 丙午出版社.
*竹田宗淵, 『大機大用』, 東京: 日新閣, 1919.
*Dumoulin, Heinrich., *The Development of Chinese Zen*; After the Sixth Patriarch in the Light of Mumonkan. Tr. from the German with Additional Notes and Appendices by Sasaki, Ruth Fuller. New York, The first Zen Institute of America, 1953.
*孤峰知璨, 『禪宗史』(曹洞宗講義)第1巻, 東京: 光融館, 1919. ⇒ 『印度支那日本禪宗史』(大本山總持寺), 1974.

3. 종교와 철학

지금 우리들이 쓰고 있는 불교라는 개념은 종교라는 말속에 포함되어 있는 것으로 생각하고 있지만 원래는 종교가 불교의 하위개념이었다. 종교가 불교의 상위개념으로 올라간 것은 일본의 메이지 시대에 religion이란 말을 종교라는 말로 번역을 하면서부터 시작되었다. 그러나 religion과 종교 이 두 말은 완전히 동일하지 않다.

종교의 개념을 만인이 공인하는 하나의 개념으로 정의내리기란 쉽지 않다. 『대영백과사전(The Encyclopaedia Britannica)』에는 종교라는 단일 항목은 없고 단지 종교철학(Philosophy of Religion)과 종교연구(Study of Religion)라는 말이 있을 뿐이다. 그러나 『웹스터의 20세기 사전(Webster's Twentieth Century Dictionary)』에는 종교란 "우주의 창조주와 지배자로서 복종해야 하고, 숭배해야 할 신적이고 초인적인 힘과 여러 가지 능력을 믿는 것이라"고 종교를 정의하고 있다. 이 정의는 서양에서 절대유일신을 믿는 종교에 대한 일반적인 정의이다. 그러나 동양, 특히 무신론을 주장하고 있는 선불교에서 말하는 종교의 개념과는 대단한 차이를 보이고 있다.

한문으로 표현하고 있는 宗教는 '종과 교' 또는 '종의 교'라는 체계로 이루어진 말이다. 종과 교가 따로 나누어진 전자보다는 후자 쪽인 종의 교, 즉 '종교적인 가르침'이란 뜻으로 더 많이 사용된다. 이 종교라는 말이 붓다 재세 시는 물론이고 대승불교의 최후 경인 『능가경(Laṅkāvatāra-sūtra)』에 이르기까지 각각 따로 사용되었다. 아무튼 이 종교라는 말의 기원은 『능가경』에서 찾아 볼 수 있다. 종의 원어는 범어 siddhānta 또는 siddhānta-naya이다. 이것은 개념을 초월한 것을 의미한다. 교의 원어는 범어 deśanā, śāsana, deśanā-naya이다. 여기서 종은 근본적인, 원초적인, 궁극적인 진리 혹은 원리를 의미한다. 그것은 언어로써 표현할 수 없는 것이다. 교는 12분교와 같은 가르침으로서 언어의 도움을 빌린 설명이다. 진리나 실재가 가진 이러한 양면이 종교라는 말 속에 포함되어 있는 것이다. 『능가경』 권3(『대정장』 권16, p.499)에 나오는 종과 교의 설명을 요약하면 다음과 같다.

"근본도리(siddhānta-naya)란 스스로 체득해야 하는 것이며 언어와 사고와 그리고 문자를 떠나 있으며, 더러움이 없는 경지에 보내는 것이며, 스스로 내면적으로 이해하는 것을 그 특질로 하고 있기 때문에 일체의 이교도나 악마를 제거한 것이며, 그들 이교도나 악마들을 격파하고 스스로 깨달은 경지가 찬란하게 비추어 낸다. 이것이 근본도리의 특질이다. 다음 가르침의 도리(deśanā-naya)란 9분교의 가르침에 의한 여러 가지 교설이며, 異同과 有無 등의 대립적인 견해를 떠나 훌륭한 수단과 방법에 의하여 사람들에게 바른 견해를 갖게 하는 것이며, 사람들이 어떤 것을 믿고 받아들일 생각이 있다면 사람들에게 설하는 것이다.

이것이 가르침의 도리에 대한 특질이다."

라고 한 인용문에서 종교에는 두 가지 측면이 있음을 알 수 있다. 하나는 자각, 즉 스스로 깨닫는 것이며, 다른 하나는 그것을 설명하는 것이다. 여기서도 서양의 religion에 해당하는 의미를 찾아 볼 수 없다. 그런데 『능가경』에서는 도리의 특질에 두 가지가 있다고 하면서 종과 교를 따로 나누어서 설명을 하고 있을 뿐 이 두 낱말을 같이 연결하여 설명하고 있지 않은 점에 주목할 필요가 있다. 그러나 중국의 선승들은 이 두 낱말을 같이 붙여서 쓴 것이다. 궁극적인 도리를 드러내기 위해서는 언어의 도움을 받지 않으면 안 되기 때문일 것이다.

선승들이 쓴 종교라는 의미와 지금 우리들이 알고 있는 종교, 즉 religion의 의미와는 다르다. 선종에서 쓰고 있는 종과 교는 근원적인 깨달음과 그 깨달음의 세계를 언어문자로 표현한 교로 나누어 생각해 볼 수도 있지만 이 둘은 나누어질 수 없는 관계에 있다. 왜냐하면 깨달은 선승은 반드시 이타의 보살도를 실행해야 할 원력으로 무장되어 있기 때문이다. 다시 말해서 禪匠은 중생들을 깨달음의 세계로 인도하기 위해서는 반드시 언어문자를 빌려 그 세계를 분명하게 표현하여 그들을 이해시키지 않으면 안 되는 것이다. 그러므로 종교는 자연히 '종의 교'의 관계가 성립하는 것이다.

이에 비해 religion은 원래 re라는 말과 ligious라는 말이 결합한 것이다. re는 '다시'라는 뜻이고, ligious는 '결합하다'는 뜻이다. 그러므로 religious는 '재결합하다'는 의미이다. 그러면 무엇과 무엇을 재결합한다는 것인가? 신과 인간과의 재결합을 말한다. 따라서 이런 의미 때문에 종교와 선승들이 주장하는 종교와는 본질적으로 다른 것임을 알 수 있다.

선어록에서는 종을 '宗通'이라 하고, 교를 '說通'이라 한다. 이는 아마도 실천적인 입장에서 깨달음에 초점을 맞추어 만들어 낸 말이라고 생각한다. 종통에서 종은 마음을 가리킨다. 그러므로 종통은 마음을 통달했다는 뜻이다. 이 종통은 스스로 수행에 의해서 종지를 깨닫고 통달하는 것이기 때문에 자리적인 면이 강하다. 설통에서 설은 설법을 가리킨다. 그러므로 설통은 설법을 통달했다는 뜻이다. 이 설통은 통달한 종지를 남을 위해서 說示하는 것이기 때문에 이타적인 면이 강하다. 설법은 마음에서 나오는 것이고, 마음의 작용을 언어문자로 표현한 것이 설법이다. 그런데 이 마음의 세계를 언설로 표현한다는 것은 결코 쉬운 일이 아니다. 그러나 어록에는 종통과 설통에 모두 통달해야 한다고 주장하고 있다. 『증도가』 제34게에,

> "종지에도 통하고 설법에도 통하니, 정혜가 원명하여 공에도 정체되지 않도다(宗亦通說亦通, 定慧圓明不滯空.)"[8]

라고 한 것은 종통과 설통을 모두 통달해야 선정과 지혜가 원만하여 모든 경계에 걸림이 없게 된다는 뜻이다. 또 돈황본 『육조단경』 제36단의 게송에,

---

8) 『종경록』 권29에 이 게송을 인용하여 "종통은 바로 定이고, 설통은 바로 慧라고" 했다.

"설법에도 통하고 마음에도 통하니, 마치 태양이 허공에 떠 있는 것과 같도다(說通及心通, 如日至虛空.)"

라고 한 것도 역시 설통과 종통을 모두 다 통달하면 마치 태양이 중천에 떠서 온 천하를 두루 비추는 것과 같다는 뜻이다. 이는 자리의 종통과 이타의 설통을 두루 갖추어야 깨달음의 보살도가 완성된다는 것이다.

다음 '철학(philosophy)이란 무엇인가'에 대하여 질문을 받고 이를 정의하기란 쉽지 않다.

지금까지도 철학에 대하여 모든 사람들이 일치하는 정의가 없는 이유도 이를 단정지어 말할 수 없기 때문일 것이다. 『대영백과사전(The Encyclopaedia Britannica)』에 "철학이란 무엇인가"라는 질문에 대하여 답변을 하거나 정의를 내리지 않고 있다. 그 뿐만 아니라 철학이란 항목 자체가 없다. 그러나 『웹스터의 20세기 사전(Webster's Twentieth Century Dictionary)』에는 철학이란 '사상과 행위를 지배하는 과정을 연구하거나 우주를 규제하고 모든 지식과 실재의 기저에 존재하는 원리와 법칙의 이론 혹은 연구'라고 정의내리고 있다. 이 철학의 정의에 의하면 인간의 어떤 사상이나 행위를 누가 조절하고 있고, 또 어떤 과정을 거쳐서 나오며, 그리고 모든 존재의 원리와 법칙을 연구하는 것이 철학이라는 의미인 것 같다. 이 처럼은 철학은 어떤 사물과 존재, 사상과 행위 등의 실재와 본질, 이치와 원리 등을 탐구하고 추구하는 학문이라고 할 수 있다. 한편 종교는 "우리 인간이 어떻게 생각하고 행동해야 괴로움 없이 행복하게 잘 살 수 있는가"하는 문제를 추구하는 것이다. 따라서 종교는 인간의 가치관이나 인생관을 중요시하는 반면에 철학은 어떤 사물의 본질이나 원리를 중요시 하는 경향이 있다고 볼 수 있다.

그러나 한국을 비롯한 중국과 일본에서 철학의 개념과 종교의 개념을 명확히 구별하는 것은 사실상 어렵다. 엄격히 말해서 이 지역에는 근대 서양에서 사용하고 있는 철학과 같은 의미의 말은 존재하지 않는다. 철학과 종교에 해당하는 말을 고대 중국에서는 佛道, 天道, 人道와 같은 말로써 표현했다. 여기서 도란 바로 '인간이 살아가는 길'을 의미하며, 따라서 불도는 부처님의 가르침에 의하여 사는 방법(길)이란 뜻이다.

지금까지 종교라는 말의 유래와 그 의미, 그리고 철학의 의미와 역할을 규명했다. 끝으로 종교와 철학을 학문적으로 연구하는 사람의 마음가짐에 대해서 한 마디 언급하고자 한다. 철학을 연구하는 사람은 어떤 사물의 원리나 이치를 탐구하고자 할 때 기존의 학설과 이론을 존중하여 그것을 따라도 되고 따르지 않고 자신의 학설을 독단적으로 주장해도 문제가 되지 않지만 종교를 학문적으로 접근하고자 하는 사람은 반드시 교주의 말씀을 근거로 하여 자신의 주장을 펼쳐야 한다. 다시 말해서 자신의 주장이 교주의 말씀과 어긋나지 않아야 한다는 뜻이다. 그렇지 않으면 외도의 주장이 되고 魔說이 되어 버리기 때문이다. 이 점이 종교와 철학의 가장 큰 차이점이다.

<참고문헌>

*眞野龍海, 「道の基礎的硏究序說(1)-道の語について-」(淨土宗敎學院, 『佛敎論叢』15, 1971, 3).

*眞野龍海, 「道の基礎的硏究序說(2)-道の語について-」(淨土宗敎學院, 『佛敎論叢』16, 1972, 3).

*宇野精一, 「道の意味とその變遷」(鈴木, 『東洋學論叢』 1972, 10).

*上田閑照, 「禪と哲學-哲學最前線-」(『理想』514, 1976, 3).

*田原八郞, 「禪と哲學」(『比較思想硏究』4, 1977, 12).

*川村永子, 『禪と宗教哲學』, 東京: 北樹出版.

*西谷啓治・上田閑照, 『禪と哲學』, 京都: 禪文化硏究所.

*玉井是博, 「唐時代の社會史的考察」(『支那社會經濟史硏究』, 東京: 岩波書店, 1942).

*高田道見, 『佛敎人生論』, 東京: 佛敎館, 1956.

*伊藤康安, 『佛敎人生論』, 東京: 第一書房, 1941.

*今成覺禪, 『禪と人生』, 東京: 古鏡會, 1929.

*中根環堂, 『禪と人生』, 東京: 藤澤池田書店, 1952.

*山田靈林, 『禪と人生』, 東京: 河出書房, 1956.

*石丸梧平, 『禪と人生創造の哲學』, 東京: 千乘人生創造社.

*山田靈林, 『人間と禪』, 東京: 東成出版社.

*渡邊國武, 『禪機と哲學』, 東京: 鴻盟社, 明治31年.

*毛利與一, 『禪と哲學』, 京都: 一條書房, 1943.

*中村元・三枝充悳, 『바웃드하 불교』, 혜원, 서울: 김영사, 2002.

4. 종교와 도덕

먼저 종교가 성립하려면 세 가지 요소가 갖추어져야 한다. 첫째, 전통적인 요소 둘째, 지적인 요소 셋째, 신비적인 요소가 필요하다. 이 세 가지 요소가 없으면 종교는 성립하지 않는다. 지적인 요소는 종교이론을 말한다. 종교적 의식은 전통적인 요소 안에 포함된다. 불교에서 신비적인 요소는 3명 6통을 들 수 있다. 이는 깨달음에서 오는 것이다. 다시 말해서 깨달음의 내용이 3명 6통이라는 것이다. 선에서 신비적인 요소를 말한다면 단지 일상생활 속에서 지혜롭게 사는 것이다. 반면에 기독교의 신비적인 기적은 절대 유일신의 전지전능을 가리킨다.

한편 각 종교 내에서 파생된 종파형성의 지표는 종교성립의 요소와 다르다. 한 종파가 형성되려면 첫째, 자기만의 독특한 종교이론체계와 종교규범제도가 있어야 하고 둘째, 독립된 사원경제가 있어야 하며 셋째, 자기 세력을 구축할 수 있는 고정적인 신도가 있어야 하며 넷째, 傳法世系와 判敎설법이 있어야 한다[9]고 한다.

어떤 종교의 내용을 알고자 할 때 관찰자의 입장에서 종교를 바라보아야 한다. 종교를 관찰하는 입장을 네 가지로 정리할 수 있다.

첫째, 사회적 事象으로써 종교를 보면 종교는 하나의 제도라고 볼 수 있다. 본산·말사·신도라는 형식으로 조직되어 있는 종교는 하나의 사회적 관계를 나타내는 현상이라고 할 수 있다. 실제로 종교는 전체 사회 생활을 구성하는 하나의 분자인 것이다.

둘째, 종교를 의식의 면에서 관찰하는 것도 가능하다.

대체로 의식이 없는 종교는 종교가 아니라고 말해지고 있듯이 경전을 읽는 방법이라든가 그 밖에 복장이라든가 크고 작은 의식작법이라든가 법요 등 여러 가지 의식이 각각의 종교에 있다. 또 사원의 건축양식도 하나의 의식으로 볼 수 있다. 왜냐하면 기독교와 불교의 사원 건축양식을 비교해 보면 내면적 차이가 곧 건축물의 양식이라는 외형으로 나타나 있기 때문이다.

셋째, 종교를 지적인 방면에서 관찰하는 것도 가능하다. 인간에게는 지성과 이성이라는 것이 인간성의 근본에까지 파고들어가 있다. 따라서 이것이 종교 그 자체 안에까지 들어가 있는 것은 피할 수 없는 사실이며, 그 때문에 종교와 지성과는 분리될 수 없는 관계에 있다고 말하지 않을 수 없다. 왜냐하면 종교는 철학의 힘을 빌리지 않을 수 없기 때문이다.

넷째, 종교를 도덕적 입장에서 바라 볼 수 있다. 불교라고 하면 종교이다. 도덕이라고 하면 도덕 또는 윤리이다. 이렇게 보면 종교는 종교이고, 도덕은 도덕이다. 그러나 양자가 반드시

---

9) 任繼愈, 『中國哲學史』 제3편, 郭朋, 『隋唐佛教』, 湯用彤學術論文集.

서로 침범하는 일이 없다고 할 수 없다.

종교는 인간을 실존전체의 면과 관련시켜 본 것이고, 도덕은 인간을 집단생활 속에서 본 것이다. 도덕 그 자체는 종교 안에 포함된다. 도덕의 세계는 반드시 종교의 세계에 들어와야 본래의 의미를 갖게 된다. 도덕에서 종교를 만들어 낼 수는 없지만 종교에서는 도덕을 만들어 낼 수 있다. 왜냐하면 도덕의 궁극적 가치를 결정하려면 종교가 필요하기 때문이다.

그런데 종교의 본체를 형성하는 가장 중요한 요소는 宗教經驗이다. 이 종교경험이 앞서 말한 네 가지 요소와 결합할 때 비로소 종교는 종교로서 제구실을 하게 되는 것이다.

그러면 선종이 불교(종교)인 이유를 고찰해 보자. 우선 선종이 불교인 이유를 논하기 전에 종교의 본질을 구명해 보면, 『능가경』에 종교의 본체를 두 가지로 설명하고 있다.

> "종교에는 종통과 설통의 두 가지가 있다. 종통이란 신비적 경험이며, 설통이란 논리적인 설명이다. 따라서 종교에는 이 두 가지가 충족되지 않으면 안 된다."

고 한 주장에서 종교라는 말이 여기에서 생긴 것이다. 즉 종통의 '종'과 설통은 곧 '교'를 말하는 것이기 때문에 이 둘이 합쳐서 종교가 된 것이다. 즉 종은 깨달음의 경지를 말하고, 교는 중생들을 교화하기 위하여 그 깨달음의 경지를 언어문자로 표현한 것을 가리킨다. 종통은 종교의 신비성, 즉 주관성을 말하고, 설통은 객관성을 말한다. 신비적 경험이란 어디까지나 주관적인 것이며 自己本位이다. 소위 冷暖自知하는 깊숙한 소식을 전하는 것을 가리킨다. 그러나 양자의 내용은 그렇지만 말 하는 것만으로 과연 자기의 경험에 객관적인 타당성이 있는지에 대하여 의문이 생긴다. 구체적으로 말해서 자신이 아무리 차고 따뜻하다는 것을 알아도 그것은 자신만의 것일 뿐 객관적이고 보편적인 진실성이 있다고 말할 수 있을까? 따라서 종교는 주관적이고 신비적인 경험과 더불어 그것을 설명해 줄 수 있는 이론적인 것이 있어야 한다. 따라서 종의 교라는 의미관계가 성립한다. 이런 점을 염두에 두고 선종이 불교인 이유를 살펴보자.

첫째, 선종의 가르침에는 부처님의 인격이 들어 있다. 선어록에는 부처님의 인격이 살아 숨 쉬고 있다. 남의 말을 듣고 믿는다는 것은 그 하는 말이 진실하고 논리적이라고 해서 반드시 믿게 되는 것은 아니다. 우선 하는 말이 진실해야 하겠지만 그 밖에 말하는 사람의 인격이 그 진실 속에 들어 있어야 한다. 논리나 사상에 인격을 더하게 되면 우리는 그 말 이외에 또 다른 하나의 위압감을 느낀다. 이를테면 믿지 않으면 안 된다고 하는 마음을 가지게 된다. 인격의 불가사의한 점은 진리 이상의 힘을 가지고 있다. 특히 종교는 인격의 힘을 배경으로 하지 않으면 안 된다는 사실을 꼭 명심해야 한다.

둘째, 선종의 가르침에는 부처님의 경험(체험)이 살아 있다. 선승들의 어록에는 부처님이 성도하신 열반을 직접 체험하고 그것을 제자들에게 스스로 깨닫도록 가르치고 있다.

셋째, 선종의 어록에는 부처님의 가르침을 토대로 하고 있다.

부처님의 가르침이라고 하는 것도 부처님이 살아 있을 당시에 함께 살았던 사람들의 의식에 비친 지혜와 그 사람들의 의식(意識) 밖에서 나온 것은 아니다. 부처님의 인격은 천고만고에 변함이 없지만 그 가르침은 오늘날에 있어서 그 보다 훨씬 더 진보된 가르침을 설할 수 있어야 하고, 오늘날 우리가 가지고 있는 의식에 적합하도록 이론상의 운용이 있어야 한다. 다시 말해서 부처님 이후 불교도의 사상과 생활의 체험이 가미되지 않으면 안 된다는 것이다. 따라서 불교를 구성하는 요소는 부처님의 인격과 부처님의 체험과 부처님의 가르침과 그 밖에 불교도 각자의 경험과 체험과 사상이라고 하는 것을 부처님으로부터 받은 가르침에 더해야 한다.

넷째, 선종의 가르침에는 부처님 자신의 인격과 체험과 사상뿐만 아니라 부처님 이후의 불교도의 생활체험이 들어 있다. 부처님의 인격과 체험과 사상만을 불교라고 한다면 살아 움직이는 불교라고 할 수 없고 화석과 같은 것이 되고 말 것이다. 지금 불교적 생활을 하고 있는 사람들의 체험과 사상이 가미될 때 불교의 생명은 살아서 움직일 것이다. 불교적 생활이란 그 종교적 의식의 흐름 속에 자신의 힘을 더해 가는 것을 말한다.

<참고문헌>

*中村 元,『宗教と社會倫理』, 東京: 岩波書店, 1983.
*長坂金雄編,『禪』第7卷(佐藤泰舜, 禪の意義; 馬場文翁, 禪の倫理), 東

京: 雄山閣, 1942.
*江川太禪,『菩薩の道德』, 東京: 光融館, 1935.
*馬場文翁,『禪の倫理』, 東京: 雄山閣, 1916.
*伊藤康安,『禪と社會』, 東京: 第一書房, 1941.
*福場保洲,『禪と社會』, 東京: 雄山閣, 1941.

5. 과학과 종교

과학(science)의 힘은 확실성과 객관성에 있다. 과학은 실재의 궁극을 물질로 보고 있기 때문에 어떤 사물을 둘로 나누어서 그것의 본질을 확실히 하는 것에서 과학의 힘이 생긴다. 그러나 종교나 미신은 무분별에 뿌리를 내리고 있기 때문에 거기에는 과학의 힘도 미치지 못한다. 과학의 힘이 미치지 못하는 것을 무분별이라 한다. 그런데 종교나 미신은 다소 위험스러운 면도 있어서 그것을 잘 생각하여 취사선택을 잘 해야 한다.

부처님께 의지하고 신에게 의지한다는 말이 있다. 자기의 힘으로는 도저히 미치지 못하는 불가항력적인 것이 어디엔가 있다는 것이다. 그 미치지 못하는 것을 부처라 하고, 신이라 한다. 그것에 의지한다는 것이다. 자기의 힘이 미치지 못하고 생각할 수도 없고 모르는 것을 어떻게든지 알아서 자기에게 유리하게 하고자 하는 바람에서 미신이 생겨나는 것이다. 그러므로 모른다는 것이 근본이 되어 있는 까닭에 과학으로는 도저히 알 수가 없다. 모르는 것, 즉 무지(無知)가 종교의 근거이고, 또 종교가 존재하는 이유이다.

과학이 발달함에 따라 인간에게 유익한 것을 많이 제공한 것은 사실이지만 그에 못지않게 유익하지 않은 것도 많이 제공했다. 최근에 과학은 가치의 세계에 대하여 보다 깊고 근본적인 연구를 해야 하는 것을 잊고서 생물로서의 나, 또는 個我의 연구를 그 출발점으로 하고 있기 때문에 오늘의 과학의 진보라고 하는 것은 단순한 사실적 세계에 대해서만 성공하고 있고, 우리의 내면적 마음의 세계에 대해서는 아무런 양식도 제공하지 못하고 있다. 우리가 진실한 자아가 아닌 생물로서의 나를 죽이지 않는 한, 또는 과학의 가장 근본적인 입각점을 개조하지 않는 한 인간은 곧 바로 전부 멸망하리라고 생각한다. 인간은 누구에게나 이 사실적 세계를 초월한 곳에 가치의 세계를 건립해야 할 치열한 욕구가 있다. 그럼에도 불구하고 과학은 무엇보다도 인간에게 있어서 필연적이고 불가결한 그 본성의 일부분을 완전히 부정하려고 하고 있다.

과학이 물질을 분석하여 그것의 본질을 수치로써 객관성 있게 정확히 밝혀내는 것은 과학의 장점이다. 그러나 물질은 나누고 쪼개어서 그 본질을 밝혀 낼 수 있지만 인간이나 동식물의 생명은 나누어서 그 본질을 절대 밝혀 낼 수 없다. 왜냐하면 생명을 나누면 죽기 때문이다. 인간의 본래 마음도 마찬가지로 쪼개서 알 수 있는 대상은 아니다. 인간의 마음은 나누면 나눌수록 그 본질과는 멀어지기 때문이다. 이와 같은 과학의 한계성과 맹점은 종교의 세계에서만 해결이 가능하다.

과학의 또 다른 문제점은 반성을 하지 않는 것이다. 이 점이 종교와 다르다. 자연과학은 부분적, 상대적인 진리를 말하는 것에 불과하지만 종교는 전체적, 절대적인 진리를 설한다.

종교는 늘 독자적인 세계를 개척하여 거기에 창조의 세계, 자기만의 독특한 세계를 만들어 내는 것을 가르치고 있다. 종교에 의해서만이 근대 기계화의 문명으로부터 빠져나가 인간성을 회복할 수 있다.

<참고문헌>

*玉城康四郎, 「宗教的世界」(『禪硏究所紀要』6・7合, 1976, 11).

*小田切瑞穗, 「止觀と科學」(『宗敎硏究』238, 1979, 2).

*箕原勉,, 『禪を科學する』, 東京: 山喜房佛書林, 1958.

*佐藤幸治, 『心理禪』-東洋の知惠と西洋の科學-, 東京: 創元社, 1961.

6. 마 음

먼저 인도인과 중국인은 心性을 보는 관점이 다르다. 인도인은 인간의 심성이라는 것은 본래 공적하고(本寂), 본래 청정하다(本淨)고 보았지만 중국인은 본래 깨달아 있다(本覺)고 보았다. 또 인도인들은 마음의 본질을 논할 때 염정(染淨)의 측면을 중시하는 반면에 중국인들은 허(虛)와 정(靜), 동(動)과 정(靜)의 측면을 중요시 한다. 중국내에서도 북종의 신수가 보는 마음과 남종의 혜능이 보는 마음은 각각 다르다. 전자는 마음을 본각진심(本覺眞心)이라고 보았지만, 후자는 마음이라고 하면 현재의 일념심(一念心)뿐이라고 보았다. 구체적으로 말해서 혜능은 妄念이 없으면 그대로 진실이고, 망정(妄情)이 없으면 그대로 자연이기 때문에 진심, 망심이라고 하는 것도 현재 지금의 일념심에 지나지 않는다고 한다. 또 그는 마음을 공적한 허공에 비유하면서 미(迷)와 오(悟)의 관점에서 설명하고 있다. 즉, 현재 지금의 일념심이 깨어 있으면 진심이고, 깨어있지 않으면 망심이라고 했다. 따라서 마음이라는 것은 그 정체를 설정할 수 없기 때문에 관(觀)하거나 털고 닦는다는 말과 수행한다는 말은 맞지 않다고 한다. 왜냐하면 마음의 본성은 無住[10]이고, 청정심의 실체는 없기 때문이다. 그래서 남종선에서는 불성을 점오할 것을 주장하지 않고 돈오할 것을 주장하는 것이다. 특히 혜능의 심법은 동정의 각도에서 마음의 작용인 념(念)을 부각[11] 시켜 세상의 모든 법이 각자의 마음으로부터 나온다고 주장하는 유심론이다.[12]

규봉종밀은 『선원제전집도서』에서 마음을 네 가지로 나누고 있다.

① 紇利陀耶(hṛdaya) : 이는 肉團心으로서 신체의 五臟 가운데 심장을 말한다.

② 緣慮心 : 이는 8식이 함께 각각의 경계를 반연하여 생각하기 때문에 선심과 악심 등을 가리킨다.

③ 質多耶(citta) : 이는 集起心으로서 오직 제8식이 종자를 쌓아 생기하여 현행하는 마음이다.

④ 乾栗陀耶 : 이는 堅實心이라 하기도 하고, 또 眞實心이라 하기도 하는데 바로 진신을 가리킨다.

참고로 이 네 가지 마음은 모두 다 같은 범어 hṛdaya를 각각 다른 한자로 음사한 것일 뿐, 그 뜻이 다른 것이 아님을 먼저

---

10) 돈황본 『육조단경』 제17단(정유진, 돈황본 『육조단경』, 불조선문화연구원, p.12.)에 "머무름이 없는 것은 인간의 본성이다(無住者, 爲人本性.)"라고 한 말이 있다.

11) 돈황본 『육조단경』 제17단(정유진, 돈황본 『육조단경』, 불조선문화연구원, p.12.)에 "생각한다는 것은 진여본성을 생각하는 것이다. 진여는 생각하는 본체이고, 생각은 진여의 작용이다."

12) 돈황본 『육조단경』 제25단(정유진, 돈황본 『육조단경』, 불조선문화연구원, p.79.)에 "자성이 만법을 포함하고 있고, 만법은 모두 자성이다."

알아 두고 종밀이 주장하는 마음을 보아야 한다.

『반야심경』에서 말하는 心도 산스크리트어 hṛdaya이다. 이는 아함부터 대승불교 전반에 이르기까지 불교전체에 통하는 citta나 manas와는 다르다. 이것은 심장을 의미한다. 심장은 사람 몸의 중심인 동시에 생명의 근원이기 때문에 산스크리트어 hṛdaya는 곧 핵심이나 정수의 의미도 내포하고 있다.

종밀은 앞의 세 가지 마음은 단지 相뿐이고 오직 네 번째 마음만이 性이라고 명확하게 지적하였다. 그리고 보리달마가 전한 마음은 바로 이 네 번째 마음인 진심이다. 혜능도 항상 성을 사용하여 불성의 뜻에서 진심이란 말을 자주 쓴다. 혜능은 "마음을 알고 성품을 깨닫는 것이 스스로 불도를 이루는 것이다." "전념이 미혹하면 바로 범부이고 후념이 깨어 있으면 곧 부처이다"라고 했다. 따라서 혜능의 입장에서 보면 마음이 바로 깨달음의 본체이고 미오범성이 모두 마음의 한 생각(一念) 속에 있다는 것을 의미한다.

송 대 임제종 공안선의 주도적 해설자인 대혜종고(1089~1163)는 心과 性을 구별하였다. 즉 심은 감각, 표상, 의지, 사고 등의 의식적인 정신기능을 말하는 것이며, 性은 이들의 부동적인 기반이라고 했다. 반면에 도원은 심과 성을 구분하는 것은 분별심이기 때문에 이를 인정하지 않았다.

<참고문헌>

*增永靈鳳,『初期禪宗史と心性の問題』, 東京: 大東出版社, 1939.
*太田久紀,『불교의 심층심리』, 鄭柄朝, 서울: 현음사, 1987.
*平川彰, 『大乘起信論』, 東京: 大藏出版, 1976.
*明石惠達, 『大乘起信論』, 京都: 永田文昌堂, 1964.
*勝又俊敎, 『佛教における心識説の研究』, 京都: 永田文昌堂, 1977.
*佐伯良謙, 『唯識學論』, 京都: 法藏館, 1985.
*上田義文, 『唯識思想入門』, 京都: 永田文昌堂, 1976.
*竹村牧男, 『유식의 구조』, 정승석, 서울: 민족사, 1989.
*横山紘一, 『唯識哲學』, 묘주, 서울: 경서원, 1993.
*上田義文, 『대승불교의 사상』, 박태원, 서울: 민족사, 1972.

7. 선의 의미

禪이라는 말은 산스크리트어 dhyāna를 어원으로 하고 있다. 중국어로는 禪那라고 음사한다. 선나에서 뒤의 '나'자가 탈락되어 중국에서는 Ch'an, 한국에서는 선, 일본에서는 Zen이라 한다. dhyāna는 명상을 의미하며, 불교에서는 yoga(瑜伽라고 음사함. 원래 브라만교에서 바르게 앉아서 호흡을 고르게 하고 생각과 마음을 통제하여 정신을 통일하는 것을 의미하는 것이었는데 나중에 불교에 도입되었음)나 samādhi(三昧라 음사하고, 正受라고 의역함. 마음에 동요가 없는 것을 의미함)와 구별되지 않고 거의 같은 뜻으로 사용되어 왔다. 그리고 이 samādhi의 의역어인 定과 합쳐서 禪定이라 불리기도 했다. 이와 같이 음역인 禪과 의역인 定이라는 용어는 인도에서 비롯된 것이며, 이 용어가 가리키는 명상체험은 불교가 성립된 때부터 대단히 중요한 의미를 부여 받아 왔다.

Dhyāna는 '지각하다'·'곰곰이 생각하다'·'무엇에 마음을 고정시키다'등의 뜻이 있는 dhi라는 어근에서 파생되었다. dhi는 '붙잡다'·'보지하다'·'유지하다'의 뜻을 갖는 dha와 어원적으로 상당한 연관을 갖고 있다고 생각한다. 따라서 dhyāna는 생각이 바른 길을 벗어나지 않도록 우리의 사고를 한 곳에 모으는 것을 의미한다. dhyāna를 의역하면 靜慮가 되고, 구역에서는 棄惡, 思惟修, 功德叢林 등으로 번역했다. 한마디로 말해서 dhyāna는 마음을 단일한 사유대상에 집중시키는 心注一境과 正審思惟의 수행방식을 뜻한다. 그렇기 때문에 좌선할 때는 과도한 열망이나 욕정을 점차로 가라앉힐 수 있도록 가장 안정된 마음의 상태를 유지해야 한다. 이런 마음의 안정 상태는 호흡조절로 이루어진다. 인도인은 호흡조절에 통달한 사람이다. 이에 비해 중국의 선은 마음의 대상을 인정하지 않는다. 또 선은 dhyāna 자체를 목적으로 삼지 않는다. 중국선에 있어서 dhyāna나 좌선은 단지 공안해결에 이르는 수단일 뿐이다.

선은 산스크리트어 dhyāna를 중국어로 번역한 것에서 유래하지만 선은 dhyāna와 다르다. dhyāna는 일반적으로 어떤 특정한 사유대상을 향한 일종의 정신집중 혹은 명상이다. 예를 들면 소승불교에서는 만물의 무상함에 대한 정신집중인 반면, 대승불교에서는 무아와 공에 대한 명상이다. 마음에 의식의 흔적이 완전히 살라지고, 완전히 의식이 사라졌다는 생각마저도 사라져 마음이 마치 허공처럼 되었을 때 dhyāna는 완성에 이르렀다고 할 수 있다. 그러나 이런 상태를 선이라고 해서는 결코 안 된다. 선에는 깨달음이라는 것이 있어야 한다. 오래전부터 지성으로 쌓아온 축적물들을 모두 단 한 번에 뒤엎고 새로 태어나는 기반을 형성하는 정신의 일대전환이 있어야 한다. 이제까지 생각지도 못했던 사물을 보는 새로운 눈, 즉 지혜가 있어야 한다. dhyāna에는 이런 점이 부족하다. dhyāna는 다만 정신의 조용하고 평화로운 활동을 위한 훈련일 뿐이다. dhyāna에 해당하는 좌선은 다리를 꼬고 앉는 결가부좌의 자세로 깊은 명상과 정적에 잠겨 있는 것을 말한다. 따라서 dhyāna와 선을 동일시해서는 절대 안 된다.

인도의 dhyāna는 일종의 觀法으로 마음을 응집하여 적정을 지키는 것이다. 그것이 중국에 와서는 생활 그 자체가 되었다. 다시 말해서 평소의 행동 바로 위에 선을 활성화 시킨 것이다. 선이 인도적인 靜態性(static)에서 벗어나 중국적인 動態性(dynamic)으로 방향을 전환하여 동과 정의 양면을 모두 구비한 것은 6조 혜능(638~713) 때부터이다.[13)]

선은 奢摩他(Śamatha), 三昧(Samādhi), 三摩鉢底(samāpatti)와 동의어로 쓰이기도 한다. 먼저 사마타는 평온함을 말하며 실천적으로는 선과 동일하다. 그렇지만 선보다는 사마타가 더 많이 쓰인다. 다음 삼매는 명상의 대상에 정신을 완전히 몰두하는 것을 말한다. 마음이 존재의 궁극적인 실재와 완전히 합치하는 바로 그 순간을 삼매의 상태에 들었다고 하며, 이때는 완전히 하나로 통일된 의식만이 있을 뿐이다. 그러나 凝心의 심리상태가 반야직관으로 오인되는 수가 있으나 반야의 자각이 없는 한은 삼매라고 해도 단순한 심리현상에 지나지 않는다는 것을 명심해야 한다. 그 다음 삼마발저는 '적정하게 가다듬다' 혹은 '균형이 잡히다'라는 뜻을 가지고 있는데, 이는 잠을 자는 상태도 아니고 잠을 자지 않는 상태도 아닌 의식의 완전한 평정상태를 말한다. 이런 상태에서 마음은 깊은 반조의 세계에 고요

---

13) 정유진 교정, 돈황본 『육조단경』 제13단(p.10)의 '정혜일치'와 제14단(p.11)의 '일행삼매' 참조.

히 몰두하게 된다.

이 밖에 止(samādhi)와 觀(vipasyana)도 있다. 승조(374~414)의 『維摩經注』에서 "마음을 대상에 묶는 것을 '止'라 하고, 분별하여 깊이 요달하는 것을 '觀'이라 한다"고 했다. 지는 定과 같고 관은 慧와 같다. 따라서 선에는 지와 관, 정과 혜의 내용을 모두 포함하고 있다.

그러나 선이라는 말은 원래 산스크리트어 dhyāna를 漢語로 음사한 것이기 때문에 사실상 이 한자 자체에는 본래의 의미가 없다. 구체적으로 말해서 한자의 선에는 ① 땅을 깨끗하게 하여 천지의 신에게 제사지내다. 하늘에 제지내다. 산천에 제지내다. ② 토지를 개척하다. ③ 天位를 양도하다. ④ 조용함 등의 뜻이 있다. 이들 의미 가운데 굳이 인도 원어에 해당하는 뜻을 말하자면 '조용함'뿐이다. 그런데 이 조용함의 의미가 선의 의미와 직결되는지는 의문이며, 산스크리트어 dhyāna가 선으로 음사된 이후 많은 시간이 흐름에 따라 그 의미도 광범위하게 쓰이게 되었다. 참고로 현대 중국어의 禪에는 '① 禪那(chán), ② 禪位하다(shàn), 禪讓하다(shàn)'의 세 가지 뜻이 있다.

그러면 중국인이 이해한 선이 어떤 것인지 먼저 돈황본 『육조단경』을 통하여 알아보자. 『단경』 제19단에,

> "무엇을 좌선이라 하는가? 이 남종돈교의 가르침에는 언제 어디서나 걸림이 없는 것을 말하는데, 밖으로 모든 경계에 대하여 망념이 일어나지 않는 것이고 안으로 본성을 깨달아 어지럽지 않는 것이다. 무엇을 선정이라 하는가? 밖으로 모양을 여의는

것이 선이고, 안으로 어지럽지 않는 것이 정이다(何名坐禪. 此法門中, 一切無礙, 外於一切境界上, 念不起爲坐, <內>見本性不亂爲禪. 何名爲禪定. 外離相曰禪, 內不亂曰定.)."

라고 한 좌선의 정의에서 선이란 한마디로 말해서 어디에도 걸림이 없는 것이다. 이를 좀 더 구체적으로 풀어서 말하면 안으로는 망념이 일어나지 않는 것이고, 밖으로는 산란스럽지 않는 것이다.

또 『마조어록』 제2단에,

"당의 개원년간(713-742)에 형악의 전법원에서 선정을 닦던 중 南嶽懷讓(677-744)선사를 만났는데 선사는 마조의 기량을 알아보고는 물으셨다.

"스님은 좌선하여 무엇하려 하는가?"

"부처가 되고자 합니다."

선사는 벽돌을 들고 와 암자 앞에서 갈기 시작했다.

그러자 스님이 말씀하셨다.

"벽돌을 갈아서 무엇을 하시렵니까?"

"거울을 만들려고 하네."

"벽돌을 갈아서 어떻게 거울을 만들 수 있습니까?"

"벽돌을 갈아서 거울을 만들지 못한다면 좌선을 한들 어떻게 부처가 될 수 있겠는가?"

"그러면 어떻게 해야 되겠습니까?"

"만약 소에 수레를 채워 수레가 가지 않으면 수레를 쳐야 옳겠는가, 소를 때려야 옳겠는가?"

스님이 대답이 없자 선사는 다시 말씀하셨다.

"그대는 좌선하는 것을 배우느냐, 앉은 부처를 배우느냐? 좌선하는 것을 배운다고 하다면 선은 앉거나 눕는 데 있지 않으며, 앉은 부처를 배운다면 부처는 정해진 모양이 없다. 머무름이 없는 법에서는 응당 취하거나 버리지 않아야만 한다. 그대가 앉은 부처를 구한다면 부처를 죽이는 것이며, 앉은 모습에 집착한다면 부처가 무엇인지를 깨닫지 못한 것이다(唐開元中, 習定於衡嶽傳法院, 遇讓和尙. [和尙]知是法器, 問曰, 大德坐禪圖什麽. 師曰, 圖作佛. 讓乃取一磚, 於彼菴前磨. 師曰, 磨磚作麽. 讓曰, 磨作鏡. 師曰, 磨磚豈得成鏡. 讓曰, 磨磚旣不成鏡, 坐禪豈得成佛耶. 師曰, 如何卽是. 讓曰, 如牛駕車, 車不行, 打車卽是, 打牛卽是, 師無對. 讓又曰, 汝爲學坐禪, 爲學坐佛. 若學坐禪, 禪非坐臥. 若學坐佛, 佛非定相. 於無住法, 不應取捨. 汝若坐佛, 卽是殺佛. 若執坐相, 非達其理.)."

라고 한 말 가운데서 선이란 앉거나 눕는데 있지 않다는 것이다. 그렇다면 선은 바로 삶과 생활 그 자체가 되어야 한다는 말이 배후에 숨어 있음을 알 수 있다. 또 『전등록』 제5권 '혜능전'에 "도는 마음으로 깨닫는 것이다. 어찌 앉는 것에 있겠는가?"라고 한 것이나 『천성광등록』에 "선은 앉는 것에 있지 않다. 만약 앉는 것에 있다면 이는 곧 눈에 보이는 것에 집착하는 것이다"라고 한 것도 모두 같은 맥락이다.

『단경』에서 선의 정의는 다소 철학적이지만 마조 이후의 자료에서는 일상생활 쪽으로 성큼 다가 서 있는 것을 볼 수 있다. 따라서 선이란 망념이 일어나지 않는 본래심으로 매사를 살아가는 것이라고 결론지을 수 있다. 그러면 선이 무엇인지에 대하여 좀 더 자세하게 살펴보자.

1) 선이란 무엇인가

첫째, 선불교의 교설을 학술적으로 말하면 思辨的 神秘主義(speculative mysticism)이다.

선에서 개인의 경험은 매우 중요하다. 그 경험이 삶 바로 그 자체일 때 개인의 주체적인 경험은 절대적으로 필요하다. 특히 선은 정신적인 내적 체험을 강조한다. 그 결과 내적으로 경험한 사실은 자신만이 알 뿐 다른 사람은 알 수 없고, 또 내적 체험으로 얻어진 지혜의 작용은 불가사의하기 때문에 신비스러울 수밖에 없다. 그러나 그 경험한 내용을 사유하고 언어문자로 표현이 전혀 불가능한 것만은 아니다. 그러므로 사변적이라고 말 할 수 있다. 이 정신적인 개오를 얻기 위한 가장 좋은 실천 방법은 좌선이다. 좌선을 통해서 얻어지는 마음의 통찰력은 근본경험(foundation experience)으로서 고차원적인 체험이다.

둘째, 선은 단순히 심리학도 철학도 아니다.

동양인의 정신 가운데서도 선은 불교의 방대한 사상체계를 수용하여 더욱 풍부하게 만든 중국 정신의 가장 놀랄만한 英華라고 할 수 있다. 이 선은 단순한 호기심의 대상이 아니라 삶에서 이루어지고 있기 때문에 가장 진지한 관심거리이다. 선은 분명히 불교에서 나왔지만 중국인의 특이한 심성에 부응하여 고도의 형이상학적인 체계라는 상부구조를 과감하게 버렸다. 따라서 선은 동양 사람들의 철학과 종교, 그리고 인생의 모든 것이 체계화되고 응어리져서 나타난 것이다.

셋째, 선은 단순하고 직접적이며 실천적이고 또 생활과 직결되어 있다.

선이 다른 불교와 구별되는 특징은 단순성, 직접성, 실천적(pragmatic)인 경향, 그리고 일상생활과 보다 밀접한 관계를 가지고 있는 점이다. 중국인들은 복잡한 것보다는 간단한 것을, 간접적인 것보다는 직접적인 것을, 이론적인 것보다는 실천적인 것을 선호하는 민족이다. 이런 경향이 선에 잘 반영되어 있다. 그리고 선이 생활과 분리될 수 없는 관계에 있는 것은 사실이지만 선은 항상 현실에 안주하지 말고 현실을 초월할 것을 주장하고 있다.

넷째, 선은 바로 인간 그 자체이다.

선을 학문적으로 정의내리고 있는 철학적 개념으로 받아들여 이해해서는 안 된다. 그것은 선학이지 선은 아니다. 왜냐하면 선은 결코 논리와 분석의 기초 위에서 세워진 체계가 아니기 때문이다. 선은 분명히 이원론적인 사고방식의 논리와는 정반대이다. 선은 사고 논리나 개념이 아니고 마음 그 전체이다. 그 속에서 많은 것을 발견할 수 있으므로 지적인 요소는 그 일부에 지나지 않는다.

다섯째, 선에서 가르치는 것은 아무 것도 없다.

만약 어떤 사람이 선에서 무엇을 가르치느냐고 묻는다면 아무것도 가르치지 않는다고 대답하야 할 것이다. 선에서 가르침이 있다면 그것은 개개인 자신의 마음으로부터 나온 것이다. 우리는 스스로 깨우쳐야 하며,[14] 선은 그 길을 제시할 뿐이다. 기독교의 창조주는 자신의 피조물을 만드는데 분주하지만 선은 그 창조의 일을 자신의 손으로 직접 만들어 나가도록 가르치고 있다. 요컨대 선에서 가르침이란 것은 깨달음의 길을 제시하는 가르침 외에 특별히 기초교리 혹은 기본철학이라고 할 만한 것은 없다.

여섯째, 선은 종교가 아니다.

선은 일반적으로 널리 이해하고 있는 의미의 종교(religion)는 아니다. 선은 숭배해야 할 신도 없고, 특별히 지켜야 할 종교적 의식도 없으며, 죽은 사람들이 내세에 갈 수 있는 결정된 미래의 거처도 없다. 이처럼 선이 종교라고 말하고 싶지만 신을 부정하고 있고, 또 대단히 이지적이며 철학적이다. 그러면 선이 철학이냐 하면 철학도 아니다. 왜냐하면 선은 실천적 생활이기 때문이다. 따라서 선은 단순히 종교도 철학도 아니면서 종교적 철학적이라고 해야 할 것이다.[15] 또 선은 교리적이고 종교적인 방해물로부터 자유롭기를 갈망한다. 또 선은 모든 종교적 관습

---

14) 『돈오요문론』 제42단에 "중생은 스스로 제도하는 것이지 부처가 제도할 수 없다. 만약 부처가 중생을 제도할 수 있다면 과거의 모든 부처가 미진 수만큼 많았기 때문에 일체의 중생들을 모두 다 마땅히 제도해 마쳐야 한다. 그러나 무엇 때문에 우리들은 오늘날까지 생사에 윤회하며 성불하지 못했는가. 중생이 스스로 깨달아야 하는 것이지 부처가 중생을 제도할 수 없다는 사실을 분명히 알아야 한다"고 한 말 참고.

15) 여기서 종교는 중국의 선승들이 사용했던 종교의 의미가 아니고 오늘날 우리들이 쓰고 있는 종교, 즉 religion의 뜻을 말한다.

법에 단호히 반대하는 입장에 서 있다. 그리고 무엇보다 중요한 것은 선은 유태인이나 기독교인들이 생각하고 있는 그런 신의 존재를 결코 인정하지 않는다. 그러므로 선은 종교가 아니다. 선은 단지 살아 있는 인간의 정신일 뿐이다.

일곱째, 선은 모든 대립적인 것을 초월해 있다.

선은 긍정이나 부정 등 여러 가지 대립적인 것을 초월해 있기 때문에 그 어느 편과도 관련이 없다. 선은 그런 대립뿐만 아니라 이분논적인 논리도 넘어서 있다. 선은 대립이 없는 곳에서 더 높은 긍정을 발견하고자 한다.

이상으로 선이 무엇인지에 대하여 대략 그 윤곽을 그려보았다. 그러나 사실 선이 '무엇'이라고 정의를 내리면 내릴수록 그 것과는 거리가 멀어진다는 것을 알았다. 왜냐하면 선은 정해진 의미도 없고, 사상도 없고, 의식도 없고, 형식도 없기 때문이다. 만약 선을 이런 식으로 그 범위를 한정지으면 선은 죽어 버린다. 그러나 선이 무엇인지를 전혀 알지 못하고서는 선생활이 불가능하기 때문에 선에 대하여 좀 더 부연 설명을 덧붙인다.

2) 선의 본질

선은 진정한 마음의 본성을 통찰하여 마음이 자신의 주인이 되도록 마음 그 자체를 수련하는 것이다. 자신의 마음 혹은 진정한 정신의 본질을 꿰뚫고 들어가는 것이 선불교의 근본 목표이다. 그러므로 선은 일상적인 의미로 쓰고 있는 명상이나 좌선 그 이상의 것이다.

선수행은 존재하는 것의 근원을 꿰뚫어 볼 수 있도록 마음의 눈을 여는 일이다. 명상을 하기 위해서는 생각을 어떤 곳에 고정시켜야 한다. 예를 들면 신의 유일성이나 그의 무한한 사랑과 전지전능, 또는 사물의 無常性 등에 대하여 생각을 집중해야 한다. 그러나 선은 이러한 것을 단호히 배척한다. 선에서 역설하는 것이 있다면 그것은 자유의 획득뿐이다. 명상이라는 것은 인위적으로 이루어지는 것이기 때문에 본래적인 정신활동에 속하는 것은 아니다. 선에는 생각을 고정할 만한 대상을 절대 설정하지 않는다. 아무리 많은 명상을 해도 선을 한 곳에 머무르게 할 수는 없다. 선에서 행하는 모든 명상은 사물을 있는 그대로 받아들이도록 하는 것이다. 선은 자각하거나 느끼지만 추상하거나 명상하지는 않는다. 선은 실재를 꿰뚫고 들어가 마침내 거기에 몰입하여 그와 하나가 되는 것이다. 명상은 선이 아니고, 선은 일신론도 범신론도 아니다.

선은 일종의 정신훈련이다. 선의 독특한 점은 조직적으로 정신을 수련하는 방법이다. 보통 다른 종교에서 주장하는 신비주의는 지나치게 특이한 것이어서 일상생활과 동떨어진 것이 많다. 그러나 선은 그것을 부정하고 하늘에 떠 있는 것을 땅으로 끌어내려 놓았다. 선은 실재적이고 단순하며 직접적이며 동시에 살아 움직이는 마음이다. 선은 개념을 다루기를 싫어하고 살아 숨 쉬는 삶을 다루기 때문에 근원적이고 창조적인 것이 되지 않을 수 없다. 그러면 송 대 佛果圜悟(1566~1642)가 '선의 본질에 대하여 해답을 주고 있는데 그의 말을 한 번 들어

보자.

"그것(선)은 그대의 얼굴 바로 앞에 나타나 있다. 그 순간 모든 것은 그대에게 주어진다. 현명한 사람에게는 한 마디의 말로 그 진리를 확신시킬 수도 있겠지만 한 마디 말에도 이미 잘못은 범해진다. 하물며 글로 쓰거나 말로 표현하거나 논리적인 언설로 선을 운운하게 될 때 선의 본질은 그로부터 더욱 멀어지게 된다. 선의 커다란 진리는 모든 사람이 가지고 있다. 그대의 내부에서 이것을 찾으려고 해야지 다른 사람들을 통하여 찾으려고 해서는 안 된다. 그대의 마음은 모든 형태를 초월해 있는 것으로서 자유롭고 고요하며 만덕으로 충만해 있다. 마음은 스스로 六根과 四大 속에서 자신의 참모습을 드러내 보인다. 모든 것이 그 마음의 빛 속에 녹아 있다. 주관과 객관의 이원론을 떨쳐버리고 이성을 뛰어 넘어 곧 바로 부처님의 마음을 뚫고 들어가 그와 하나가 된다. 이것 밖에는 어떤 실재도 없다. 그래서 달마는 서역에서 왔을 때 다만 이렇게 말했다. '바로 그대의 마음을 찾아내라(直指人心). 나의 가르침은 특이한 것으로 경전에 구애되지 않고(敎外別傳), 진정한 마음, 그것을 전할 뿐이다(單傳正印)'라고 했다. 선은 문자나 경전과 관계가 없다(不立文字). 선은 그대가 단번에 실상을 포착하여 거기서 평화로운 안식처를 발견하기를 바랄 뿐이다. 마음이 어지러우면 분별심이 작용하여 대상을 구별하게 되고 관념에 사로잡혀 편견만 쌓이게 된다. 그렇게 되면 미혹에 빠져 선을 영원히 깨닫지 못하게 될 것이다. 『佛果克勤禪師心要』(『속장경』 권120)"

라고 한 원오의 글은 참으로 선의 본질을 잘 밝혀 주고 있다.

선의 근본정신은 우리 존재 내부의 움직임에 접근하는 것이다. 그것도 어떤 외부적이거나 혹은 부가적인 것에 의존함이 없이 가능한 한 가장 직접적인 방식으로 접근한다.

선이 얻어려고 하는 것은 살아 있는 삶의 근본 사실이며, 그것도 가장 직접적이고 살아 있는 방식으로 포착하려고 하고 있다. 선은 스스로 불교의 진수임을 표방하지만 사실상 모든 종교와 철학의 진수이다. 선을 완전히 깨우쳤을 때 마음의 절대적인 평화가 얻어지고 인간은 본래 살아야 할 삶을 살게 되는 것이다.

마지막으로 주의해야 할 것은 선에서 인간의 정신을 殺害하는 것은 용납하지 않는다.[16] 그리고 선에서는 피난처로서 우리가 의착할 수 있는 자아란 것도 역시 인정하지 않는다. 따라서 우리가 도취될 만한 자아가 없는 것이다. 왜냐하면 선은 바닥 없는 深淵이기 때문이다.

선은 자기도취를 버리고 몽롱한 상태에서 깨어나 깊은 자아에 도달할 때만이 그것을 얻을 수 있다. 만약 정신이 이미 죽어 버렸다면 선으로 되찾아야 한다. 왜냐하면 선은 죽어서 생명이 없는 인간을 소생시켜 영원한 실재로 이끌기 때문이다.

---

16) 돈황본 『육조단경』 제14단(정유진 교정, 돈황본 『육조단경』, 불조선문화연구원, p.11)에 "도는 반드시 통하여 흘러야 한다. 어찌 도리어 막히게 할 수 있겠는가? 마음이 무르지 않으면 통하여 흐르게 되고, 머무르면 구속을 받게 된다(道須通流. 何以却滯. 心不住卽通流, 住卽被縛.)고 했다.

3) 선의 不可說性

선의 불가설성[17]이란 말은 道의 불가설성이란 말과 같다. 황벽선사가 "도는 대승불교의 心과 같은 것이라"고 한 것처럼 중국의 선종에서 사용하고 있는 '道'와 '禪'과 그리고 '心'은 거의 같은 뜻으로 쓰인다.

먼저 도의 불가설성에 대한 전거를 중국의 고전에서 찾아보자.

> 『노자』제1장에 "도라고 말할 수 있는 도는 영원한 도가 아니다. 이름으로 부를 수 있는 이름은 영원한 이름이 아니다(道可道非常道, 名可名非常名.)."

라고 한 것은 도의 표현 불가능성을 선언한 말이다. 또 『노자』에

> "아득하여 혼돈스러우면서도 완성된 것이 있다. 그것은 하늘과 땅보다 먼저 생겼다. 적막하고 텅 비어 있다. 독립된 존재이며 불변의 존재이다. 두루 운행하면서도 막히는 일이 없다. 가히 천하의 어머니가 될 만하다. 나는 그 이름을 모르지만 굳이 그것을 글자로 쓴다면 도라고 하겠다(有物混成. 失天地生. 寂兮廖兮. 獨立不改. 周行而不殆. 可以爲天上母. 吾不知其名, 字之曰道)."

---

17) 선의 불가설성에 대해서는 董郡, 『祖師禪』, 浙江人民出版社, 1997, p.295(董郡, 김진무 외, 『조사선』, 서울 : 운주사, 2002, pp.482~484.). 참조.

라고 한 것은 도는 '텅 비고' '깊고' '적막하고' '완전한 것'이기 때문에 우주의 어머니라고 할 만 하지만 무엇이라고 단정지어 이름붙일 수 없으며, 굳이 도라고 명명해도 정확히 맞지 않다는 뜻이다. 그리고 『장자』 '제물편'에 "저 큰 도는 이름 붙일 수 없다"고 한 것도 역시 도는 언어문자로써 형용할 수 없다는 것을 암시하고 있는 말이다.

다음 선은 말로 표현하는 것이 불가능하다는 것은 『경덕전등록』11권에 나오는 '香嚴上樹'라는 말에 잘 나타나 있다. 즉 만약 한 사람이 천길 낭떠러지에 매달려서 입에는 나뭇가지를 물고 발은 디딜 곳이 없으며, 손은 잡을 곳이 없는데 갑자기 어떤 사람이 '조사가 서쪽에서 온 뜻이 무엇인가?'라고 물었을 때 입을 열고 답하게 되면 목숨을 잃게 되고, 답하지 못하면 질문을 어기는 것이 된다. 이러지도 못하고 저러지도 못하는 것, 환언하면 이렇게 대답해도 틀리고 저렇게 답해도 맞지 않는 것, 이것이 바로 선의 불가설성이다. 그러면 선의 불가설성을 좀 더 자세하게 유형별로 나누어서 살펴보자.

첫째, 핑계를 들어 부탁을 거절하고 '모르겠다'고 하는 유형.

예를 들면 불법의 대의를 물었을 때 "지금 머리가 아프다." 혹은 "모른다." 또 "조금 후에 다시 오너라"라고 하는 형태이다. 또 다른 예는 어떤 학인이 마조도일에게 "어떻게 하면 도에 합할 수 있습니까"라고 묻자, 도일은 "나는 일찍이 도에 합해본 적이 없다"고 한 것이나 또 어떤 스님이 "조사께서 서쪽에서 오신 뜻이 무엇입니까"라고 묻자, 도일이 때리면서 말하기를, "내가 너를 때리지 않는다면 제방의 납자들이 나를 비웃을 것이다"라고 한 것이 이 유형에 속한다. 부탁을 거절하는 것은 부드러운 편이고, 어떤 때는 냉정하게 한마디 말로 쏘아 붙이는 경우도 있다.

둘째, 질문과 상반되게 대답하는 유형.

예를 들면 "조사께서 서쪽에서 오신 뜻이 무엇입니까?"라고 물으면, "여릉의 쌀값은 얼마인가?" 혹은 "내가 쥐고 있는 이 낫은 얼마인가"라고 되묻는 것이나, 또 "鎭州의 무게는 서근이다"라고 답하는 것이 이 유형에 해당한다.

셋째, 모순을 내포하고 있는 유형.

예를 들면 "무엇이 부처입니까?"라고 물으면 "얼굴은 남쪽으로 향해 있으면서 북두칠성을 본다"라고 하거나 "산위에 잉어가 있다". · "바다 밑에 먼지가 있다". · "석녀가 아이를 낳았다". · "목마가 운다"라고 답하는 경우가 이 유형에 속한다.

넷째, 어렵게 조작하는 유형.

예를 들면 "무엇이 도입니까?"라고 물으면, "네가 한 입에 西江水를 모두 다 마셔버리기를 기다린 후에 알려 주겠다". · "네가 여산을 이쪽으로 옮겨 놓기를 기다린 후에 너에게 다시 말하겠다"라고 답하는 것이 이 유형에 해당한다.

다섯째, 눈앞에 보이는 대상을 가리키면서 알려 주는 유형.

예를 들어 "무엇이 선인가?"라고 물으면, "저 등잔이 정말 좋구나". · "저 산이 정말 아름답구나". · "네가 露拄에게 물어 봐라"라고 답하는 경우가 이에 속한다.

여섯째, 한 글자로 답하는 유형.

대표적인 예는 운문의 '一字關'을 들 수 있다. 즉 "어떤 것이

正法眼입니까?" "普"라고 대답한 것이나 "어떤 것이 운문의 한 길 입니까?" "親"이라고 답한 것이 이 형태에 속한다.

일곱째, 욕하는 유형.

예를 들면 "무엇이 부처인가?"라고 물으면 "너의 그 개 주둥이를 닥쳐라"고 되받아 치는 것이 이에 해당한다.

위와 같은 유형들은 모두 '질문의 부당성', '선과 도의 불가설성', '부처의 불가설성', '서쪽에서 온 뜻의 불가설성' 등을 대변하는 말들이다. 이렇게 답하는 이유는 학인의 사량분별심을 끊어버리고 자기의 마음을 돌아보게 하기 위함이다. 이러한 방법은 마조문하에서 처음으로 시도되었다.

지금까지 선의 윤곽을 그려 보려고 시도해 보았지만 결국 불가능하다는 것을 알았다. 그러나 빙산일각이나마 선이 무엇인지는 밝혀졌으리라고 본다. 여기서 주의해야 할 것은 인도선의 본래 의미가 중국에 유입되어 발전하면서 그 본래의 뜻을 상실했다는 점이다. 다시 말해서 인도에서 처음 싹이 튼 선이 중국에 전래되어 수많은 시간이 경과함에 따라 중국인의 사유와 결합하여 인도선의 본래 모습을 거의 다 떨쳐버리고 그들에게 적합한 새로운 모습으로 탈바꿈했다는 것이다.

<참고문헌>

*山口 益, 「無神論としての佛教の宗教性」(『慧燈』2, 1973, 3).

*玉城康四郎, 「宗教的世界」(『禪研究所紀要』6・7合, 1976, 11).

*西義雄, 「坐禪と瞑想」(東京大學佛教青年會, 『佛教文化』2-2, 1971, 6).
*西義雄, 「達摩以前のインドの傳統」(『禪文化研究所紀要』6, 1974, 5).
*武貞良人, 「禪」(『京都教育大學紀要』A 53, 1978, 9).
*古田紹欽, 『禪とは何か』, 京都: 法藏館.
*菅野利信, 『三昧』, 東京: サリーグ・コーポレーション.
*水野弘元, 「禪宗成立以前のシナの禪定思想史序說」(『駒澤大學佛教學部研究紀要』15, 1975).
*鈴木大拙, 『선이란 무엇인가』, 조벽산, 서울: 홍법원, 1995.
*鈴木大拙, 『선, 그 세계』, 김지견, 서울: 동화문화사, 1980.
*D.T. Suzuki, *Introduction to Zen Buddhism*. London, Rider, 1949.
*D.T. Suzuki, *Zen Buddhism*. London, Rider, 1949(D.T. Suzuki, Zen Buddhism. N.Y., Doubleday Anchor Book, 1956).
*D.T. Suzuki, *Mysticism, Christian and Buddhist*. World, Perspective Series, ed. R.N. Anshen(Harper, N.Y., 1957).
*D.T. Suzuki, *Essays in Zen Buddhism*. first series, London, Rider, 1949.
*아베 쵸이치, 『인도의 선 중국의 선』, 최현각, 서울: 민족사, 1990.
*Rufus Jones, Studies in Mystical Religion. London, 1909.
*鈴木大拙, 『선공부』, 박용길, 서울: 해뜸, 1989.
*鈴木大拙, 『선불교 입문』, 조벽산, 서울: 홍법원, 1991.
*鈴木大拙, 『불교란 무엇인가』, 조벽산, 서울: 홍법원, 1991.
*丙午出版社編, 『禪門叢書』6(鈴木貞太郞, 禪の硏究), 東京: 丙午出版社, 1915.
*光融館編, 『禪道叢書』(第2編, 鈴木大拙, 禪の立場から), 東京: 光融館, 1916.
*和田利彦編, 『禪の講座』第1卷(禪の概要), 東京: 春陽堂, 1939.
*長坂金雄編, 『禪』第7卷(佐藤泰舜, 禪の意義; 馬場文翁, 禪の倫理), 東京: 雄山閣, 1942.
*鈴木貞太郞, 『鈴木大拙選集』正編(2. 禪の思想, 3. 一眞實の世界, 5. 宗

教經驗の事實, 7. 禪問答と悟り, 10. 無心といふこと, 11. 佛教の大義, 12. 禪道の修行と生活), 東京: 春秋社, 1952.
*鈴木貞太郎,『禪とは何か』, 東京: 大藏出版株式會社, 1946.
*山中峰太郎,『禪とは何か』, 東京: 至文堂, 1957.
*佐藤泰舜,『禪の意義』, 東京: 雄山閣, 1941.
*持田慧訓,『禪の概說』, 京都: 人文書院, 1941.
*林屋友次郎,『禪の概要』, 東京: 三省堂, 1937.
*和田利彦,『禪の概要』, 東京: 春陽堂, 1937.
*市川白弦,『禪の基本的性格』, 東京: 同文館, 1942.

8. 선의 4대 기치

일반적으로 다른 교학불교와 구별해서 선의 특징을 말하는 네 가지는 敎外別傳, 不立文字, 直指人心, 見性成佛이다. 이 가운데 敎外別傳과 不立文字는 깨달음의 입장에서 세운 말이고, 直指人心과 見性成佛은 실천적인 입장에서 주장하는 말이다. 그 외 돈오견성도 역시 실천적인 입장에서 세운 것이다.

> 敎外別傳 : 경전 밖에 따로 법이 있으니,
> 不立文字 : 이는 문자에 의지하지 않고,
> 直指人心 : 중생의 마음을 곧 바로 가리켜,
> 見性成佛 : 자성을 깨달아 성불케 한다.

이 4구가 누구에 의하여 처음으로 이와 같은 함축적인 교시가 이루어졌는지는 알려져 있지 않다. 다만 선이 중국인들의 마음을 막 사로잡기 시작할 무렵인 당 왕조 초기일 것으로 추측한다. 물론 이러한 사상적 기반은 달마에 의하여 마련된 것이지만 그의 제자인 혜능과 그 외 당 왕조 무렵의 그의 제자들에 의해서 비로소 선종은 명실상부한 불교의 한 종파로서 당당히 웅비할 수 있었던 것이며, 이후 거대한 신흥불교 세력으로 발전해 갔던 것이다. 문자, 즉 지적사고에 의지하지 않아야 한다는 것을 강조하고 이를 실천적으로 확립한 사람들이 바로 그들이다. 그들은 자성 그 자체를 바로 '實相'이라고 여겼다.

달마가 중국에 오기 이전의 중국불교는 형식적, 논리적, 主知的, 문자적, 그리고 外面的이였다. 그러나 달마가 내세운 실천불교는 그와 반대로 정신적이었다. 다시 말해서 주지주의적이거나 논리적이지도 않았으며, 논리 이외의 다른 곳에서 인간생활의 살아 있는 원리를 파악하려고 했던 것이다. 선가에서 교외별전과 불립문자를 주장하는 것은 형식주의와 주지주의에 대한 경각심을 불러일으키는 말이라고 볼 수 있고, 또 스승과 제자 사이[師資之間]에 서로 인가하는 것은 마음과 마음으로 확인하는 것이지 글로써 확인하는 것이 아니며, 그 깨달음의 세계는 언어문자로 표현할 수 없다는 것을 함의하고 있다.

위에 든 4대 旗幟의 내용을 분석하여 그 의미를 파악하는 것은 곧 선의 가르침을 구성하고 있는 본질을 파악하는 것과도 무관하지 않기 때문에 이를 자세히 살펴보자.

教外別傳은 곧 以心傳心을 가리키며 이심전심의 내용은 正法眼藏이다. 따라서 교외별전은 스승과 제자사이에 佛心印을 전하는 것을 말한다. 이심전심은 『列子』에 나오는 知音[18]과 비슷하다.

---

18) 지음은 『열자』에 나오는 말로서 음악의 소리를 잘 아는 명수를 가리킨다. 옛날에 伯牙는 鐘子期가 타는 거문고의 소리를 잘 알아들었다는 고사. 이로부터 선가에서는 참으로 마음을 잘 아는 친구. 마음과 마음이 서로 훤히 통하고 말과 말이 서로 共鳴하는 모습에 비유해서 쓴다.

不立文字는 眞實際, 즉 깨달음의 세계는 언어문자로 표현할 수 없다는 의미이다. 불립문자의 전거는 『능가경』3권에 "宗通은 있는 그대로의 모양을 얻음으로 인하여 언설과 문자의 망상을 멀리 여의고 무루계의 깨달음으로 나아가는 것을 말한다(宗通者, 謂緣自得勝進相, 遠離言說文字妄想, 趣無漏界自覺地相.)"라고 한 말이다.

선이 경전 밖에 따로 전해진 것임을 천명할 때 선에는 불교의 秘傳의 가르침이 따로 존재하는 것은 아닌가라고 생각하기 쉽다. 그러나 위의 교외별전, 불립문자는 글자 그대로 선은 경전의 문자에 의지하지 않는다는 것을 의미하는 말이다. 다시 말해서 선은 개념주의와 언어가 의미하는 모든 것에 의지하지 않는다는 말인 것이다. 선은 문자와 개념, 그리고 이들을 수단으로 하는 논리를 혐오한다. 게다가 추론은 전제나 편견에 떨어지게 할 수 있기 때문에 더욱 더 싫어한다. 실제로 궁극적 진실(paramartha), 즉 勝義란 聖智(aryavijna)에 의한 내적 체험을 말하는 것으로서 이는 언어에 의한 분석의 한계를 초월해 있다. 실제의 경험보다 더 훌륭한 설명은 없다는 사실을 명심해야 한다. 이로부터 선이 존재해야 할 타당성을 부여 받게 되는 것이다.

선은 내적 경험과 실질적이고 직접적인 체험을 중시한다. 이런 실질적인 체험은 자신이 직접 손으로 물을 마셔보지 않으면 안 된다. 이러한 비유는 『화엄경 입법계품(Gandavyuba sutra)』에 잘 나타나 있다.

"견성은 결코 생각을 한다거나 법문을 듣는 것만으로는 이루어질 수 없다."

"실제로 그 샘에 도착해서 물을 마시고 몸에 물을 적실 때만 자신의 목마름과 뜨거움으로부터 구원받을 수 있다."

실제로 분별에 빠지는 것을 막아 주고 교외별전 불립문자의 실천법을 강조하는 선문답을 보자.

石霜이 道吾에게 "스님께서 돌아가시고 난 뒤 누가 '불교의 궁극적인 진리가 무엇인냐'고 묻는다면 어떻게 대답을 해야 합니까"라고 했다.

도오는 아무 대답도 하지 않고 그의 시자를 부르더니 그에게 "저 물주전자에 물을 가득 채워라"고 했다.

그리고는 다시 아무 말도 없이 묵묵히 앉아 있다가 이윽고 석상에게 "네가 지금 나에게 무엇이라고 물었지"하고 말했다. 이에 석상은 앞서 했던 질문을 되풀이 했다. 그러자 그의 스승은 바로 자리에서 일어나 밖으로 나가 버렸다.

석상이 불교에 대하여 이해가 깊었음에도 불구하고 불교의 궁극적인 진리를 스승에게 질문한 이유는 禪的인 방법으로 불교를 파악하고자 했기 때문이다. 스승은 이러한 심중을 잘 알고 있었다. 만약 도오가 석상에게 논리와 사변을 통한 일반적인 방법으로 그의 질문에 답변하고자 했다면 수많은 각종 경전을 인용하는 것만으로도 충분했을 것이다.

그러나 그는 선승이었기 때문에 절차와 방법이 아무런 이익도 없고 결실도 없다는 사실을 알고 있었다. 그래서 그는 시자를 불러서 물주전자에 물을 가득 채우라고 했으며, 그것은 시자에 의해 즉각 시행되었다. 그는 잠시 침묵을 지켰다. 더 이상 말할 것도, 행할 것도 없었기 때문이다. 불교의 궁극적인 진리가 이 보다 더 앞으로, 혹은 더 위로 나아가 있는 것은 아무것도 없다.

그러나 도오는 인정이 너무 많아 자신에게 물었던 것이 무엇이었냐고 석상에게 되물었다. 그런데 석상은 그의 질문에 대해 스승이 눈앞에서 보여준 답변의 의미를 헤아릴 수 있을 만큼 충분히 깨어 있지 않았다. 그래서 그는 어리석게도 이미 해답이 나와 있는 질문을 되풀이 했던 것이다. 그러자 스승이 아무 말도 없이 방밖으로 나갔던 것이다. 사실 스승의 이 돌연한 행동 그 자체도 이미 석상이 알고자 했던 모든 것을 재차 그에게 무언으로 일러주고 있는 것이다.

명심해 두어야 할 것은 불립문자는 문자를 쓰지 않는다는 뜻이 아니라 보편적인 명제를 세우는 것을 부정하며, 또한 거기에 따라서 행동하지 않다는 뜻이다. 왜냐하면 선종은 일정한 법칙에 의지하는 것을 즐겨하지 않기 때문이다.

다음 직지인심, 견성성불에 대해서 알아보자.

우선 마음(心)과 자성(性)과 그리고 부처(佛)는 무엇인가? 직지인심에서 마음은 우리들의 감정과 사고의 주체로 생각되는 마음과는 상관이 없고, 사고와 감정의 밑바닥에 고요히 자리 잡고 있는 근원적인 마음을 가리킨다. 이것을 唯心이라고도 하고, 자성이라고도 한다. 일체만법을 구성하는 본질적인 핵심을 이르는 말이다. 이 마음을 온전히 이해하여 모든 움직임 하나하나가 자성과 일체가 되어 완전무결함 속에 사는 사람을 부처라고 한다. 그를 일명 깨달은 사람이라고 한다. 부처야말로 자성의 화신이다. 그러므로 마음, 자성, 부처의 세 가지 말은 결국 하나를 설명하는 것이지만 보는 관점에 따라 각기 다른 말로 설명하고 있는 것뿐이다.

결국 위의 네 구절로 천명되어 있는 선의 가르침은 지적이고 도덕적이며 의식적이고 작위적인 모든 것들과 또한 그와 반대되는 것들로부터 어떠한 장애도 받지 말고 실상을 곧 바로 파악하라는 것이다. 실상에 대한 이 같은 직접적인 파악은 바로 반야(prajñā)에 대한 깨달음을 말하는 것인데 반야란 초월적인 지혜를 말하며, 성취된 반야가 반야바라밀다(prajñāpāramitā)이다.

直指人心 見性成佛이란 말이 확신한 형태로 선문헌에 나타난 것은 황벽의 『완릉록』이 최초이지만 『전등록』과 그 밖의 문헌에 의하면 이미 마조와 그의 제들의 문답에도 보이기 때문에 그것이 마조 문하의 주장을 대표하고 있었던 것은 확실하다. 그렇지만 마조는 '견성성불'이라는 것을 말하지 않은 듯 하기 때문에 그 중심은 오로지 '직지인심'에 있는 것으로 된다.

물론 '견성성불'이라는 네 글자는 이미 梁代에 편집된 寶亮(444~509)의 『열반경집해』 권33에 보이고 있다. 그것이 이 경전에서 "일체 중생은 모두 불성을 가지고 있다"라는 유명한 구절과 관계하고 있는 것은 새삼스럽게 지적할 필요도 없다. 요컨대 모든 생명을 가지고 살아가는 것의 평등한 본질인 본성에 눈뜨는 일이 바로 성불이지만 실은 그러한 불성에 관한 사고방식에 상당문제가 있다. 다시 말해서 견성성불이라는 불교학의 전통적인 과제에 대해서 종래의 사고방식을 비판하고, 그 의미를 한층 더 구체화하기 위하여 특히 생각해 낸 것이 '직지인심'이라는 네 글자이다. 그렇지만 완전히 똑 같은 경우가 앞의 '교외별전 불립문자'라는 구절에 대해서도 적용되는 것으로 '불립문자'라는 말은 이미 삼론종의 吉藏(549~623)이 『淨名玄論』권1에서 사용하고 있는 것을 보면 당대 중기 이후의 선종의 특색은 '교외별전'이라는 네 글자에 있는 것이며, 그것이 '불립문자'의 생각을 한층 더 구체화한 것이 분명하다.

<참고문헌>

*'楞伽阿跋多羅寶經序'(『대정장』권16, p.479상)

*『淨名玄論』(『대정장』권38, p.862상)

*柳田聖山, 「不立文字の世界-禪問答を考える-」(『言語生活』380, 1981, 2).

*菅野利信, 『見性』, 東京: サリーグ・コーポレーション.

*長坂金雄編, 『禪』第6卷(井原徹山, 禪と文字; 沖 六鵬, 禪と書道), 東京: 雄山閣, 1942.

*柳田聖山, 『선의 사상과 역사』, 추만호 외, 서울: 민족사, 1989.

9. 조통설

선종의 祖統說은 조사의 법통 즉, 조사의 법맥을 의미하는 것으로서 法統說이나 傳燈說과 같은 말이다. 여기의 '燈'은 무명을 밝힌다는 뜻이 있다. 선종에서는 불법을 등불에 비유하여 쓴다. 이 조통설은 스승과 제자 사이(師資之間)에 以心傳心으로 이루어지는데 이심전심의 구체적인 내용이 바로 燈(法)이다.

이 등이 이 사람으로부터 저 사람에게 전해져 하나의 系譜를 형성한 것이 조통설이고 전등설이다. 이 전등사상의 근원을 거슬러 올라가 보면 인도에서는 연등불수기와 과거7불의 思考에서 그 연원을 찾을 수 있고, 중국에서는 봉건사회의 宗法제도와 儒家사상에 중국인들은 성인의 도를 소중히 여기는 尙古主義정신에서 비롯되었다고 본다. 중국인들은 어느 한 분야에서 정통성, 최고성, 신성성, 역사성을 주장할 때 三代를 천명하는 관습이 있다. 선종은 다른 종파에 비해 독특한 특색을 가지고 있다. 선종은 不立文字, 敎外別傳을 특색으로 하는 종파로서 直指人心, 見性成佛을 종지로 삼는다. 또한 다른 여러 종파에는 소의경전이라는 것이 있어서 부처님 말씀을 전하지만 선종만은 염화미소, 정법안장의 佛心을 전하는 佛心宗이다.

선종에서 법의 전수는 깨달은 스승과 깨달은 제자 사이에 마음의 대화로써 법의 전수가 이루어진다. 이것이 以心傳心이다. 다시 말해서 이심전심의 내용이 법이 되는 것이다. 이 법은 정법안장을 가리킨다. 이 이심전심의 시원은 석가세존이 영취산에서 8만의 대중을 위하여 설법할 때 범천왕이 나타나 아름다운 금바라화를 바친 것이 기원이다. 그것을 받은 석존은 한 송이의 꽃을 들어 대중에게 보이며 두루 살폈다. 대중들은 그 뜻을 이해하지 못하고 모두 묵묵히 있었으나 그 중 마하가섭만이 빙그레 파안미소를 지었다.[19] 이는 곧 이심전심의 내용인 법이 전해졌음을 의미한다. 이어 석존은 법이 마하가섭에게 전해졌음을 다음과 같이 대중에게 고하였다.

---

19) 소위 拈花微笑라는 것인데 이 염화미소의 전설이 언제 생겨났는지는 모른다. 송 대에 최초로 시작된 것으로 추측한다. 『人天眼目』권5 '宗門雜錄'에 "王荊公이 佛慧泉선사에게 '선가에서 말하는 세존염화는 어느 경전에 나옵니까?' 라고 물었다. 선사는 '장경에도 없습니다.'라고 대답했다. 왕형공이 '내가 요즘 한림원에서 우연히 『대범천왕문불결의경』3권을 보았는데 그 경을 살펴보니 경문에 다음과 같이 상세하게 적혀 있었습니다. 즉 '범천왕이 영산법회에 이르러 금색 波羅花를 한 송이 바치면서 몸을 던져 자리를 만들고 중생을 위해 설법해 줄 것을 청했다. 세존은 자리에 올라 꽃을 들어 대중에게 보였는데(拈花示衆) 인천 중 백만의 모든 대중은 어찌할 바를 몰랐다. 이 때 홀로 金色頭陀(마하가섭)만이 얼굴에 빙긋이 미소를 지었다(破顔微笑). '세존은 나에게 있는 정법안장, 열반묘심, 실상무상을 마하가섭에게 부촉한다'고 하였다. '이 경은 제왕이 부처를 받들어 불법을 청하는 일을 많이 기록하고 있기 때문에 은밀하게 감추어져서 세상에서 들은 자가 없는 것입니다'라고 했다." 이는 염화미소가 거짓이 아니라 사실이라는 것을 경증으로 입증하고 있다.

“나에게 正法眼藏, 涅槃妙心, 實相無相, 微妙法門이 있다. 이는 불립문자, 교외별전이다. 이제 이를 마하가섭에게 부촉한다.”

그리고 그 인가의 증거로서 금란가사를 전수하였다. 이것이 선종의 기원이며, 이심전심의 始原이다.

위의 인용문에서 깨달음의 내용이 법, 즉 정법안장임이 확인되었다. 그런데 깨달음의 내용인 정법안장은 이심전심으로써 전해지지만 이심전심으로 전해지기 위해서는 반드시 깨달은 사람이 있어야 한다. 다시 말해서 깨친 스승과 깨달음을 얻은 제자 사이에 법의 전수가 이루어지는 것이다. 이를 법통설에서는 ‘嗣法弟子’라 한다. 스승이 반드시 제자를 정법안장, 즉 불심의 현성자로서 인정을 해야만 제자는 스승으로부터 직접 사법상승하여 인가를 받게 되는 것이다. 이를 선에서 ‘師資의 面授面受’(『대정장』 권82, pp.216상, 217상)라 한다. 또 부처님으로부터 끊임없이 정법안장을 직접 전하여 온 것을 ‘正法眼藏의 面授’(『대정장』 권82, pp.214~216)라고 한다. 환언하면 부처와 조사의 이심전심과 정법안장을 계승하고 契會한 것은 자기의 마음이 그대로 부처의 마음이 되어 스승의 法擧揚(活作略)에 의하여 證契하고 견성했음을 말하는 것이다. 이를 자기 ‘본래면목의 露現現成’이라 한다. 이를 또 줄여서 ‘己事究明’이라고도 한다.

이심전심이라는 것은 한편으로는 부처의 마음에 계합하고, 다른 한편으로는 불심이 곧 자기의 마음임을 現成하는 것이다. 사실 선 그 자체를 현성하는 것은 스승의 面授를 받은 그 당처에서 無師獨悟하는 것이다. 바로 여기에 禪은 ‘千聖不傳[20]의 전함'이라고 하는 이유가 있는 것이다. 따라서 부처와 부처, 조사와 조사의 面授面受와 천성부전과는 하나이면서 둘이요, 둘이면서 하나이다. 그 사이에는 어떠한 모순도 없다. 佛佛祖祖의 계승이라는 점에서 말한다면 한 그릇의 물을 다른 그릇에 옮기는 것과 같은 것이다. 이 한 그릇의 물은 한량없는 한 그릇의 물이 되는 것이다. 그러나 불조를 계승하게 되는 사법자의 수는 얼마가 되더라도 각각 가득찬 물과 같은 정법안장은 각자 터득하는 것이다. 그렇지만 그 어떠한 그릇의 물도 언제나 늘어나지도 않고 줄어들지도 않는다. 다른 한편으로는 천성부전의 전함이기 때문에 사법한 禪者의 활동은 자유자재한 독자성을 발휘한다. 바로 여기에 선종이 활기 있으면서도 각기 다른 가풍을 창출할 수 있는 기반이 되는 것이다.

마하가섭은 석존의 인가를 받아 인도의 제1조가 되었다. 이 불조의 정통을 이어서 阿難, 商那和修, 우바국다 등으로 전승되었다. 제27조 반야다라 때 남천축국 香至王의 셋째, 왕자인 菩提多羅가 그 문인이 되어 보리달마란 이름을 받고서 대법을 이어 받아 인도의 제28조가 되었다.

이 보리달마가 중국에 와서 통토의 제1조가 되었다. 종래 선종에서는 心印이 開祖인 부처님으로부터 면면히 이어져 내려와 제28조인 보리달마에 이르게 되었으며, 달마는 다시 중국에 최초로 선종을 개창한 초조로서 숭앙받아 왔다. 이런 달마의 심요를 전수받아 중국에서 제2조가 된 사람이 혜가이다. 다시 제3조 승찬, 제4조 도신, 제5조 홍인, 제6조 혜능으로 이어졌다.

---

20) 『경덕전등록』 권7 '盤山寶積章'에 "向上一路 ,千聖不傳."

그러나 위의 주장은 1004년도에 성립된 『경덕전등록』의 주장이고, 초기 선종에서 師資之間의 법통설은 위에서 말한 것처럼 질서정연하지도 않고 간단하지도 않다. 자료에 따라 다르게 주장하는 이설들을 보자.

① 8대설, 佛陀跋多羅(覺賢)역, 『달마다라선경』(411역)에 8대설을 주장하고 있는데 반야밀다라(보리달마)를 더하면 9대설이 된다.
② 3대설, 혜원의 『廬山出修行方便禪經統序』(413).
③ 24대설, 가장 빠른 것이 元魏 때 서역삼장 吉迦夜와 함께 曇曜가 풀이한 『付法藏因緣傳(付法因緣傳)』에 보인다. 이 설은 뒷날 『경덕전등록』과 여러 燈史들이 근거로 삼은 원천이다.
④ 동토 6대설, <嵩岳法如禪師行狀>.
⑤ 동토 6대설, <大通禪師碑銘>.
⑥ 동토 7대설, 杜朏의 『傳法寶紀』(713)에는 달마를 초조로 하고 있다. 북종의 모든 선사는 이 설을 따랐다.
⑦ 동토 8대설, 淨覺의 『楞伽師資記』(716).
⑧ 8대설, 13대설, 동토 6대설, 『보리달마남종정시비론』(732)에서 신회는 활대의 종론에서 崇遠법사의 물음에 대답할 때 『달마다라선경』을 인용하여 "부처님께서 입멸하신 뒤에 대가섭존자, 아난존자, 말전지존자, 사나파사존자, 우파굴존자, 파수밀존자, 승가라차존자, 달마다라존자, 불약밀다라존자에게 이르기까지 모든 법을 지닌 분들에게 이 지혜의 등불로써 차례로 전수하였다"라고 했다. 여기에서 신회는 달마다라(Dharmarthāta)를 보리달마(Bodhidharma)로 오인하였다.
⑨ 동토 7대설, 『신회어록』의 '師資血脈傳'에 나온다.

⑩ 29대설, 李華의 <天台左溪大師玄朗碑>(754)에서 말하기를, “부처님은 심법을 대가섭에게 부탁했다. 그 뒤 약 29대인 양과 위나라 시대 쯤 보리달마선사가 능가의 법을 전했다”고 했다(『全唐文』권320).

⑪ 29(28)대설, 동토 6대설, 무주의 『역대법보기』(774).

⑫ 29(28)대설, 동토 6대설, 『조계대사전』(781).

⑬ 35대설, 돈황본 『육조단경』(790년경 성립)에서는 석가모니불을 7대로, 달마를 35대로 삼고 있다. 돈황본 『단경』에서 “初傳授七佛, 釋迦牟尼第七.”이라고 한 것과 같이 과거7불의 전등을 최초로 주장하고 있다. 그러나 7불의 이름은 낱낱이 열거하고 있지 않다.

⑭ 서천 28조, 동토6조설, 智炬의 『보림전』(801).

⑮ 『조당집』제1권에서 제1 毘婆尸佛, 제2 尸棄佛, 제3 毘舍浮佛, 제4 拘留孫佛, 제5 迦葉佛, 제6拘那含牟尼佛, 제7 釋迦牟尼佛이라 하여 과거7불의 이름을 구체적으로 열거하고 있다. 선종의 조통설은 『조당집』에 와서 과거7불, 서천28조, 동토6조의 법통이 완성되었다고 볼 수 있다. 왜냐하면 『조당집』 이후에 성립된 『경덕전등록』을 비롯한 모든 燈史들이 『조당집』의 법통설을 따르고 있기 때문이다.

그 밖에 51대설, 마조문하의 興善惟寬禪師(755~817)는 달마를 51대로 삼고, 혜능을 56대로 하였다(白居易의 <傳法堂碑>). 이것은 아마도 梁, 僧祐의 『出三藏記集』에 보이는 薩婆多部의 世系에 근거한 것 같다.

초기 선종 사서상에 나타난 법통설을 도시하면 다음과 같다.

선경서(411)	부법장전(472)	남종정시비론 (732)	역대법보기 (775)
		여래	석가여래멸도후
존자대가섭	마하가섭	가섭	마하가섭
존자아난	아난 · 마전제	아난	아난
존자말전지	상나화수	말전지	말전지
	우파국다	(사나파사)	상나화수
	제다가	(우파굴)	우파국다
	미차가		제다가
	불타난제		미차가
	불타밀다		불타난제
	협비구		불타밀다
	부나사		협비구
	마명, 달마밀다		부나야사
	비라		마명
	용수		비라장노
	가나제바		용수
	라후라		가나제바
	승가난제		라후라
	승가야사		승가나제
	구마라태		승가야사
	사야다		구마라태
	파수반타		사야다
	마노라		파수반타
	야사		마나라
	학륵나야사		학륵나
	사자		사자비구
존자사나파사		사나파사	사나파사
존자우파굴		우파굴	우파굴
존자파수밀		파수밀	수파밀다
존자승가라차		승가라차	승가라차
존자달마다라		보리달마	보리달마다라
내지존자불약밀다라		혜가	
		승찬	
		도신	
		홍인	
		혜능	

돈황본단경	보림전(801)	조당집(952)	전등록(1004)
		제1비바시불	비바시불
		제2시기불	시기불
		제3비사부불	비사부불
		제4구류손불	구류손불
		제5구나함모니불	구나함모니불
		제6가섭불	가섭불
석가모니불제7		제7석가모니불	석가모니불
대가섭제8	제1조대가섭	제1조대가섭	제1조마하가섭
아난제9	제2조아난	제2조아난	제2조아난, 방출말전저가
말전지제10	제3조상나화수	제3조상나화수	제3조상나화수
상나화수제11	제4조우파국다	제4조우파국다	제4조우파국다
우파국다제12	제5조제다가	제5조제다가	제5조제다가
제다가제13	제6조미차가	제6조미차가	제6조미차가
불타난제제14	제7조파수밀	제7조파수밀	제7조파수밀
불타밀다제15	제8조불타난제	제8조불타난제	제8조불타난제
협비구제16	제9조복태밀다	제9조복태밀다	제9조복태밀다
부나사제17	제10조협존자	제10조협존자	제10조협존자
마명제18	제11조부나야사	제11조부나야사	제11조부나야사
비라장자제19	제12조마명보살	제12조마명	제12조마명대사
용수제20	제13조비라존자	제13조비라	제13조가비마라
가나제바제21	제14조용수보살	제14조용수	제14조용수대사
라후라제22	제15조가나제바	제15조가나제바	제15조가나제바
승가나제제23	제16조라후라다	제16조라후라	제16조라후라다
승가야사제24	제17조승가난제	제17조승가난제	제17조승가난제
구마라태제25	제18조가야사다	제18조가야사다	제18조가야사다
사야다제26	제19조구마라다	제19조구마라다	제19조구마라다
파수반다제27	제20조사야다	제20조사야다	제20조사야다
마나라제28	제21조파수반두	제21조파수반두	제21조파수반두
학륵나제29	제22조나라	제22조마나라	제22조마나라
사자비구제30	제23조학륵존자	제23조학륵	제23조학륵나
사나파사제31	제24조사자비구	제24조사자	제24조사자존자
우파굴제32	제25조파사사다	제25조파사사다	제25조파사사다
승가라제33	제26조불여밀다	제26조불여밀다	제26조불여밀다
파수밀다제34	제27조반야다라	제27조반야다라	제27조반야다라
보리달마제35	제28조보리달마	제28조보리달마	제28조보리달마

혜가제36		제29조혜가	제29조혜가대사
승찬제37		제30조승찬	제30조승찬대사
도신제38		제31조도신	제31조도신대사
홍인제39		제32조홍인	제32조홍인대사
혜능제40		제33조혜능	제33조혜능대사

조통설을 연구하는데 필요한 자료들을 소개하면 다음과 같다.

佛陀跋多羅(覺賢), 『達磨多羅禪經』, 411년 역, 8조설.

慧遠, 『廬山出修業方便禪經統序』, 413역, 3조설.

曇曜, 『付法藏因緣傳』, 472역, 24조설.

天台智顗, 『摩訶止觀』, 594작, 24조설.

法如, 『嵩岳法如禪師行狀』, 동토 6조설.

神秀, 『大通禪師碑銘』, 동토 6조설.

杜朏, 『傳法寶紀』, 713작, 동토 7조설.

淨覺, 『楞伽師資記』, 716작, 동토 8조설.

神會, 『菩提達摩南宗定是非論』, 732작, 13조설, 동토 6조설.

神會 『神會語錄』(師資血脈傳), 동토 6조설.

李華, 『左溪大師玄朗碑』, 754작, 29조설.

無住, 『歷代法寶記』, 774작, 29조설, 동토 6조설.

『曹溪大師傳』, 781작, 29조설, 동토 6조설.

法海, 敦煌本 『六祖壇經』, 790작, 과거 7불, 서천 28조설, 동토 6조설.

智炬, 『寶林傳』, 801작, 서천 28조설, 동토 6조설.

最澄, 『內證佛法相承血脈譜』, 819작, 서천 28조설.

宗密, 『圓覺經大疏鈔』, 822～823작, 서천 28조설, 동토 6조설.

宗密, 『中華傳心地禪門師資承襲圖』, 831작, 서천 28조설, 동토 6조설.
宗密, 『禪源諸詮集都序』, 833작, 서천 28조설, 동토 6조설.
玄偉, 『聖冑集』, 899작, 서천 28조설.
文증, 『泉州千佛新著諸祖師頌』, 서천 28조설, 동토 6조설.
靜 · 筠, 『祖堂集』, 952작, 과거 7불, 서천 28조설, 동토 6조설.
道原, 『景德傳燈錄』, 1004작, 과거 7불, 서천 28조설, 동토 6조설.
王隋, 『傳燈玉英集』, 1034작.
李遵勖, 『天聖廣燈錄』, 1036작.
契嵩, 『傳法正宗記』, 1061작.
惟白, 『建中靖國續燈錄』, 1101작.
德洪, 『禪林僧寶傳』, 1123작.
悟明, 『宗門聯燈會要』, 1183.
正受, 『嘉泰普燈錄』, 1202작.
普濟, 『五燈會元』, 1252작.
圓極居頂, 『續傳燈錄』, 1404작.
通容, 『五燈嚴統』, 1653작.
超永, 『五燈全書』, 1693작.

<참고문헌>

*任繼愈, 『중국중세불교사상비판』, 추만호 외, 서울: 민족사, 1989.
*井上秀天, 『禪の傳燈』, 神戶無字書室, 1935.

*林岱雲, 『禪の傳燈』, 東京: 春陽堂, 1937.
*柳田聖山, 『선의 사상과 역사』, 추만호 외, 서울: 민족사, 1989.
*柳田聖山, 『初期禪宗史書の研究』, 京都: 禪文化研究所, 1967.

10. 선의 종류

선의 분류는 『대지도론』을 기점으로 해서 『유가사지론』과 『능가경』 등에서 이루어지고 있는데 그 종류만 해도 대단히 많다. 『대지도론』에서는 외도선, 성문선, 보살선의 3종선으로 분류하였고, 『능가경』에서는 愚夫所行禪,[21] 觀察義禪,[22] 攀緣如禪,[23] 如來禪의 4종선으로 나누었으며, 『주유마경』에서는 범부선, 소승선, 대승선의 3종선으로 구분했고, 『법계차제』에서는 세간선(4선, 4무색정, 4무량심), 출세간선(6妙門, 16特勝,[24] 通明, 9想,

---

21) 『능가경』 2권에 무엇을 우부소행선이라 하는가? 성문, 연각, 외도수행자가 人無我性의 自相과 共相의 근간을 관하여 무상, 고, 不淨相임을 헤아려서 집착하고 으뜸으로 삼는 것을 말한다. 이와 같이 상이 다르지 않다고 관하며, 앞뒤로 나아가 생각이 없어지지 않는 것을 우부소행선이라 한다.

22) 같은 경에 무엇을 관찰의선이라 하는가? 사람의 자상과 공상이 없음과 밖의 도의 자타가 성품을 갖추지 않음을 관하는 것을 마치고 다시 법무아를 관하여 그 단계의 相義가 점차 정진하는 것을 말한다. 이것을 관찰의선이라 한다.

23) 같은 경에 무엇을 반연여선이라 하는가? 二無我의 망상조차 부질없는 것이라 생각하고 여실히 망상을 일으키지 않는 것을 반연여선이라 한다.

24) 16특승법은 知息入과 知息出에서 觀棄捨에 이르는 16가지 관법을 가

10想, 8背捨, 8勝處, 10一切處, 練禪, 14變化, 願智頂禪, 無諍三昧, 三三昧, 獅子奮迅, 超越三昧, 3明6通), 出世間上上禪의 3종선으로 나누었으며, 그리고 『선원제전집도서』에서 선은 얕고 깊음이 있어서 단계가 같지 않다고 말하면서 위를 좋아하고 아래는 싫어하는 외도선, 인과를 믿는 범부선, 我空을 닦는 소승선, 我法二空을 닦는 대승선, 자기의 마음이 본래 청정하고 번뇌가 없으며 無漏智性이 갖추어져 있음을 단번에 깨닫는 最上乘禪(여래청정선, 일행삼매, 진여삼매)의 5종선으로 분류했다. 이 밖에 선정의 목적에 따라 여러 가지로 분류하기도 한다.[25] 이 장에서는 위와 같은 선의 종류를 하나하나 나열하는 것이 목적이 아니고 인도선과 중국선의 차이, 인도선 중에서도 소승선과 대승선의 차이, 중국에서 새로 생긴 선 가운데서도 대승선과 최상승선의 차이, 여래선과 조사선의 차이를 각각 밝혀내는 것이다.

1) 인도선과 중국선

중국선은 그 뿌리가 인도에 있지만 인도선과는 상당히 다르다. 중국선은 불교사상 위에 그들의 고전인 노장자사상 등을 가미하여 인도선의 본래 모습을 완전히 변화시켜 놓았다. 여기서 인도선과 중국선의 자세한 차이점을 일일이 다 언급할 수는

리킨다.

25) 逃禪, 枯木禪, 方寸禪, 醍醐禪, 老婆禪, 文字禪, 葛藤禪, 不生禪, 無生禪, 一味禪, 野狐禪, 義理禪, 一指頭禪 등이 있다.

없고 다만 큰 차이만을 지적하고 기타 세부적인 것은 이후의 장에서 밝혀질 것이다.

인도선은 오직 마음을 하나의 대상에 고정시켜 산란한 마음을 고요하게 하는 것이다. 거기에는 지적인 것이 없다. 이는 아직 止(samādhi)의 단계이다. 그렇기 때문에 지적인 것이 없다고 한 것이다. 이 지는 觀(vipasyana)의 단계에서 나오는 것이다. 중국선은 공안이라는 특수한 형식을 취하고 있다. 공안이 생겨나기 이전에는 一問一答이나 一棒一喝을 사용하여 선이 고양되고 개발되었다. 인도선은 신비와 기적적인 것을 실현하였다. 인도인들은 현실을 따르면서도 현실을 떠난 세계, 즉 초현실적인 세계를 그려내고 있다. 반면에 중국선은 극히 실용적으로 선을 그려내고 있다. 중국인들은 선을 개념적, 이론적, 논리적으로 이해한 것이 아니라 구체적이고 창조적인 작용에 초점을 맞추어 현실의 생활 속에서 선을 살려내고 있다.

인도선은 止에서부터 觀이 나온다고 하는 지관의 순서를 중요시 여기고 있지만 중국선은 지와 관, 즉 정과 혜의 선후를 정하지 않고 지와 관의 평등을 주장한다. 이 정혜일치의 사상은 육조혜능으로부터 시작되지만 이것이 일상생활과 하나가 되어 삶속에서 구현된 것은 마조 이후이다.

2) 소승선과 대승선

대승선은 선관을 통하여 제법실상의 도리(세계가 假有性空이고

非有非無라는 도리)를 증오하도록 하는 實相禪이며, 또 대승선은 부처에도 집착하지 않아야 비로소 성불할 수 있다고 한다. 그리고 대승선은 靜坐冥思 등의 고정적인 형식에 국한하지 않고, 선을 불교의 도리를 觀悟하는 하나의 중요한 방법으로 생각하여 여러 가지 실천법을 만들어 내었다. 그러면 소승선과 대승선의 차이를 비교해 보자.

소승선은 번뇌망념을 퇴치하여 괴로움으로부터 벗어나 생사해탈을 하기 위한 선이다. 그러므로 그들은 조용한 산중에서 좌선하여 자신만의 一身解脫을 목적으로 한다. 이런 이유 때문에 유마거사가 붓다의 상수제자인 수리불의 좌선을 호되게 나무란 것이다. 왜냐하면 靜縛에 떨어져 있기 때문이다. 그들은 번뇌를 퇴치하는 것을 위주로 하기 때문에 소극적인 자기중심적인 삶에서 벗어나지 못하고 있다. 다시 말해서 지혜로운 삶이나 이타의 삶은 뒤로 밀려나고 우선 번뇌를 퇴치하여 아라한이 되겠다는 강박관념에 사로잡혀 있는 것이다. 즉 待悟心이 그대로 망념이 되어 자신을 속박하게 된 것이다. 중국에서도 남악회양이 전법원에서 좌선에 집착하여 참선[26]하고 있는 마조도일을 비난한 것도 같은 취지이다. 그들은 번뇌퇴치의 방편수행으로써 五停心觀, 수식관, 부정관, 사념처, 백골관 등을 실

---

26) 참선이란 말은 선어록에 최초로 나오는 말이다. 참은 '참구하다'의 뜻이며, 선은 '본심'을 가리킨다. 따라서 참선은 '본심을 참구하는 것'을 말한다. 조사선에서 주장하고 있는 선이란 자기의 본심을 자각하고 그 자각된 본심으로 일상의 모든 일을 해 나가는 것을 의미한다. 쉽게 말해서 자신의 본래 마음으로 일상의 모든 대상경계에 끄달리지 않고 살아가는 것이 곧 선이란 뜻이다.

천했지만 이들의 방편수행은 모두 미혹함에서 깨달음으로, 혹은 범부에서 성인으로 나아가는 일정한 방향을 취하고 있다. 이와 같이 정해진 방향으로만 취향한 결과 미혹함에서 벗어나 깨달음은 얻었다 할지라도 그 깨달음이 남아서 도리어 자신을 속박하는 구속물로 남게 되었던 것이다. 예를 들면 『신심명』에 "마음으로써 마음을 쓰는 것은 어찌 크게 잘못된 일이 아니랴(將心用心, 豈非大錯.)"라고 한 것이나 『돈오입도요문론』권하 제32단에 "마음을 가지고 마음을 쓰는 것은 대전도이다(將心用心, 是大顚倒.)"라고 한 것이나 『전심법요』에 "부처로 하여금 부처를 찾게 하고, 마음을 가지고 마음을 잡으려고 하면 劫(kalpa)이 다하고 몸이 다해도 끝내 얻을 수 없다(使佛覓佛, 將心捉心, 窮劫盡形, 終不能得.)"고 한 것이나 또 『전심법요』에 "마음을 가지고 마음을 없애려고 하면 마음이 도리어 남게 된다(將心無心, 心却成有)"고 한 것은 모두 양변을 완전히 초월하지 못하고 어느 한쪽이 남아 있기 때문에 그 남아 있는 것이 도리어 자신을 구속하게 된다는 것이다. 그래서 대승불교에서는 不住涅槃을 주장한 것이다. 그 밖에 임제의현은 그의 어록 '上堂'에서 不住根本을 주장했고, 하택신회는 몰종적의 입장을 더욱 더 강조하여 깨달음 그 자체도 없어져야 도가 이루어진다(滅覺道成)고 한 것이다.

소승의 교도들은 결국 二見의 대립이나 작위성에서 벗어나지 못하여 방편과 법에 집착하여 스스로 法縛을 자초하고 있다. 이는 마치 누에가 스스로 실을 뽑아내어 자신을 얽어매는 自繩自縛과 같은 것이다. 임제는 이를 더 강조하여 無繩自縛이란 말로 강력히 경고하고 있다.

부파불교에서는 성인으로 나아가는 길을 聖道라고 한다. 여기서 도는 범어 mārga에 해당하며, 이 도(길)는 이미 일정하게 정해져 있기 때문에 괘도를 이탈하면 절대 성인이 될 수 없다. 그렇기 때문에 사성제의 도나 견도, 수도, 무학도의 도는 그 진행방향이 정해져 있는 것이다. 단지 그 고정된 방향으로 따라가기만 하면 성인이 되는 것이다. 이에는 유동성이라는 것은 허용되지 않는다.

이에 비해 대승에서는 부처가 되기 위해서는 수레를 타야한다고 주장한다. 대승은 중생들의 다양한 근기를 인정하는 입장이기 때문에 하나의 고정된 수행의 틀을 인정하지 않는다. 대승의 승은 수레(교법)로서 범어 yāna에 해당한다. 이 수레는 길 위를 가기 때문에 길의 굴곡에 따라서 다양한 핸들 조작을 필요로 한다. 이와 같이 대승의 가르침은 소승의 성도처럼 일정하게 정해진 방향과 길을 따라 가도록 강요하는 것이 아니라 사람의 능력과 기량, 그리고 상황에 따라 그 가르침이나 수행방법도 변화되어야 한다고 주장한다.

대승선은 일행삼매를 주장하는 선이다. 이 일행삼매를 실천하기 위하여 악을 버리고 선으로 취향하는 것이 아니라 선과 악, 범부와 성인, 미혹함과 깨달음 등 양변을 동시에 모두 초월할 것을 주장한다. 환언하면 無事와 無心의 경지에서 자기의 일과 하나가 되는 것, 이것이 곧 일행삼매의 대승선인 것이다. 일체의 번뇌망념에서 벗어난 自心으로 지금 여기에서 자신의 일에 몰입하여 최선을 다하는 것이 중생구제를 위한 자리이타의 보살도를 실천하는 것이며, 또 깨달음의 삶이라고 보는 것이다.

이 깨달음의 생활에서 자기 向上事인 지혜로운 삶과 창조적인 삶이 이루어지며, 이것이 그대로 자리이타의 보살도로 구현되는 것이다. 중국선에서는 구체적인 일상생활 속에서 적극적으로 선의 생활을 할 것을 강조하고 있는데 이는 곧 선과 생활이 둘이 아니라 하나라는 것을 강조하는 말이기도 하지만 정신과 육체와 그리고 삶이 하나가 된 완전한 통일체에서 건전한 사회, 즉 불국정토가 구현된다고 본 것일 것이다.

3) 대승선과 최상승선

'최상승'이란 말은 『금강경』(『대정장』 권19, p.750하)과 『법화경』 권3 '약초유품' 제5(『대정장』 권9, p.2중)과 『수능엄경』 권7(『대정장』 권19, p.133상) 등에 나오는 말이다. 앞에서 나눈 선의 종류에서 『능가경』과 『선원제전집도서』에서 분류한 여래선과 최상승선은 같은 것이다. 『능가경』에 여래선이란 "如來地에 들어가서 聖智相의 세 가지 기쁨이 있음을 자각하고, 중생의 부사의한 일을 이루어 내는 것을 여래선이라 한다(云何如來禪 謂入如來地 行自覺聖智相三種樂住 成辦衆生不思議事 是名如來禪)"고 했다. 즉 여래선이란 여래의 경지에 든 선정으로서 자신의 깨달음의 지혜를 즐기고 일체중생을 연민하여 구제하는데 전념하는 선정이다. 自覺聖智의 입장이 여래선이다. 신회나 종밀이 달마문하에 전한 선을 최상승의 여래선이라고 한 것은 달마계의 선법을 높임으로서 자신들의 가르침을 높이고자 하는 의도가 들어 있다. 그러나 『능가경』에서 주장하는 여래선과 신회가 주장하는 여래선은 겉으로 드러난 이름은 같지만 내용이 다르다는 것에 주의해야 한다. 신회가 주장하는 여래선, 일명 최상승선은 『금강경』의 반야공사상을 토대로 하고 있다.

신회의 어록인 석정본 『남양화상문답잡징의』 제42단에 "유와 무를 모두 버리고 중도 또한 없어진 것을 곧 무념이라 한다. 무념은 곧 일념이다. 일념은 곧 일체지이다. 일체지는 매우 심오한 반야바라밀이다. 반야바라밀은 곧 여래선이다(有無雙遣中道亦亡者, 卽是無念. 無念卽是一念. 一念卽是一切智. 一切智卽是甚深般若波羅蜜. 般若波羅蜜卽是如來禪)"라고 한 것과 같이 여래선, 즉 최상승선의 내용은 무념, 일념, 일체지, 반야바라밀이라는 것을 알 수 있고, 또 그는 여래선은 공사상을 토대로 한 반야바라밀이기 때문에 여래선과 반야바라밀을 동일하게 보고 있는 것이다. 이로부터 "선은 곧 반야이다"라는 말이 나온 것이다. 따라서 선은 공의 실천이고, 지혜라는 뜻이다. 환언하면 공의 실천과 반야지의 체득이 동시에 이루어지는 것이 곧 선이라는 말이다. 그러면 대승선과 최상승선의 차이를 고찰해 보자.

돈황본 『육조단경』 제43단에 최상승은 "만법을 모두 다 통달하고, 만행을 다 구비하여 일체의 모든 것을 여의지 않지만 단지 법의 모양만을 여의어 공을 실천하는 것을 최상승이라 한다(萬法盡通, 萬行俱備, 一切無離, 但離法相, 作無所得, 是最上乘.)"고 했다. 『단경』에서도 역시 반야공의 실천을 최상승선으로 보고 있다. 반면에 대승선은 '단지 법에 의지하여 수행하는 것(依法修行是大乘)'이라고만 했다. 여기서 주의해야 할 점은 법에 의지하여 수행하다가 보면 법에 집착할 위험이 따르게 된다는 것이다. 이런 위험에서 벗어나기 위하여 不立文字를 주장한 것이다.

다음 신회의 석정본 「남양화상문답잡징의」 제6단(楊曾文, 『神會和尙禪語錄』, p.67)에 나오는 대승선과 최상승의 차이를 비교해 보자.

> "예부시랑인 소진이 질문하기를, "어떤 것이 대승이며, 어떤 것이 최상승입니까?" 대답하기를, "보살승이 대승이고, 佛乘이 최상승입니다." 질문하기를, "대승과 최상승이 어떤 차이가 있습니까?" 대답하기를, "대승이라고 하는 것은 보살이 보시바라밀을 행함에 3事의 본체가 空한 것인 줄 관찰하고, 6바라밀도 역시 그와 같이 관찰하기 때문에 대승이라고 합니다. 최상승이란 것은 단지 본래 자성이 공적한 줄 깨달으면 3事의 자성이 본래 공한 것인 줄 알고, 또 다시 觀行을 일으키지 않는 것입니다. 또 나머지 육바라밀도 그와 같이 관하는 것을 최상승이라고 합니다. 질문하기를, "인연을 빌리지 않습니까?" 대답하기를, "이 가운데는 연기를 세우지 않습니다." 질문하기를, "만약 연기가 없다면 어떻게 알 수(知) 있습니까?" 대답하기를, "본래 공적한 본체 위에 스스로 般若智가 있어 능히 알 수 있기 때문에 연기를 빌리지 않는 것입니다. 만약 연기를 세우면 곧 次第(단계·방편)가 있기 때문입니다."(禮部侍郎蘇晉問, 「云何是大乘? 何者是最上乘?」 答曰, 「菩薩卽大乘, 佛卽最上乘.」 問曰, 「大乘最上乘, 有何差

別?」 答曰, 「言大乘者, 如菩薩行檀婆羅蜜, 觀三事體空, 乃至六婆羅蜜, 亦復如是, 故名大乘. 最上乘者, 但見本自性空寂, 卽知三事本來自性空, 更不復起觀, 乃至六度亦然, 是名最上乘.」 又問, 「假緣起否?」 答曰, 「此中不立緣起.」 又問, 「若無緣起, 云何得知?」 答, 「本空寂體上, 自有般若智能知, 不假緣起. 若立緣起, 卽有次第.」).”

이 일단에서 하택신회는 대승선과 최상승선을 명확히 구분하고 있다. 먼저 그는 전자를 菩薩乘이라 하고, 후자를 佛乘이라 하여 구별하였다. 그 다음 대승선은 3사의 본체가 공적함을 관하는 것이고, 최상승선은 3사의 본체가 본래부터 공적한 사실을 알고 관하려고 하는 마음까지도 일으키지 않는 것이다. 즉 공 또한 공하기 때문에 공 그 자체도 초월한 것이 최상승선이라는 말이다. 다시 말해서 대승선은 공에 집착하여 空病(落空)에 떨어질 가능성이 있기 때문에 이런 위험성에서 완전히 벗어나 대자유를 얻는 길은 오직 하나, 공 그 자체도 뛰어넘어야 한다는 것이다. 예를 들면 『돈오입도요문론』 제45단에 “청정함도 없고, 청정함이 없는 것까지도 없는 것을 필경 청정이라 한다(無淨, 無無淨, 卽是畢竟淨)”고 한 말에서 앞의 無淨, 즉 ‘청정함이 없는 것’은 대승의 입장이고, 뒤의 無無淨, 즉 ‘청정함이 없는 것까지도 없는 것’은 최상승의 입장이다. 북종선도 사실 대승선이지만 남종선으로부터 비판받는 이유는 看心看淨을 너무 지나치게 강조한 나머지 淨心體에 집착하여 淨縛에 떨어져 있기 때문이다. 그래서 남종선에서는 우리의 마음은 고정된 실체가 없고, 또 대상화 할 수 없기 때문에 청정한 마음을 털고 닦는다는 말은 맞지 않다고 주장하면서 오직 지금 여기에 작용하고 있는 一念心만 인정하고 있다. 이 일념심은 점차적으로 닦아서 체득하는 것이 아니라 단번에 깨닫는 것이라고 한다. 그렇기 때문에 위의 인용문에서 신회는 '연기를 세우지 않는다'고 한 것이다. 부연하면 순서에 따라 점차적으로 수행해서 깨닫는 것이 아니라는 뜻이다. 그리고 또 그는 '공적체상에 본래 반야지가 있다'고 주장하고 있는 것과 같이 3사의 본체가 본래 공적한 것을 아는 '知'를 세워서 최상승선의 내용으로 삼고 있다. 이런 점이 대승선과 다르다. 위의 引證한 인용문은 대주의 『돈오입도요문론』 제19단에도 그대로 인용하고 있다.[27]

4) 여래선과 조사선

여래선과 조사선의 차이를 기술함에 있어서 이 두 선의 시점을 어떻게 잡느냐에 따라 양자의 내용은 상당히 달라진다. 일단 여래선을 혜능과 신회의 선까지로 보고, 조사선을 마조와 그의 제자가 활발히 활약한 당 말까지로 잡아 놓고 기술해 보자.

---

27) "대승과 최상승의 뜻이 어떠한가?" "대승이란 것은 보살승이고, 최상승이란 것은 불승이다." "어떻게 닦아야 이들 가르침을 체득할 수 있는가?" "보살승을 닦는 것은 대승이고, 보살승을 증득하여 다시 관을 일으키지 않고 닦을 곳이 없는 데에 이르러서 담연히 상적하여 늘어남도 없고 줄어 듬도 없는 것을 최상승이라 하며, 이것이 바로 불승이다."(又云大乘最上乘, 其義云何. 答, 大乘者是菩薩乘, 最上乘者是佛乘. 又問, 云何修而得此乘. 答, 修菩薩乘者, 卽是大乘, 證菩薩乘, 更不起觀, 至無修處, 湛然常寂, 不增不減, 名最上乘, 卽是佛乘也.)

여래선은 생활선인 조사선이 중국 땅에 자리를 잡을 수 있도록 토대를 마련한 선이다. 즉, 조사선이 지상의 생활종교로서 확고하게 자리를 잡을 수 있었던 것은 그 이전의 여래선이 사상적인 뒷받침을 해 주었기 때문에 가능한 것이었다. 신회가 실천이론의 기초를 구축하고 혜능이 그것을 완성한 것이다. 그러나 혜능에 의해서 실천이론이 완성되기는 했지만 그 이론이 생활과 하나가 되지는 못했다. 지금 여기의 자기와 생활을 하나로 만든 것은 마조와 그의 제자, 특히 임제에 의해서 완성된다. 그러므로 여래선은 실천이론을 완성한 선이라고 한다면 조사선은 그 실천이론을 일상생활로 끌어내려 자기와 생활이 하나가 되도록 만든 선이라고 할 수 있다. 여래선과 조사선을 교판적인 입장에서 우열을 가리는 것을 보자.

당 말의 앙산이 향엄지한에게 "요즘 사제의 견처가 어떠한가?"라고 물었다. 향엄은 "내가 갑자기 말을 하지 못하겠지만 게송에 '작년 가난은 가난이 아니고, 금년 가난이 비로소 가난이다. 작년 가난은 송곳 세울 땅이 없었으나 금년 가난은 송곳조차 없다'"고 하였다. 이 말을 듣고 앙산은 향엄의 마음 경계를 평가하기를, "너는 단지 여래선을 얻었을 뿐, 아직 조사선은 얻지 못했다"(『전등록』 권11 '앙산혜적장'(『대정장』 권51, p.283중)과 『오등회원』 권9 '향엄지한선사장')고 하였다. 뒤에 다시 향엄이 한 게송을 지어서 이르기를, "나에게 하나의 기틀이 있으니 눈 깜박임이 이와 같다. 만약 아직 모르면 사미를 불러 물으리라"고 하였다. 앙산이 그것을 들은 후 바로 긍정하여 말하기를, "또한 기쁘니 지한사제가 조사선을 깨달았다"고 했다.

위에 인용된 게송의 내용을 자세하게 검토해 보면 여래선은 간단히 말해서 공의 실천적인 입장, 즉 자취를 남기지 않는 몰종적의 입장(금년 가난은 송곳조차 없다)을 나타내고 있고, 조사선은 몰종적의 입장에서 불성의 大機大用을 몸으로써 자유자재로 펼치는 것(나에게 하나의 기틀이 있으니 눈 깜박임이 이와 같다)을 나타내고 있다.

또 우열의 의미가 내포되어 있는 眞金鋪와 雜貨鋪라는 것이 있다. 이 말은 『전등록』 '앙산혜적장'에 나온다.

> "매일 상당하여 대중에게 말하기를, 여러분들은 각자 廻光返照하라. 내가 하는 말을 기록하지 말라. 나는 여러분이 시작을 알 수 없는 먼 옛날부터 밝음에 등을 돌리고 어두움에 몸을 던졌으며, 뿌리 깊은 망상을 제거하기 어려움을 불쌍히 여겨 임시로 방편을 세우고 그대들의 두터운 麤識을 빼앗는 일을 마치 黃葉을 가지고 울음을 그치게 하는 것과 같이 했다(석두의 진금포). 또 사람들의 온갖 재물을 금은보배에 뒤섞어 가게에서 팔아 여러 가지 근기에 응해 왔다(마조의 잡화포). 그러므로 석두는 진금포, 나(마조)는 잡화포이다. 어떤 사람이 와서 잡화를 구하면 나(앙산)는 집어서 그에게 주고, 어떤 사람이 와서 진금을 구하면 나(앙산)는 또 그에게 준다."

黃葉은 우는 아이를 달래는 일종의 돈으로서 방편을 가리키는 말이다. 방편시설은 마조선의 특징이다. 잡화포란 여러 가지 방편을 쓰고 있다는 의미이다. 그런데 이 비유를 가치적으로 판단하여 잘 못 받아들이는 경우를 볼 수 있다. 원래 이 말은

<樂道歌>을 지은 석두계의 道吾圓智(769～835)에서 시작된다. 『전등록』에

> "책 속에서 석두는 진금포, 강서는 잡화포라고 했다. 師兄은 그들 속에서 뿌리를 내려 무엇인가를 만들려고 하고 있다. 맙소사. 빨리 빠져 나오세요."

위의 말은 당시 百丈懷海(749～814) 밑에 있던 雲巖曇晟(782～841)이 오랫동안 개오하지 못한 채 시간을 보내고 있는 것을 보다 못해 도오가 석두 계통에 있는 藥山에게 갈 것을 권하는 내용이다. 여기서 진금포와 잡화포는 분명히 우열을 나타내는 비유로 바뀌고 있음을 알 수 있다. 본래 잡화포는 석두를 외경하는 마조가 겸손과 자부의 뜻으로 쓴 표현이다. 그런데 그것을 단순한 폄칭으로 받아들이는 것은 오해이고 잘못이다. 이런 편협한 분파주의는 잡화포와 대비적으로 쓰인 진금포의 가치마저 손상시킬 우려가 있기 때문에 주의해야 한다.

그밖에 조사선은 부처를 초월하는(超佛的) 성격이 강하다. 예를 들면 丹霞는 "부처라는 말을 나는 즐겨 듣고 싶지 않다"고 했고, 趙州는 "부처라고 한 번 부르고 삼일이나 입을 씻었다"고 했으며, 남전은 "마조가 즉심즉불을 말하지만 나는 마음도 아니고(不是心), 부처도 아니며(不是佛), 물건도 아니라(不是物)"고 했다. 그런가 하면에 5家는 한 걸음 더 나아가 조사도 뛰어넘을 것(越祖的)을 주장하고 있다.

超佛越祖의 정신은 부처를 꾸짖고 조사를 욕하며(呵佛罵祖)

경전의 권위를 부정하는 형태로 나타나기 시작한다. 『경덕전등록』 권15에 수록된 덕산선감(782~865)의 上堂을 보자.

> "나는 우리 先德들과 달리 생각한다. 부처도 없고 조사도 없으며, 달마는 야만인에 불과하다. 석가모니는 별 볼일 없는 마른 똥막대기이고, 문수와 보현은 변소나 치는 더러운 놈이다. 등각이니 묘각이니 하는 오묘한 깨달음이란 것도 족쇄를 벗어난 평범한 인간성에 지나지 않으며, 보리와 열반은 당나귀를 매놓는 나무말뚝에 불과하다. 12분교는 귀신의 장부에 지나지 않으며, 종기의 고름을 닦아내는 데나 쓰는 휴지조각에 불과하다."[28]

그 밖에도 『경덕전등록』 11권에 國淸奉선사는 "석가는 소머리의 옥졸이고, 조사는 말의 얼굴을 한 노파이다." 또 『경덕전등록』 22권에 安國從貴선사는 "부처와 조사는 떨어진 짚신이다"라고 했다.

여래선은 儒學化하는 경향을 볼 수 있고, 조사선은 莊學化하는 경향을 볼 수 있다.[29] 살아가는 방법에 있어서도 조사선은 닦음이 없는 닦음(無修之修)을 주장하거나 닦으나 닦음이 없음(修而無修)을 주장하는 반면에 5가는 본성에 맡겨 소요(任性逍

28) 선사들이 부처를 꾸짖고 조사를 매도하며, 경전을 휴지조각처럼 보는 이유는 권위와 우상숭배를 타파함과 동시에 인간의 무한한 절대자유를 고취시키고자 함이다. 즉 부처란 절대자유와 무한한 초월의 경지에 도달한 현실 인격자라는 것을 깨우쳐 주기 위한 가르침이다.

29) 돈황본 『육조단경』에 '人性' '世性'이란 말은 『논어』에서 나온 것이고, 5가의 任性逍遙나 隨緣而行이란 말은 노장의 사상이다.

遙[30])하거나 인연에 따라 살아갈 것(隨緣而行)을 주장하고 있다.

유학화한 조사선의 선풍은 안정적, 평온적, 현실주의적, 긍정적인 반면에 장학화한 5가는 격렬하고 험준하며 낭만주의적이고 超凡脫俗적이며 부정적이다.

또 조사선에서 도는 마음으로 깨닫는 것이며 坐臥에 있지 않다는 것은 조사선이 좌선을 기본으로 삼지 않는다는 것을 말한 것이다. 즉 좌선은 일상의 행주좌와에 융합되어야 한다는 것을 강조한 말이다. 예를 들면 『고존숙어록』 1권과 『오등회원』 3권에 마조가 傳法院에서 좌선을 잘못 하고 있는 것을 지적하고 있는 것을 보자. "그대는 坐禪을 배우는가? 坐佛을 배우는가? 만약 좌선을 배운다면 선은 앉고 눕는 것이 아니며, 만약 좌불을 배운다면 부처는 정해진 모양이 없다. 법에 있어서 머물지 않고, 마땅히 취하거나 버리지 않아야 한다. 그대가 만약 좌불하면 곧 부처를 죽이는 것이다. 만약 앉는다는 모양에 집착하면 그 이치를 요달하지 못한다"라고 한 것은 기왓장을 아무리 갈아도 거울이 될 수 없듯이 앉아서 좌선을 해야만 부처가 될 수 있다는 상에 떨어져 있으면 아무리 좌선해도 부처가 될 수 없다.

5가 종풍시대에 오면 정상적인 언어표현은 줄어들고 奇特語들이 속출한다. 예를 들면 옷 속에 바늘을 감추기도 하고, 웃음속에 칼을 감추기도 하고, 못을 자르듯이 한마디로 잘라버리거나, 천길 절벽과 같아서 오를 수가 없거나, 바윗길이 미끄러워

30) 소요는 『장자』의 '逍遙遊'에 나오는 말이다. 소요는 유유자적하게 노니는 至人의 일로서 어떤 것에도 속박 받지 않는 자유자재한 절대적인 생활을 말한다.

디딜 곳이 없거나 빠르기가 번개와 같아서 의심할 수 없는 말들을 서슴없이 내뱉는다. 이것도 禪機를 드러내는데 부족하여 몸짓 손짓으로 때리거나, 차거나, 주장자나 불자를 휘두르거나, 손을 세우거나, 원상을 그리거나, 고양이를 양단하거나, 항아리를 깨거나 하는 등의 행위를 한다. 이러한 언행은 『장자』에 "속세에 얽매이지 않고, 물건을 치장하지 않으며, 사람에게 구애받지 않는다(不累于俗, 不飾于物, 不苟于人)"는 행위양식에 영향을 받은 것일 것이다.

<참고문헌>

*柳田聖山, 「空病問題」(『佛敎思想』7, 1982, 4).

*西村恵信, 「覺と超越」(『禪學研究』59, 1978, 11).

*洪修平・孫亦平, 『如來禪』(賴永海 主編, 『禪學叢書』).

*洪修平 外, 『如來禪』, 노선환 外, 서울: 운주사, 2002.

*方立天, 『佛敎與中國傳統文化』, 上海人民出版社, 1988.

*王志躍, 『分燈禪』, 김진무, 서울: 운주사, 2002.

*賴永海, 『祖師禪與分燈禪』(『禪學研究』第1輯), 江蘇古籍出版社, 1993.

*董群, 『祖師禪』, 김진무 외, 서울: 운주사, 2000.

*水野弘元, 「禪宗成立以前のシナの禪定思想史序說」(『駒澤大學佛敎學部研究紀要』15, 1975).

*아베 쵸이치, 『인도의 선 중국의 선』, 최현각, 서울: 민족사, 1990.

*增永靈鳳, 『禪定思想史』, 東京: 日本評論社, 1944.

*增永靈鳳, 『禪定思想の發達』, 東京: 理想社, 1940.

11. 선과 중국 고전

우선 한 대부터 수당시대까지의 시대상황과 불교와 현학의 흐름을 개관해 보자.

한 대 400년과 수당 700년을 서로 비교해 보면 큰 차이가 있다. 한 대에는 문화의 담당자인 지식인이 관리나 정치가로서의 성격이 농후했지만 육조시대와 수당에 이르면 관리의 신분은 그대로 유지되면서도 문벌귀족의 성격이 강했다. 이와 같은 상이한 지식인들의 성격은 그대로 문화와 사상의 흐름에 큰 변화를 일으켰다. 한대의 사상에는 정치적 색채가 강했기 때문에 정치와 도덕규범을 강조하는 유학이 전성기를 맞았다. 반면 육조시대에 들어서자 유학은 쇠퇴했고, 그 대신 노장사상이 유행했으며, 이어서 불교가 극성기를 이루었다. 그것은 지식인들이 귀족화되었기 때문이다. 정치의식이 부족한 육조시대의 귀족은 정치와 도덕윤리의 문제보다도 원래 인간미가 풍부한 문학, 예술, 종교 등의 세계에서 보람을 찾았다. 바로 이런 경향이 육조와 수당 시대에 문학과 예술 그리고 불교의 황금시대를 이룬 최대의 이유이다.

1) 선학과 현학

玄學이라고 하면 정확히 말해서 『周易』·『老子』·『莊子』를 가리키며, 이를 '三玄學'이라 한다. 그러나 현학이 형성될 때 유가의 사상도 영향을 받았기 때문에 『논어』를 포함하여 현학이라 해도 틀린 말은 아니다.

현학은 正始年間(240~249)에 형성되었으나 그것의 발원지는 先秦유가와 도가까지 거슬러 올라간다. 魏晉시대의 특정한 사회와 역사적 조건 아래서 유가의 종법윤리와 도가의 자연철리와 결합한 것이 현학이다. 선학은 위진시대의 반야학과 남북조시대의 불성론을 경과하여 수당에 이르러 마침내 유교와 도교 등 전통사상의 기초위에서 형성되었다.

선학과 현학과의 관계를 시간적인 면에서 본다면 초기 선학은 위진 현학이 출현하기 이전에 이미 중국에 전래 되었으며, 위진 현학은 또한 선종의 학설이 정식으로 형성되기 이전에 성행했다. 사상적인 면에서 본다면 선학의 이론은 주로 般若性空說과 涅槃佛性論에 근거하며, 성공설과 불성론이 중국에서 성행한 것은 현학의 유행에 힘입은 것이라고 할 수 있다. 현학이론의 형성과 발전은 모두 유무, 본말 사상을 토대로 하여 이루어졌는데 이는 반야의 유무대립의 止揚논리와 반야의 체용논리에 영향을 받은 것이다. 실제적인 사회생활면에서 본다면 현학은 자연과 본성에 따라 소요하는 것(適性逍遙, 선학에서는 任性逍遙라고 했음)을 중히 여겼고, 선학은 세간과 열반이 둘이 아니라 세간이 바로 열반이라는 것을 강조했다.

선이 중국에 전래된 지 얼마 되지 않아 현학의 자양을 섭취하여 더욱 발전을 하였다. 유가 공맹의 인륜과 도가 노장의 자연 철리를 완전하게 융섭하고 일체화하여 대중 속으로 들어갔다. 유가의 학설은 인간 자체를 다룬 반면에 도가의 학설은 그 사유의 대상을 자연에 두고, 인간은 자연과 나눌 수 없는 조성부분이라고 생각했다. 도가는 자연을 숭상하고, 인간의 주체성을 긍정했으며, 이상사회를 구상하였다.

현학은 무를 근본으로 삼는(以無爲本) 사상노선에 따라 일체 사물의 속성을 제거한 하나의 추상적인 본체를 찾는 것이고, 선학은 마음으로 도를 깨닫는 것(由心悟道)이라는 자각에서부터 일체사물의 근원을 단도직입적으로 인간의 마음에 귀속시키는 것이라고 할 수 있다. 표면상으로 보면 현학과 선학이 서로 다른 것 같지만 보다 깊은 내면에서 고찰해 본다면 현학과 선학이 우주 존재의 신비함을 이해하는데 있어서 서로 통하는 곳이 있음을 발견할 수 있다. 이는 바로 현학과 선학이 공통적으로 직면하고 있는 세계와 인생이라는 것은 모두 제한 당하고 있고, 어떻게 할 수 없는 것이며, 거의 변경할 수 없다고 생각한 것이다. 이러한 상황을 같이 인식하고 있는 선학가와 현학가들은 모두 이런 가혹한 운명의 억압에서 벗어나기를 갈망하면서 적어도 정신영역 속에서 인간이 자기의 가치와 존재의의를 충분히 나타낼 수 있기를 바라고 있었다. 그러므로 현학은 근본을 숭상하고 지말을 끊는 것(崇本息末)을 구호로 삼았고, 선학은 마음으로써 근원을 삼는 것(以心爲源)에 대하여 전면적인 긍정을 보였고, 또 우주본체의 확립을 통하거나 인간 본심에 대한 깨달음을 통하여 정신의 현실에 대한 초월을 실현시키고자 했다.

현학 가운데 『周易』이 선학에 직접적으로 영향을 미친 것에 대하여 고찰해 보자.

왕필의 『周易略例』에 '모양을 얻으면 말을 잊는 것(得象而忘言)'·'뜻을 얻으면 모양을 잊는 것(得意而忘象)'·'토끼를 잡으면 올가미를 버리는 것(得兎而忘蹄)'·'고기를 잡으면 통발을 버리는 것(得魚而忘筌)' 등의 인식론은 의미를 체득하면 문자에 고집하지 말 것을 강조하는 말들이다. 이는 중국불교에서 竺道生(355~434)이 최초로 주장한 돈오사상의 먼 근거가 된다. 돈오사상의 대전제는 근본적인 실제는 어디까지나 하나이므로 이를 나눌 수 없다는 것이다. 따라서 진리를 분석하거나 분해하는 이성에 의한 인식법으로써는 절대 진리를 얻을 수 없으며, 진리의 전체를 파손하지 않고 있는 그대로 포착하는 길은 오직 체험적인 직관뿐이다. 이것이 바로 돈오이다. 중국 불교에서 돈오사상을 최초로 주창한 축도생은 도교에서 많은 자극을 받았다.[31]

그밖에 현학이 선학에 준 영향으로서 A.D. 2세기의 저서인 魏나라 伯陽이 지은 『參同契』에는 명상에 관한 상세한 지침이 들어 있다. 이것은 內丹術과 鍊丹術이라고 하는 명상법을 최초로 기록한 자료라고 생각한다. 이 명상법이 후대에 불교의 명상에 영향을 준 것이 입증되고 있다.

31) Dumoulin, 『History』'*Section on Tao-Sheng*', pp.61~62.

2) 선과 유학

중국인의 사유방식을 가장 전형적으로 나타내고 있는 것이 『論語』이다. 이 『논어』는 공자의 제자 또는 손제자에 의해서 편집된 것이며, 최종적으로 집대성된 시기는 전한 초 무렵(기원전 2세기)이다. 그러므로 『논어』는 불교가 중국에 전래되기 약 200년 전에 이미 성립되었다고 할 수 있다. 공자가 살았던 때는 춘추말기(기원전 551~480)이다. 유학은 이 『논어』를 所依로 하여 성립한 것이다. 유교가 기원전 2세기 한 대의 국교가 된 이래 천 년 이상 국교로 군림해 왔다.

공자가 중국사상사에 공헌한 것은 당시 사상계의 시야를 하늘(天)로부터 인간(人)으로 전향시킨데 있다. 공자는 仁(人)[32]을 사용하여 사람과 사람과의 상호관계를 논했는데 특히 그는 윤리, 정치, 현실, 물질, 無神 등을 강조한 것으로 보아 구체적인 현실세계로 시야를 돌려 인간을 중심으로 연구를 시작한 것이라고 볼 수 있다. 구체적인 예를 들면,

『논어』 '술이29'에 "어짊(仁)은 멀리 있지 않다. 우리가 어질고자 한다면 바로 여기에 어짊이 이른다"라고 한 것은 인간을 중심으로 한 현실성을 강조하는 말이다. 유교의 현실성을 강조하는 또 다른 예는 『논어』 '선진편'에 "아직 삶도 모르는데 어찌 죽음을 알겠는가"[33]라고 한 것이나 '이인편'에 "아침에 도

---

32) 『중용』 제20장에 "仁은 人이다"라고 한 것과 같이 仁과 人은 상통한다.

33) 『장자』 '대종사편'에도 같은 말이 나온다. 즉 "이미 이루어져 태어났

를 얻으면 저녁에 죽어도 좋다"고 한 것을 들 수 있다.

"귀신을 공경하나 멀리한다"와 "怪力亂神(기괴한 것, 폭력적인 것, 무질서한 것, 신비스러운 것)을 말하지 않는다"고 한 것은 무신론을 주장한 말이다.

요컨대 이와 같이 유교가 윤리적, 정치적, 현실적인 성격이 강한 반면 아래에 논하게 될 노장은 종교적, 탈정치적, 초현실적, 은둔적인 성격이 강하다.

한편 불교계의 동향을 보면, 隋 唐 이전에는 추상적인 본체인 불성을 주로 연구했다면 수 당 이후는 불교가 점차 중국화, 유학화 되면서 구제적이고 현실적인 인간을 중심으로 한 인성 연구에 주력하였다. 대승불교에서는 마음을 추상화하거나 신성화시켜 진여불성과 우주본체 등에 연계시켰지만 선종은 신격화시킨 부처를 새롭게 자신에게로 끌어 내렸고, 선종이 말한 불성도 자심 혹은 자성을 가리키는 것으로서 그것은 인생의 주체에 대한 일종의 적극적이고 절대적인 긍정이라고 할 수 있다.

중국화 된 선종의 불성론 가운데 가장 큰 특징은 인도불교의 추상화된 불성을 현실적인 人性과 心性으로 구체화 한 것이다. 다시 말해서 인도불교의 자성청정심을 현실의 人心으로 탈바꿈시켰고, 출세와 입세를 하나로 융합한 심성으로 전환하였다. 이는 유교의 人의 사상에서 영향을 받은 바가 크다. 권위주의의 상징물인 불성을 인간의 구체적인 현실심인 인성으로 바꾼 사람은 육조혜능이다. 예를 들면 『단경』에,

으니 어찌 태어나기 이전을 알 수 있겠는가, 아직 죽음이 이루어지지 않았으니 어찌 죽은 후를 알겠는가?"

"人性은 본래 청정하지만 망념으로 말미암아 진여가 가려진다. 다만 망념이 없으면 자성은 스스로 청정하다."

"세상 사람들의 성품「世性」은 본래 청정하기 때문에 만법이 자성으로부터 나오는 것이다."

"인간의 성품「人性」은 본래 청정하다."

"만법은 모두 인성 가운데 있다."

라고 한 말들은 모두 유교의 인의 사상에 영향을 받은 것이라고 볼 수 있다.

끝으로 체용의 논리를 보자. 대승불교에서 체용의 논리는 『대승기신론』에 체대, 상대, 용대의 3대에 나온다. 중국불교에서는 위진시대에 본말사상이 있었고 이것이 승조에 의해서 반야의 체용의 논리로 바뀌었다. 유교에서 체용의 논리는 당대까지만 해도 유교의 문헌에 체와 용이 따로따로 사용되기는 했어도 체와 용이 짝을 이루어 사용한 예는 찾아 볼 수 없다. 그렇지만 주자학에 오면 이 체용의 논리가 확립된다. "孝悌(예의에 따라 부모와 형제를 섬기는 일)는 인의 근본이 된다"고 한 말을 "효제는 인을 행하는 근본이 된다"라고 읽으면 인은 본체(性)가 되고, 효제는 그 작용이 된다. 이와 같이 유교에서는 체와 용을 분리해서 본 반면에 선에서는 체와 용을 하나로 보았다. 예를 들면 위산(771~853)과 앙산(807~883)이 어느 날 찻잎을 따고 있었다.

위산 : "오늘은 종일토록 그대와 찻잎을 땄는데 그대의 소리

만 들리고 모습은 보이지 않으니 그대의 본래 모습을 드러내 봐라."

앙산 : 묵묵히 차나무를 시시각각 흔들어댔다.

위산 : "그대는 작용은 얻었는데 본체는 얻지 못했군."

앙산 : "이상하군요. 그럼 화상께서는 어떻습니까?"

이 말을 들은,

위산 : 아무 말이 없었다.

그 모습을 본,

앙산 : "화상께서는 본체만 얻고 작용은 얻지 못하셨군요."

위산 : "그대에게 20대를 때리겠다." (『경덕전등록』 권9)

이 대화에서 앙산이 차나무를 흔드는 것이 용이고, 위산이 침묵하고 있는 것이 체라고 보아 체용의 논리를 다루고 있는 것 같이 보이지만 실은 그렇지 않다. 만약 그렇게 본다면 체와 용을 나누는 입장이 되고, 또 체와 용에 떨어진 것이 되고 만다. 위산이 앙산을 20대 때리겠다는 것은 앙산이 체와 용을 나누고 있기 때문이다. 단지 체일 때는 체만을, 용일 때는 용만을 보여야 하는 것이다. 다시 말해서 체에 즉하여 체를 탈락하고, 용에 즉하여 용을 탈락한 卽體卽用의 입장이 되어야 하는 것이다. 즉 체용을 떠나 있고, 定慧도 초월해 있는 것이 선이라는 말이다.

3) 선과 노장

노장사상은 기원전 3~4세기에 형성되었고, 도교는 그 보다 훨씬 뒤인 기원후 3~4세기에 그 원형이 성립되었다. 이 노장사상이 현저하게 겉으로 드러나 영향력을 미친 것은 육조시대, 그것도 특히 삼국의 위나라 시대의 45년간에 불과하다. 먼저 노장의 핵심사상인 도에 대해서 고찰해 보자.

원래 도라는 말은 노자보다 유가 쪽에서 먼저 사용했다. 노자의 도는 자연의 도이지만 유가의 도는 인륜도덕과 인위의 도이다. 유가의 도는 仁·義·禮·智라 하여 일정하게 정해진 내용을 가진 존재(有)의 도이지만 노자의 도는 無爲·無知·無欲이라고 한 것처럼 없음(無)의 도이다. 『노자』 제48장에 "배운다는 것은 날마다 더하는 것이고, 도를 닦는다는 것은 날마다 덜어 내는 것이다. 이것을 덜어내고 또 덜어내어서 무위에 이른다. 무위로써 되지 않음이 없다"라고 한 것이나 『노자』 제37장에 "도는 언제나 함이 없지만 하지 못하는 것도 없다(道常無爲, 而無不爲.)"라고 한 것처럼 無야말로 만물의 근원이자 모든 존재가 그로부터 연원된다고 주장하고 있다. 그렇지만 노자가 만물의 근원으로서 고정된 무를 설정하는 것은 오류이다. 만물의 근원, 즉 만유의 근본은 유무를 동시에 포괄하는 無限이 아니면 안 된다. 왜냐하면 『노자』 제1장에 "도라고 할 수 있는 도는 항상 된 도가 아니다"라고 한 것처럼 도는 본래 한계지울 수 없기 때문이다. 이 무는 또한 하나(一)라고도 하는데 만약 노자 당시에 zero(0)라는 수의 개념이 있었더라면 그는 틀림없이 저 도를 空無한 것을 의미하는 제로라고 했겠지만 그 때 아직 제로의 개념이 있지 않았기 때문에 하나라고 했던 것일 것이다. 참으로 하나가 되면 하나라고 하는 것도 없어진다. 예를 들면 茶禪一味라고 하는 一味도 같은 뜻이다. 만약 차와 선이 처음부터 같은 맛이라면 굳이 일미라고 할 필요가 없고, 또 차와 선이 별개의 것이라면 처음부터 다선일미라고 말하지 않아야 한다. 여기의 일미는 一如나 不二와 같은 뜻으로서 zero(0)과 같은 의미이다. 반면 서양의 1은 실은 2이다. 왜냐하면 1은 2를 전제로 한 1이기 때문이다. 그러나 동양의 1은 사실 제로(0)이다.

한편 장자가 주장하는 도의 특성은 첫째, 도는 감관으로 감지할 수 없는 허무이다. 둘째, 도의 허무는 그것이 결코 虛妄不眞함을 나타내는 것이 아니라 반대로 도가 진실하고 믿을 수 있으며 경험할 수 있는 존재라는 것이다. 셋째, 도는 最先最高의 존재이며, 그것은 어떠한 존재를 본으로 삼지 않으며 자신이 바로 본래의 본원인 것이다. 넷째, 도는 천지와 귀신을 포함한 일체를 생성하는 공능을 지니고 있다. 이상의 내용으로 볼 때 장자의 도는 초월성을 지닌 것[34]이라고 볼 수 있다. 다시 말해서 도는 없는 곳이 없고, 또 존재하지 않는 때가 없다는 것[35]이다. 노자의 도론은 우주론적 색채를 띠고, 장자의 도론은

---

34) 『장자』에 "도는 시작도 없고, 끝도 없다(道無始無終)고 했다.

35) 『장자』에 "도는 없는 곳이 없다(道無所不在)"고 한 것이나 『노자』에 "대도는 한없이 큼으로 상하좌우에 충만하여 있다. 만물은 이에 의지

본체론적인 색채를 띠지만 우주론적 구조 속에서 혹은 본체론적 규범 속에서 도의 영원성은 그들이 공통적으로 규정하고 추구하는 대상이다. 노장이 내건 도의 본원적이고 궁극적인 목표는 사람으로 하여금 도와 동체가 되고 도와 함께 노닐게 하는 것이다. 왜냐하면 인간이 도와 함께 소요할 때만이 진정한 장생과 자유를 얻을 수 있기 때문이다. 반면에 선에서 도는 곧 인간의 마음을 지칭한다. 선불교에서 노장자의 도의 영향을 가장 많이 받고 있는 것은 3조승찬의 작품인 『신심명』이다. 즉,

> "도에 이르는 것은 어렵지 않다. 오직 분별만 하지 않으면 된다. 다만 좋아하지도 싫어하지도 말라. 그러면 도는 훤히 드러나리라(至道無難. 唯嫌揀擇. 但莫愛憎, 洞然明白)."

라고 한 게송에서 도는 분명히 인간의 마음을 가리키고 있다.

그런데 여기서 주의해야 할 것은 노자와 장자를 일관해서 노장사상이라고 하지만 두 사상가 사이에는 기본적으로 차이가 있다. 장자의 경우 무에 어떠한 의미를 부여하는가에 달려 있다. 다시 말해서 무에 대한 개념차이다. 노자는 "천하의 만물은 유에서 나오고, 유는 무에서 나온다(『老子』 제40장)"고 한 것과

하여 존재하지만 거절하지 않는다(大道汎兮其可左右. 萬物恃之而生而不辭.)"라고 한 것은 도는 존재도 아니고 비존재도 아닌 초월적인 존재이면서 우주에 편만해 있다는 것이다. 참고로 대승불교에서는 말로 표현할 수 없는 우주의 始原이며 우주에 가득 찬 것을 '불성' 또는 '도'라 했다. 선불교에서는 실재의 절대적 場인 '부처의 경지'를 도라고 표현한다.

"도는 하나(一)를 낳고, 하나는 둘을 낳고, 둘은 셋을 낳고, 셋은 만물을 낳는다(『老子』 제42장)"고 하는 것은 생성론적 입장에서 만물의 근원을 무에 배치하고 있다. 그러나 이에 대해 장자는 근원이라고 한 이상 그 처음에 앞선 그 무엇이 있지 않으면 안 된다고 주장한다. 다시 말해서 무가 아직 생기지 않은 '무가 없는 상태' 즉 無無가 있어야 한다는 것이다. 또한 그 무무가 아직 없는 無無無가 있어야 한다. 이 같이 무한히 부정을 해야 하므로 결국 만물의 근원에 무를 고정시키는 것은 잘못이다(제물론 참조). 환언하면 노자가 고정된 무를 만물의 시원으로 설정한 것은 잘못되었다는 것이다. 왜냐하면 고정된 무는 대상적으로 사고된 무이기 때문이다. 따라서 장자의 무는 무라기보다도 오히려 無極, 無限이라고 하는 편이 맞을 것이다. 이 무한은 부정만 하는 것은 아니다. 무한의 사상은 문자 그대로 무한하게 삼라만상을 포용하는 사상이므로 유무 어느 한 쪽도 배제하지 않고 만물을 평등하게 긍정하는 것이다. 이것이 바로 '만물은 하나(萬物一齊)'라는 사상이다. 장자의 萬物一齊論은 승조의 물아일체론과 비슷하다.

그러나 『장자』 '至樂'에 "만물은 모두 각자 특수한 자성이 있다. 물고기는 물에서 살고 사람은 물에 빠지면 죽는 것은 그들은 반드시 서로 다른 것이며, 좋아하는 것과 싫어하는 것이 다른 까닭이다"라고 한 것은 도의 고유한 자성을 인정하는 입장이다. 이것이 소위 장자의 自因自果, 自然因自然果의 설로서 장자의 자연설은 인과 과를 모두 고정화하고 있는 것이다. 이 점이 불교와 다른 것이다. 참고로 인도의 자연외도는 결과를 실체적, 객체적으로 고정화하여 결정론과 숙명론에 떨어져 있다.

장자의 언어표현과 선승들의 언어표현 사이에 겉으로 보아서는 서로 비슷한 것 같지만 내면으로 들어가 세심하게 살펴보면 각각 다른 것에 주의해야 한다. 『장자』 '知北遊'篇에 "도라는 것은 어디에 있습니까?" "똥이나 오줌에 있지"라는 문답과 『무문관』 제21칙에 "부처란 무엇인가?"라는 물음에 운문이 대답하기를, "똥 막대기"라고 답한 것과 언어의 표현상으로 보면 비슷한 것 같지만 그렇지 않다. 장자는 "도가 어디에 있습니까?"라는 물음에 "어디에고 없는 곳이 없지"라고 대답을 했는데, 이를 구체적으로 예를 들면, "도르래나 개미에도 있다" "나뭇가지나 돌에도 있다" "기왓장이나 벽돌에도 있다" "똥이나 오줌에도 있다"라고 한 것은 만물제동의 입장이고, 또 범신론적인 세계관이다. 그래서 『장자』에서는 도가 대변이나 소변에도 있다고 한 것이다. 운문이 똥 막대기라고 한 것은 부처가 똥 막대기라는 말은 아니다. 『열반경』에 "모든 중생은 불성을 가지고 있다(一切衆生 悉有佛性)"라고 해서 장자가 도는 어느 곳에나 있다고 한 말과 동일하게 생각을 해서는 안 된다. 왜냐하면 불교는 철저한 무신론적인 입장이기 때문이다. 불교는 공이기 때문에 똥 막대기를 통해서 부처라는 상을 완전히 탈락시켜 버렸을 때 진불이 보이는 것이다. 따라서 똥 막대기는 부처에 역대응하는 물건일 뿐이다. 노장과 선은 언어상으로는 매우 흡사하지만 이면에 흐르는 내용은 매우 다르다는 것을 명심해야 한다.

그 밖에 장자의 사상이 선학에 미친 영향을 보면, 중국에는 불교가 전래되기 이전부터 선과 유사한 종교적인 실천방법이 있었다. 예를 들면 『장자』 '대종사편'에 "손발과 몸을 잊어버리고 귀나 눈의 밝음을 떨쳐버려 형상을 떠나고 앎을 버려서 大道와 함께 크게 통하는 것을 일러 坐忘이라 한다"고 한 '좌망'과 『장자』 '人間世'에 "도는 오직 빈속에 모이며, 이 빈 것이 心齋이다"라고 한 '심제'와 『장자』 '소요유'에 오곡을 먹지 않는 '闢穀'과 『장자』 '大宗師篇'에 호흡법과 유연체조를 조합한 일종의 건강법이자 장수법인 '導引法'과 그리고 진인의 호흡법과 이것의 영향을 받아 후에 '胎息法'으로서 완성된 신선방술의 호흡법을 들 수 있다. 이 중에서 특히 앉은 채로 일체를 잊어버리는 坐忘은 좌선의 실천과 비슷하고 그 내용은 무심과 유사하다. 또 심재는 무념과 상통하는 점이 있다. 이러한 신선술과 양생술의 실천을 통해서 얻어진 경지도 선의 경지와 비슷한 면이 적지 않다. 따라서 중국선이 노장사상이나 신선도와 종종 농후하게 교섭하면서 전개되어 온 것은 당연한 일일지도 모른다. 그러나 이와 같이 특수한 도가의 단식법이나 호흡법이 반드시 인도선의 본질과 일치한다고는 볼 수 없다. 왜냐하면 반야의 지혜로써 뒷받침되지 않은 단순한 5通의 神異는 외도의 선이라는 비판이 이미 인도의 여러 경전 속에 분명히 보이고 있기 때문이다.

『맹자』 '盡心章句'상에 "사람이 배우지 않고 할 수 있는 것을 良能이라 하고, 생각하지 않고 아는 것을 良知라 한다(人之所不學而能者, 其良能也, 所不慮而知者, 其良知也.)"고 한 말 가운데 '양지'는 『화엄경』 '여래출현품'(『대정장』 권10, p.272하)에 "어떠한 중생도 여래의 지혜를 갖추고 있으나 망상집착 때문에 증득하지 못하고 있다. 만약 망상을 떠나면 일체지, 자연지, 무애지는 바로 드러나게 된다(無一衆生而不具有如來智慧, 但以妄想執著而不證得. 若離妄想, 一切智自然智無礙智, 則得現前.).”고 한 말 중에 ‘자연지’와 비슷하다.

<참고문헌>

*柳田聖山, 「神と佛-中國の場合-」(『佛教思想史』1, 1979, 11).

*郭朋, 『壇經校釋』, 北京: 中華書局出版, 1983.

*楊伯峻, 『論語譯注』, 北京: 中華書局, 1980.

*楊伯峻, 『孟子譯注』, 北京: 中華書局, 1960.

*高亨注, 『老子注釋』, 河南人民出版社, 1980.

*陳鼓應, 『莊子今注今譯』, 北京: 中華書局, 1983.

*郭慶藩, 『莊子集釋』, 北京: 中華書局, 1982.

*劉義慶, 『世說新語』, 劉孝標, 上海古籍出版社, 1982.

*陳鼓應, 『莊子今注今譯』, 北京: 中華書局, 1983.

*柳田聖山, 『禪與中國』, 毛丹青, 北京: 三聯書店, 1988.

*蘇淵雷, 『佛教與中國傳統文化』, 湖南教育出版社, 1988.

*文史知識編輯室 編, 『佛教與中國文化』, 北京: 中華書局, 1988.

*龐朴·劉澤華, 『中國傳統文化精神』, 遼寧教育出版社, 1995.

*賴永海, 『佛學與儒學』, 杭州: 浙江人民出版社, 1992.

*湯一介, 『郭象與魏晉玄學』, 湖北人民出版社, 1983.

*賴永海, 『불교와 유학』, 김진무, 서울: 운주사, 1999.

*洪修平, 『선학과 현학』, 김진무, 서울: 운주사1999.

*徐小躍, 『선과 노장』, 김진무, 서울: 운주사, 2000.
*吳怡, 『禪與老莊』, 台灣: 三民書局, 1985.
*李養正, 『道教概說』, 北京: 中華書局, 1989.
*王明, 『道家和道教思想研究』, 中國社會科學出版社, 1987.
*葛兆光, 『道教與中國文化』, 中國社會科學出版社, 1987.
*荒木見悟, 『佛教と儒教』, 京都: 平樂寺書店, 1963.
*荒木見悟, 『佛教と陽明學』, レダルス文庫, 第三文明社, 1979.
*荒木見悟, 『陽明學の展開と佛教』, 研文出版, 1984.
*福井康順, 『道教の基礎的研究』, 書籍文物流通會, 1985.
*半頭大雅・山田邦男, 『論語と禪』, 東京: 春秋社, 1988.
*半頭大雅 外, 『논어와 禪』, 최효선, 서울: 민족사, 1992.
*森三樹三郎, 『불교와 노장사상』, 서울: 경서원, 1992.
*常盤大定, 『支那に於ける佛教と儒教道教』, 東京: 1930.
*常盤大定, 「道教概說」(『東洋學報』10, 1920).
*釋敬俊, 『禪道と儒道』, 東京: 新英社, 1937.
*魚澄惣五郎, 『禪と宋學』, 東京: 雄山閣, 1941.
*송찬우, 『莊子禪解禪』, 서울: 세계사, 1999.
*송찬우, 『老子-그 불교적이해-』, 서울: 세계사, 2000.

12. 중국인의 사유경향

중국에서 완성된 선은 표현하고 있는 말이나 사상이 참으로 독특하다. 선이 인도불교에서 나온 것은 틀림없지만 선만을 따로 독립시켜서 보면 불교와는 너무나 이질적인 것이 많다. 그 이유는 여러 가지가 있겠으나 아마도 중국인의 사유방법와 무관하지 않을 것이라고 생각한다. 이 장에서 중국인의 사유방법을 다루는 목적은 선을 정확히 이해하는데 도움을 얻고자 하는데 있다.

인도인과 중국인은 몇 백 년 전부터 서양인과 접촉했음에도 불구하고 기계생산이나 자본주의는 그들의 땅에 충분히 뿌리를 내리지 못 했다. 인도민족과 중국민족의 생활양식은 오늘날에 이르러서도 옛날의 낡은 인습을 그대로 고수하는 성격이 강하다.

동양인 중에서 인도, 중국, 티베트, 일본은 그 독자적인 논리학이 있어서 사유방법이 각각 다르다. 그 밖에 다른 동양 민족들은 이 네 민족 중 어느 한 민족과 비슷한 사유방법을 가지고 있다고 본다. 즉 실론, 미얀마, 태국, 인도지나반도의 남부는 인도적인 사유방법을 가지고 있고, 중앙아시아, 몽고, 한국, 인도

지나반도의 북부는 중국적인 사유방법을 가지고 있다고 생각한다.

일반적으로 동서양의 가장 큰 차이점을 든다면 동양은 정신적, 내면적, 종합적, 주체적인데 반해 서양은 물질적, 외면적, 분석적, 객체적이다. 일본에서는 동양과 서양을 대응적, 대립적으로 생각하고 있다.

이런 사유구조의 차이점을 도출해 내는 방법은 여러 가지가 있겠지만 독일의 언어학자 훔볼트(Wilhelm von Humboldt)는 각 민족이 사용하고 있는 언어의 문법적 구조에서 찾았고, 에르드만(Benno Erdmann)은 각 민족이 사용하고 있는 논리학에서 찾아내고 있다. 언어표현 방식이 어떤 한 민족의 사유방법(The Ways of Thinking)과 사유경향(The Tendencies of Thinking)에 대한 특징을 결정짓는데 기본적인 재료가 되지만 이 보다 더 좋은 재료는 그 민족이 낳은 논리학이라고 생각한다. 이런 점들을 염두에 두고 중국인들은 어떻게 사유하고 있는지 그 특징을 고찰해 보자.

1) 구체적인 知覺을 중시

중국인들이 판단하고 추리하는 표현방법을 검토해 볼 때 중국인이 사유하는 방법은 널리 두루 생각하는 것보다 개별적인 것, 특수한 것을 중요시하는 경향이 있으며, 추상적인 것보다 구상적인 것을 중요시하는 경향이 있다. 즉 중국인들은 생각하는 방향이 구상적, 구체적인 물건을 향하고 있다는 것이다. 실례를 들면 중국어에는 물체의 형상[36]을 표현하는 말이 많은 데 비해 변화나 추이를 나타내는 동사가 적다. 이런 현상은 孤立語인 중국어에 가장 현저하게 나타난다. 또 철학적이며 추상적인 개념을 구상적인 글귀를 써서 표현하는 예를 선종에서 찾아보면 우주를 산하대지라 하며, 인간의 근원적이고 진실한 주체성을 본래면목이나 本地風光이라 한다. 같은 뜻인 진여와 불성이라는 말은 추상적이기 때문에 중국인들의 사유방법에 맞지 않았던 것이다. 그런데 本覺이라는 말은 다소 선호했는 듯하나 '覺'보다는 오히려 '悟'를 더 좋아했다. 이 悟라는 말도 육조혜능부터 본격적으로 쓰이기 시작했다. 그밖에 선종에서는 구상적인 관념을 강렬하게 표현하기 위하여 몸 대신에 냄새나는 '가죽 주머니', 본질 대신에 '안목', 교단 대신에 '총림'이라 했고, 구름처럼 물처럼 한 곳에 머물러 있지 않고 돌아다니며 수행하는 납자를 '雲水'라고 했다. 그리고 구체적인 지명을 통하여 근원을 가리키는 경우도 있다. 『조주록』에 "모든 길은 長安으로 통한다"고 한 말에서 장안은 본래심과 같은 중앙이나 근본을 가리키는 말이다. 장안이라는 구체적인 지명을 통하여 근본을 나타내고 있는 것이다.

---

36) 불꽃이 타오르는 모양인 火, 물이 흐르고 있는 모양인 水 등 象形文字이다.

2) 추상적인 개념을 구상적으로 표현

중국인의 정신은 본질적으로 종합적인 작용과 구체적인 직관에 의하여 작용하는 것이지 분석적으로 작용하는 것은 아니다. 예를 들면 理[37]라는 말은 원래 條理라는 뜻이 였으나 변하여 '마음이 옳게 여기는 것'으로 되고, 또 변하여 '사실을 사실일 수 있게 하는 이유'를 뜻하게 되었다. 송 대의 程明道가 강조하는 天理에서 理는 현상계의 근원이 되는 본체적인 존재가 아니라 현상을 현상일 수 있게 하는 이치, 또는 현상에 즉해서 존재하는 이치로 파악했던 것도 바로 이런 의미 때문이다.

3) 感覺表象에 의지하는 경향

중국인의 정신적 특성으로서 가장 중요한 것 중의 하나는 감각을 적극적으로 믿는 것이다. 그들은 감각을 초월한 존재에 대해서는 별로 믿으려 하지 않고 있다. 중국인들은 남을 교화하거나 설득시키려고 할 때 감각적인 표상을 잘 사용한다. 육조시대 귀족이었던 顔之推는 『顔氏家訓』[38]에서 "대개 사람이 믿을 수 있는 것은 오직 귀와 눈 뿐이며 그밖에 모든 것은 의

---

37) 武內義雄, 『支那思想史』, p.263에서 理라는 말을 철학적인 뜻으로 처음 사용한 사람은 支遁(314~366)이라고 했다.

38) 顔之推의 『顔氏家訓』'歸心篇'은 『廣弘明集』 제3권에 들어 있다.

심스럽다"고 한 것처럼 중국인은 눈으로 보는 감각을 중히 여기기 때문에 시각적 표상에 의하여 순간적으로 직관적인 이해를 얻어 내려고 하고 있다. 이런 경향 때문에 그들은 도식적인 설명을 좋아한다. 예를 들면 『주역』에서는 事象을 설명함에 있어서 직관적이고 시각적으로 하고 있다. 선에서는 완전무결한 것을 표현할 때 원상으로 표현한다. 둥근 모양이 완전한 것을 나타낸다고 하는 사고는 중국인들의 독특한 사유방법이다. 예를 들면 현수법장이 십은 圓數, 9와 8은 缺數, 11과 12는 增數라고 한 것과 가장 완전한 교설을 圓教하고 한 것과 사물이 완전히 서로 즉해 있는 것을 圓融이라고 한 것 등이다. 그러나 인도에서 輪(cakra)은 유동성과 진행성을 상징하지만 '원'은 고요한 것을 상징한다. 인도인들은 완전을 뜻하는 수를 7로 보고 있다. 또 인도인은 절대적이고 완전한 것은 한정을 지울 수 없는 것이기 때문에 모양으로 표현해 낼 수 없다고 생각한 반면 중국인은 구체적인 모양으로 나타내고 있는 점이 정반대이다. 원을 그리는데 있어서도 중국인은 평면적으로 나타내는데 비해 그리스인은 입체적으로 나타낸다. 티베트의 만다라는 입체적인데 비해 중국의 만다라는 평면적이다. 이런 사실로 보아 중국인은 기하학적 원형으로서 구형에 대한 관념이 충분히 자각되지 않은 듯하다.

중국인은 천태나 화엄과 같은 장대한 추상적 철학체계를 성립시켰으나 그것을 가르치는데 있어서는 직관적이며 구체적인 비유에 의지했다. 예를 들면 현수법장은 '화엄금사자장'에서 화엄의 법계무진의 이치를 측천무후에게 설명할 때 거울 10개를 팔방과 상하에 서로 마주 보도록 놓고 그 가운데 금사자를 모시고 중중무진의 관계를 직관적으로 이해시켰다.

4) 圖示的인 설명을 애호

중국인들은 불교의 교리를 설명할 때 도형을 의지하여 시각적으로 表象해 종합적으로 나타내는 경향이 있다. 圭峰宗密(780~841)은 진심을 흰 원(◯)으로 표현하고, 망심을 검은 원(●)으로 표현하여 두 마음의 관계를 설명했다.[39] 선종에서도 조동종의 祖宗인 洞山良价(807~869)의 추상적인 '洞山五位'[40]를 曹山本寂(840~901)은 이 5위를 그림으로 표시하였다. 이를 <曹山五位君臣圖>[41]라 한다. 師資相承의 기록도 인도인은 글자로써 표현하고 있는데[42] 반해 규봉종밀은 『中華傳心地禪門師資承襲圖』에서 그림으로 나타내고 있다. 추상적인 개념까지도 시각적인 표상을 통하여 이해하려고 하는 중국인의 독특한

---

39) 『선원제전집도서』, p.136 참조

40) 동산오위 : 正中偏, 偏中正, 正中來, 偏中至, 兼中到이다. 이 가운데 정은 陰으로서 靜, 體, 空, 理, 平等, 絶對, 本覺, 眞如 등을 뜻하며, 偏은 陽으로서 動, 用, 色, 事, 差別, 相對, 不覺, 生滅 등을 가리킨다. 偏과 正이 서로 작용하여 5위의 차별이 생기고, 또 법의 덕용이 자재한 것을 밝힌 것이다.

41) 『撫州曹山元證禪師語錄』(『대정장』 권47, p.527상), 『인천안목』 권3(『대정장』 권48, p.316중)

42) 베단타학파의 僧院(maṭha)의 계보 등은 좋은 예이다.

사유방법의 특징을 볼 수 있다. 이와 같이 형이상학적인 학설을 그림을 그려서 시각적, 직관적으로 설명하려고 하는 것은 그리스나 인도에서는 볼 수 없고, 중국 민족의 전통적인 사유방법의 하나라고 할 수 있을 것이다.

5) 추상적인 사유의 미발달

중국인들은 구체적이고 시각적이기 때문에 추상적인 사유가 발달하지 않았다. 추상적인 사유가 발달하지 않게 된 이유를 살펴보자.

첫째, 보편성의 결여.

중국인은 지각에 입각한 시각적 표상을 중요시하여 개별적인 사례에만 관심을 가진 까닭에 개별적인 것이나 특수한 사례를 둘러싸고 있는 보편적인 것을 파악해 보려고 하지 않았다. 따라서 특수한 것을 하나의 보편적인 것에 포괄하는 것과 같은 사유 활동은 발전할 수 없었다. 예를 들면 '죽음'을 뜻하는 영어는 death이지만 중국인은 임금이 죽었을 때는 崩, 제후가 죽었을 때는 薨, 관료가 죽었을 때는 卒, 선비가 죽었을 때는 不祿, 서민이 죽었을 때는 死라고 하여 각기 그 죽은 사람의 계급과 신분에 따라 달리 쓰고 있다.[43] 그러나 이들을 전부 다 포괄할 수 있는 보편적인 말은 없다.

43) 『禮記』'典禮'상하.

둘째, 언어의 표현과 사유의 비논리성.

비논리적인 사유방법은 언어의 형식에 반영되어 나타나고 있다. 단어와 단어를 결합시켜 완전한 문장을 만들기 위한 전치사, 접속사, 관계대명사에 해당하는 말이 서양의 언어들 보다 적다. 또 명사와 형용사에 단수와 복수, 남성과 여성의 구별이 없다. 그리고 동사에도 시제(tense)와 相(aspect)에 대한 명확한 규정이 없으며, 또한 격변화의 표시도 없으므로 어휘의 순서가 格(case)을 대용한다. 지시대명사에도 數, 性, 格에 대한 구별이 없다. 그러나 이것도 엄밀하게 지켜지지 않는다. 즉 중국어는 격이나 어순이 문장의 뜻을 결정하는 것이 아니라 그 문장을 구성하고 있는 개개의 단어가 표시하는 개념과 개념과의 관계가 의미를 결정한다. 단어와 단어의 관계가 분명하지 않기 때문에 그것을 보충하는 설명이 필요하고, 또 한 단어가 명사, 형용사, 동사로도 사용되는 등 품사도 일정하지 않다. 같은 문장 가운데서도 주어를 바꾸는 일이 자주 일어나고, 또 주어를 자주 생략한다. 이와 같이 단어와 단어, 구와 구를 결합하는데 분명한 규칙이 없기 때문에 자연히 언어표현은 비논리적인 것이 될 수밖에 없고, 그에 따라 추상적인 사색을 하는 것이 쉽지 않게 되었을 것이다. 추상적인 사색이 부족함으로 인하여 대화나 토론하는 정신이 부족하다. 지배자 계급의 사상을 대변하고 있는 『논어』에 이런 추상적인 사색의 경향이 보이지 않으며, 헤겔은 『역경』의 사상을 비평하기를, "구체적인 것이 사상적, 개념적으로 취급되어 있지 않고 일상적인 관념(직관적, 지각적)에서 이해되고 있다"고 했다.

단어와 단어의 관계가 분명하지 않음에 따라서 문장도 마찬가지로 정밀함이 결여된 애매한 형태의 문장이 많다. 문장의 형태나 음조는 정돈되어 있으나 직각적이고 간단한 방식으로 표현하고자 하는 것이 도리어 논리의 발달을 방해하는 커다란 원인이 되고 있다.

셋째, 법칙성의 결여.

중국인들은 이런 비논리적인 성향 때문에 객관적인 법칙을 세우는 것이 매주 서툴다. 개별적인 것은 중요시 하였으나 보편적인 것을 볼 줄 모르기 때문에 여러 개의 개별적인 것들의 사이에 질서를 세워 놓는 법칙을 발견하지 못했다.

선종에서는 보편적인 명제를 인정하지 않으며, 또한 거기에 따라 행동하지도 않는다. 왜냐하면 선승들은 일정한 법칙에 의한 형식을 좋아하지 않기 때문이다. 선종의 이런 성향은 나아가 경전의 절대적인 권위를 인정하지 않는 태도를 보이기도 했다. 그러나 선종이 단지 비평적이거나 반항적인 성향을 지녔다고 단정을 지어서는 안 된다. 오히려 공안을 취급하는데서 볼 수 있듯이 옛 것을 숭상하는 보수정신이 대단히 강하다.

또 한편 일정한 법칙을 좋아하지 않는 성향은 불교미술에서도 보인다. 일정한 방식에 의하여 불상을 조성하지 않기 때문에 조성된 불상을 보기만 해서는 그 불상이 어떤 부처님의 모양인지 판정할 수 없다. 불상은 거기에 어떤 이름을 붙이느냐에 따라서 그 부처님의 이름이 정해지는 것이다. 당대에 불상을 조성하는 일정한 법칙이 인도로부터 전해졌음에도 불구하고 중국인들은 그 법칙을 따르지 않고 조성자의 뜻에 따라 불상을 만들었던 것이다. 무법칙 속에 법칙이 있고, 무질서 속에 질서가 있는 나라가 중국이다.

넷째, 논리학의 미발달.

일정한 법칙을 세우는 것을 목표로 하는 과학이 발달하지 않았기 때문에 사고방식의 법칙을 세우는 논리학도 발달하지 못했다. 실제적인 행동에 이익을 가져 올 수 있는 것만을 섭취하려고 하는 중국인들에게 복잡한 형식논리학 따위에는 관심도 없었던 것이다.

다섯째, 선종의 비논리적인 성격.

중국인의 비논리적인 경향은 선종에 더욱 현저하다. 초기 선종에서는 이런 경향이 두드러지지 않았지만 선종이 논리적인 것에서 비논리적인 것으로 전환한 것은 아마 육조혜능 시대에 준비되어 마조시대에 나타나기 시작했으며, 극단적으로 심하게 드러낸 것은 송 대 이후의 일이다.

선문답에서는 말을 매개체로 하여 논리적으로 대답해 주는 대신에 구체적, 일상적, 경험적인 사물로써 답한다. 또 관념을 제시하여 철학적인 문제를 사변적으로 해결하지 않고 구상적, 직관적, 정서적으로 해결할 것을 가르친다. 선체험의 지극한 경지는 보편적인 명제나 논리형식을 빌려서 제시할 수 없고 구상적인 直觀像의 형태로 제시할 수 있음을 보여주고 있는 것이다. 특히 선문답에서는 형이상학적인 관념이나 보편적인 것을 무시해 버리기 때문에 문답 그 자체는 비논리적일 수밖에 없다.

6) 개별적인 것을 중시

중국인들은 보편적인 것을 소홀히 한 반면에 개별적 것을 중요시하였다. 개별적인 것을 중히 여긴 사례를 보자.

첫째, 개별적인 사례를 강조

보편적인 것보다 특수한 것을 중요시하는 사유방법은 마침내 특수한 것을 끝까지 몰고 간 곳에서 나타나는 현상인 개별적인 것에 관심을 가지는 것은 당연한 일일 것이다. 특히 중국인들은 지각적으로 표상되는 개별적인 것에 관심을 가지는 경향이 있다. 그들은 개별적인 사례를 통하여 보편적인 것을 알려고 한다. 예를 들면 가장 오래 된 고전으로서 五經(易經, 書經, 詩經, 禮經, 春秋)[44]은 중국인들이 살아가는 인간생활의 규범을 설한 것으로서 그것은 다만 과거에 있었던 개별적인 사실의 기록이 대부분이며, 인간의 행위에 관한 일반적인 명령이나 교훈 같은 것은 설해져 있지 않다. 『논어』도 공자와 그 제자들이 어떠한 경우를 당면하여 취해진 개별적인 행위나 혹은 그 말을

---

44) 經은 '常'을 가리킨다. 상은 영원하다는 뜻이다. 역경은 자연현상이나 人事現象에 대하여 고대인이 탐색하여 실행했던 생활기록이고, 서경은 고대의 제왕이 큰 사건이 일어났을 때 남긴 말로서 주로 고대 중국인의 정치생활을 기록한 것이며, 시경은 歌集으로서 고대 중국인들의 감정생활을 기록한 것이고, 예기는 고대인의 사회생활과 가정생활의 作法을 기록한 것이며, 춘추는 어떤 한 기간의 역사를 기록한 것으로서 그 안에는 여러 가지 생활상이 기록되어 있다.

기록한 것이 대부분이며, 인간이 취해야 할 행위에 대하여 보편적인 규범이 될 만한 말이 정해져서 형식화한 것은 후대의 일이다.

사물을 개별성에 즉해서 관찰하려고 하는 태도는 중국인의 장점이기도 하다. 개별적인 일에 즉하여 구체적이고 직관적인 설명을 좋아하는 성향은 사람들을 교화하는 방법에서도 나타난다.

『벽암록』 제12칙에 어떤 스님이 洞山에게 묻기를

"어떤 것이 부처입니까?"

"삼 서 근이니라"[45)]

고 한 대답에서 중국인들은 여래의 본성을 보편적인 명제로써 설명하는 것이 아니라, 삼 서 근이라는 구체적이고 가시적인 것으로써 보편적인 진리를 설명하고 있다. 이와 같이 보편적인 진리를 이 세계의 어느 한 사물을 빌려서 표현하는 것을 '一境'이라고 하는데 이 일경이라는 개별적인 사물을 통해서 보편적인 진리를 자각시키려고 하고 있다.

---

45) 선가에서는 이 麻三斤에 대하여 여러 가지 해석을 하지만 覺者인 부처는 구체적이고 경험적인 사실을 떠나서는 존재하지 않는다는 뜻이다. 이처럼 선승들은 부처를 우리의 신변으로 끌어들이고 있는데 이런 경향의 시원은 『경덕전등록』에 수록되어 있는 傅大士의 '心王銘'에 "마음이 곧 부처이고(是心是佛), 부처가 곧 마음이다(是佛是心). …… 마음이 바로 부처이다(心卽是佛). …… 스스로 자기의 마음을 관해보면 마음 속에 부처가 있음을 안다. 밖에서 부처를 찾지 말라. 마음이 곧 부처이고(卽心卽佛), 부처가 곧 마음이다(卽佛卽心)"라고 한 말이나 마조도일이 "각자 스스로의 마음이 곧 부처임을 믿어라. 이 마음은 곧 부처의 마음이다. 달마대사가 남천축국으로부터 몸소 중국에 와서 上乘一心法을 전했다"라고 한 것에서 찾아 볼 수 있다.

둘째, 개별적인 사례를 통한 교화.

앞서 말한 바와 같이 중국인들은 개별성을 중요시하고 구상적이며 직관적인 설명을 좋아하는 사유방법은 사람을 교화하는데 있어서도 개별적인 사례를 통하여 가르치려고 한다. 이와 같이 구상적인 체험에 의해 인간적인 진리를 실현하려는 태도는 『논어』나 『맹자』 등에 잘 나타나 있다. 개별적인 사례를 통하여 교화하려고 하는 성향은 선종에 더욱 현저하다. 선종에서 자주 쓰고 있는 機라는 말은 이를 잘 반영해 주고 있다. 기라는 것은 개개의 사람이 처해 있는 개별적인 상황을 가리키는 말이다. 각 개인의 개별적인 상황이 다르기 때문에 그에 상응하여 교화하는 방편도 달라야 한다. 따라서 하나의 개별적인 사례를 통하여 한 사람의 학인을 교화해야 하는 것은 당연한 이치이다. 예를 들면 항주 天龍선사에게 법을 받은 俱胝는 어떤 학인에게 생사일대사의 문제에 대하여 질문을 받으면 항상 손가락 하나를 세워 보였다. 선사가 이렇게 행동하자 그 밑에 시봉하든 동자가 스승의 행동을 따라 했다. 동자의 이런 행동을 본 선사는 곧 바로 칼을 가지고 동자의 손가락을 잘라 버렸다. 동자는 아픔을 참지 못해 울면서 도망치자 구지선사는 동자를 불렀다. 동자가 머리를 돌려 선사를 보려고 하는 순간 손가락을 세워 보였다. 여기서 동자는 홀연히 깨달았다. 이 공안은 아직 깨닫지 못한 것이 깨달은 체 하는 것을 경계한 것이다.(『무문관』 제3칙)

셋째, 個性記述學의 발달.

일회적 個別性을 선택하여 기술하는 과학을 개성기술학이라 한다. 개별성을 중시하는 경향은 역사편찬에도 나타나 있다. 인도에는 역사적 기록이 공상적이며 전설적인데 비해 중국인들의 역사기록은 상세할 뿐만 아니라 정확하고 객관적이다. 예를 들면 <二十四史>는 각 왕조에 일어난 사건을 있는 그대로 빠짐없이 기록하고 있다. 불교에서도 중국인들은 새로운 인도 불교사를 만들어 보려고 했다. 예컨대 석가모니불의 직계제자인 마하가섭을 제1조로 하여 제23조인 사자존자에 이르기까지 법을 전해준 사적을 기록한 『부법장인연전』을 들 수 있다. 선종에서는 道原의 『경덕전등록』, 志磐의 『불조통기』, 설숭의 『전법정종기』, 念常의 『불조역대통재』 등이 있다. 또 중국인들은 개별적인 인물을 역사적으로 이해하려고 하는 경향이 있다. 이에 의해 만들어 진 것이 『釋迦譜』이다. 경전을 번역할 때도 이미 번역된 경명이나 번역자, 번역시기 등을 자세하게 기록하였다. 이에 관한 것은 도안의 『宗理衆經錄』, 양나라 僧祐의 『出三藏記集』, 수나라 法經의 『衆經目錄』, 수나라 費長芳의 『역대삼보기』(597년작), 唐 道宣의 『大唐內典錄』, 당 智昇의 『開元釋敎錄』 등이 있다.

7) 옛 것을 숭상하는 보수성

중국인들은 옛 것을 숭상하는 尙古主義 정신이 강하다. 상고주의 보수성을 유형별로 나누어 고찰해 보자.

첫째, 과거의 사실을 중요시하는 경향.

개별성을 중히 여기는 사유방법과 결부되어 과거의 사실을 중요시하는 사유경향을 낳았다. 개별성을 중요시하며 구상적인 지각만을 신뢰하는 중국인들은 그 법칙의 기준을 이미 알려진 과거의 사실, 즉 先例에서 구하려고 했다. 이를 '稽古'라 한다. 경전에 있는 언어문구를 본받으려고 하는 것도 역시 尙古主義 정신에서 나온 발상이다. 선례를 중히 여기는 경향은 선종에서 특히 현저하다. 송 대의 公案(화두)은 공공기관의 법식(公府案牘)이란 뜻에서 모범 혹은 선례의 뜻으로 사용하였고, 이를 古則이라고 한 것에서 상고주의정신을 읽을 수 있다. 그 밖에 古教照心(옛 가르침으로 마음을 비춘다)과 古鏡照心도 같은 맥락으로 받아 들여도 좋다.

선례를 중시하는 경향은 제자보다는 스승이 위대하다는 생각을 낳게 되었고, 그 결과 스승의 법을 계승하는 것을 중하게 여기게 되었다. 이것이 발전하여 師資相承의 法系가 형성된 것이다. 선례나 옛 사람들에 의지하는 사유방법의 결과는 역사적인 기록이 적은 대승경전보다는 오히려 조사들의 언어행동을 개별적으로 기록한 어록을 중요시하게 되었다. 『벽암록』이나 『종용록』에 실려 있는 공안 가운데 대승경전에 의지한 것은 불과 5퍼센트 정도뿐이며 나머지 95퍼센트는 조사어록에 의지하고 있다. 예를 들면 어록에 자신의 말을 입증하려고 할 때나 논지를 강조하고자 할 때 경전의 말을 인용하지 않고 '古德의 말'을 인용하는 사례는 도처에서 볼 수 있다.

옛 것을 숭상하는 보수적인 성질은 경로사상과 결부되어 선종의 어록에서 老人, 老僧, 老漢 등의 언어로 나타나고 있는 사실에도 주목할 필요가 있다.

옛 것을 숭상하는 상고주의 정신은 나아가 경전의 권위를 절대시하는 방향으로 흘러가게 되었다. 그 결과를 경전의 교설을 비판적으로 조사연구하려는 합리주의적인 사유방법은 생각조차 할 수 없었다. 이러한 여파로 합리적인 인도의 논리학이 중국에 뿌리를 내리지 못했던 것이다. 또 중국인들은 이런 보수적인 성향 때문에 어떤 사상을 이론적으로 설명하려고 해도 설득력이 약하다. 그렇기 때문에 부처님의 입과 권위를 빌려 위경을 만들었던 것이다. 이 위경은 사람이 사람의 말을 못 믿는 시대에 생산된 권위주의의 부산물이다. 사람이 사람의 말을 믿는 조사선시대에 들어와 어록이 만들어 지면서 위경은 그 자취를 감추게 된다.

중국인들이 과거를 이상화하여 찬탄하는 사유방법은 결국 현재와 미래는 타락하고 부패한 세상이라고 보도록 만들었으며, 이런 사고가 마침내 말법사상까지 생각하게 한 것이라고 본다.

상고적이며 보수적인 사유방법에 지배를 받는 중국인들은 결국 개인의 자유를 구속하여 자유사상이 발달하지 못하도록 했다. 사상을 자유롭게 충분히 발휘하지 못하고, 도시사회가 발전하지 못한 이유도 이런 사상과 무관하지 않다.

옛 것을 숭상하는 사유방법은 학문을 이어 받아 전해가는 성격에서도 나타난다. 공자가 “인간은 선례나 고전을 규범으로 삼아야 한다”고 했고, 또 그는 “내 일찍이 하루 종일 먹지 않고 밤새도록 잠자지 않고 생각하였으나 이익됨이 없으니 배우는 것만 같지 못하다"고 했듯이 그는 독서를 가장 중요시 했다. 사색하는 것은 무익한 것이며, 사색은 독서하는 것을 따르지 못한다고 하였다. 생활의 규범은 사색으로 얻어지는 것보다 선례를 아는데서 터득된다는 뜻이다.

학문을 하는 이런 태도는 곧 바로 고전에 대하여 註解하는 것으로 이어졌다. 중국 불교에 독립적이고 체계적인 저술이 없는 것은 아니지만 대부분 학문적이라기보다 오히려 주해적인 것이 많다. 이 주해는 중국인들에게 꼭 어울리는 것이기 때문에 원전이상으로 특별한 의미를 지닌다. 이런 성향은 선종에서도 볼 수 있는데 하나의 고칙공안에 대하여 수시, 송고(고칙에 대하여 운문으로 그 뜻을 드러낸 것), 착어, 평창, 대어, 별어 등을 붙이는 것도 훈고하는 버릇에서 나온 것이라고 볼 수 있다.

둘째, 동일한 사유방법의 계속.

중국인들은 고전의 권위를 존중하며, 특히 五經의 말을 절대적인 권위로 인정하고 있다. 따라서 그들의 생활은 고전의 영향을 많이 받고 있는 것이다. 그들에게 五經은 선례 중의 선례이며, 진리 그 자체라고 생각하기 때문에 인간의 생활이 아무리 변하더라도 따라야 할 도리는 모두 오경 속에 있다고 여겼다. 재미있는 일화로 중국인들은 서로 토론을 하다가도 말끝에 고전의 한 구절을 인용하면 이내 모두 찬성해 버리고 만다고 한다.

8) 具象的 형태에 의거한 복잡다양성의 애호

중국인들은 구상적인 형태에 의거한 복잡다양성을 좋아하기 때문에 중국어의 문장은 음율, 格調, 節奏 등의 율동형식을 구비하고 있어서 말을 주로 감각에 호소한다. 문장은 보편적, 추상적인 개념을 사용하는 것이 아니라 예부터 내려오는 유명한 고사나 숙어를 많이 삽입하여 우아스럽고 뉘앙스가 풍부한 것이 특징이다. 또 문장 상의 문자는 4자, 7자씩 쌍으로 대를 짓고 있는 것이 많으며 이러한 형식을 갖추기 위해 뜻을 희생시키거나 문장이 애매하게 되는 것까지도 개의치 않는다.

직접적으로 감각하고 시각작용인 눈으로 보아 파악하여 구체적으로 경험할 수 있는 것만을 믿는 사유태도는 인간의 상상력을 빈약하게 만들었다. 그래서 중국에는 구체성이나 현실성을 지니는 소설, 희곡 같은 것은 많으나 공상력이 뒷받침되어야 하는 敍事詩는 끝내 성립하지 못했다. 한편 선종의 송고문학은 문예적인 성격이 강하다.

복잡하고 다양한 것을 좋아하는 일환으로 하나 더 말하고 싶은 것은 중국인들은 무엇을 과장하는 버릇이 있다. 예를 들면 이백의 시에 "흰 머리털 삼천 길 근심으로 이 같이 자랐네"라고 한 것은 분명히 자연의 규정이나 한계를 무시하고 있는 표현이다. 경전을 번역하는데 있어서도 많은 수를 나타내고자 할 때 갠지스 강의 모래 수만큼 수가 많다고 하는 등 인간의 구상적 표상능력을 뛰어넘는 막대한 숫자를 쉽게 사용하며, 이 자연

세계에 있을 수도 없는 개념을 태연하게 나타내 보이고 있다.

9) 현실을 중시하는 성향

중국인들은 현실주의적인 성향이 대단히 강하다. 이런 경향은 특히 선에서 현저하다. 중국선은 지나간 과거에도 관심이 없고, 다가오지 않은 미래에도 역시 관심이 없다. 오직 지금 여기의 자기 일에만 관심이 있을 뿐이다. 중국인의 현실주의적인 경향을 구체적인 사례를 통하여 고찰해 보자.

첫째, 인간중심적인 태도

중국인들은 모든 것을 인간중심으로 생각하는 경향이 있다. 심지어 추상적인 관념까지도 인간과 관계가 있는 것으로써 이해하는 경향이 있다. 인도인들은 '있는 것'을 bhāva라고 하고, 존재를 bhava라고 하지만 중국인들은 어느 것이나 '有'라고 표현하고 있다. 유는 '존재하는 것'인 동시에 '인간이 소유하는 것'이기도 하다. 이 처럼 모든 것을 인간을 중심으로 생각하여 인간으로부터 떨어져 나가서 있는 것은 아무것도 없다고 생각한다. 예를 들어 '일시적' '외래적'인 것을 뜻하는 āgantuka를 客塵(손님으로서 온 것)으로 번역한 것도 인간 중심적인 사고에서 나온 발상이다.

중국어의 문장에서 주어가 분명하게 표시되어 있거나 그렇지 않거나 간에 대개 주어는 인간이다. 이와 반대로 대상인 말은 客語로 표시한다. 또 중국어에는 수동태가 발달되어 있지 않는 점도 인간을 위주로 하는 사고의 영향일 것이다.

중국인들은 많은 문제에 대하여 인간 중심적이기는 하지만 근대 서양인이 취하는 태도와는 달리 편의주의적이며 실용주의적이다. 중국민족이 상식적이며 공리주의적인 것은 이미 잘 알려진 사실이다. 중국의 지식사회에서 발달한 사상은 모두 인간의 현실생활, 즉 도덕이나 정치, 처세술, 성공하는 방법 등과 직접적으로 관련을 가지고 있다. 예를 들면 노장사상은 몸을 보존하는 길, 성공하는 방법, 백성을 다스리는 수단을 다루고 있다. 유학은 지배계급인 사대부들의 신분윤리이며, 통치방법을 기술하고 있다. 이는 모두 실용적인 것과 연계되어 있음을 알 수 있다.

둘째, 종교의 현세중심적인 경향.

현실의 일상적인 인간 생활만을 중시하여 초월적인 보편성을 무시하는 사유경향은 저절로 인간을 현세적이며 유물적인 경향으로 흐르게 하고 있다. 중국인들은 神話가 없는 민족이다. 하늘과 땅, 해와 달, 그리고 인간 등이 어떻게 해서 성립했는지에 대한 경과에 대해서 중국인들은 거의 신화를 가지고 있지 않다.[46] 신화적인 공상력이 부족한 중국인들은 옛날부터 지극히 유물적이며 현세적이다. 이것을 가장 전형적으로 표현하고 있는 것이 공자의 다음 말이다. 공자의 제자인 子路가 공자에게 죽음에 대하여 질문했을 때 그는 "아직 태어남도 모르는데

46) 『淮南子』'述異記' '三五歷記' 등에 신화가 조금 나와 있으며, 사마천의 『사기』'五帝本紀'에 다섯 왕으로부터 시작되는 인류의 역사를 기록하고 있다.

어떻게 죽음을 알 수 있겠는가(『논어』)"라고 했다고 한다. 또 『돈오요문론』에 어떤 사람이 "스님은 태어나신 곳을 아십니까?"라고 묻자 대주혜해는 "아직 죽지도 않았는데 무엇 때문에 태어남을 논할 필요가 있겠는가?"라고 한 것도 같은 취지이다. 중국의 교학불교에서 현실을 중시하는 전형적인 예는 천태지의의 공의 논리와 진리관을 들 수 있다. 먼저 그의 공의 논리를 살펴보면, 구체적인 현실에 입각하여 영원하고 보편적인 진리를 본다고 하는 것은 그의 空觀에도 나타나 있다. 그것이 空・假・中의 三諦[47] 三觀이다. 삼제는 진리의 존재형태를 두고 한 말이고, 삼관은 실철적인 입장에서 한 말이다. 인도불교는 從假入空에 중점을 두고 있으며, 중국불교는 從空入假에 중점을 두고 있다. 천태지의는 특히 종공입가를 강조하여 새로이 중국불교에서 공의 논리를 확립한 사람이다. 다음 그의 진리관을 살펴보면, 그는 "구체적인 사물에 즉하여 보편적인 진리가 드러나는 것이며, 현실상에 즉하여 영원상이 드러난다"고 했다. 이것이 이른바 性具說이다. 또 『법화현의』 제5권에 "다만 악의 性相은 선의 성상이다. 악에 의해 선이 있고, 악을 떠난 선은 없다. 악은 선의 바탕이다. 악이 없으면 선도 또한 없다"고 한 善惡相資說도 현실의 악에 초점을 둔 것이다. 여기서 더 나아

47) 세 가지 진리인 삼제란 천태에서 주장하는 일종의 진리관이다. 천태에서는 모든 현실의 존재가 그대로 진리라는 사실을 空・假・中이라는 삼제에 의해서 밝히고 있다. 空諦란 모든 존재는 실체가 없어서 空無한 것을 말하며, 假諦란 공무하기 때문에 인연에 따라서 임시로 존재하는 것을 가리키며, 中諦란 모든 존재는 공이며 가이기 때문에 한 면만 보아서는 안 되고, 공과 가가 겸비된 전체로 보아야 한다는 것이다.

가 부처에게 본성으로서 악이 있다는 성악설이 탄생하게 되었다.『관음현의』에 나오는 성악설을 요약하면 부처는 악을 행하는 일은 없으나 본성으로서의 악(性惡)은 있으며, 그것으로 악인의 심정을 이해하고 나아가 구제의 능력도 나온다는 것이다. 이것도 역시 악의 현실상을 중시한 것이라고 볼 수 있다. 천태의 성구설은 구체적인 현실에 입각하여 통일적인 진리를 본다는 점에서 구체성이 풍부한 반면에 화엄의 性起說은 純一的인 진리의 현실에서 생성약동하는 점에서 역동성이 강하다. 즉 천태철학은 이상과 현실과의 總合統一이라는 점에서 '실제적인 현실'이 문제되고 있으나 화엄철학은 이상의 현실에서의 생성이라는 점에서 '이상적인 현실'이 문제가 되고 있다. 따라서 천태철학은 현실주의인데 비해 화엄철학은 이상주의라고 할 수 있다. 또『대승기신론』에서 진여문(영원상)과 생멸문(현실상)과의 관계를 설명하는 중에 현수법장이 그의『대승기신론의기』에서 眞如隨緣이라고 한 것은 진리(진여)가 현실의 사물을 연으로 하여 기동생성한다는 것을 말한 것도 현실성을 강조하고 있는 내용이다. 후대의 선종에서는 생사관이 극단에까지 도달하여 인도인들처럼 죽어서 천상에 태어난다고 말하지 않고 스스로 저승으로 간다고 말하고 있다. 南宋代 天童如淨선사(1163~1228)는 임종 때 "66년 지은 죄 하늘에 가득하네, 이것을 뛰어넘어 살아 황천길에 들리라. 이…, 본래 생사가 서로 관계없는 것을(六十六年, 罪犯彌天. 打箇哼跳, 活陷黃泉. 咦, 從來生死不相干)"이라고 했다.

민간에 퍼진 불교는 인간의 육체적, 물질적 요구를 충족시켜 주기 위하여 주술적이고 기도적이며 의식을 중요시 하는 불교로 변모하였다. 중국인들은 현세적이며 물질적인 이익을 가져다주는 것을 좋아하지 복잡하고 환상적인 공상이나 신비적인 것, 괴상스러운 것들은 싫어한다. 공상을 좋아하지 않는 경향은 선종에서 두드러지게 나타난다. 선종 자체에 신비적인 경향이 전혀 없다고는 할 수 없으나 선종의 신비는 대자연이나 일상생활에서 흔히 일어나고 있는 사람들의 일속에서 신비를 인정하는 것이며, 불가사의한 신통이나 공상적인 신비와 기적 같은 것은 거의 말하지 않는다. 선종에서 주장하는 신통과 묘용은 밥 먹고 잠자는 것과 날마다 하는 일, 즉 물을 길러오고 장작을 쪼개는 것 등 일상의 일[48]을 제외하고 다른 신비적인 체험은 인정하지 않는다(『벽암록』 제42칙에 대한 방거사의 송). 현세적인 종교로서 대표적인 정토교는 원래 주술적인 경향이 없으나 중국의 정토교는 인도나 중앙아시아에서 전해오는 초기에 벌써 도가적인 영향을 받아 주술적인 것이 가미되었다. 반면에 인도불교는 형이상학적이고 인간의 과거 세상이나 미래 세상에 대하여 설하고 있다. 인도인들은 현실을 부정적으로 보고 있기 때문에 현실에서 벗어난 이상세계를 따로 추구하고 있지만 중국인들은 현실을 긍정적으로 보고 있기 때문에서 현실에서 모든 문제를 해결하려고 하고 있다. 다시 말해서 인도인의 종교

48) 일상성의 종교를 한 마디로 표현하면 추우면 옷 입고, 배고프면 밥 먹고, 똥 누고 오줌 누는 것(著衣喫飯 屙屎送尿)이라고 할 수 있다. 임제종 양기파 2세인 백운수단(1025~1072)의 사홍서원은 "배고프면 밥을 먹는다. 피곤하면 잠을 잔다. 추우면 옷을 입는다. 더우면 바람을 쐰다"이다.

관은 현실을 초월하고자 하는 면이 강한 반면에 중국인들은 현실을 있는 그대로 받아들이는 면이 강하다. 선종에서 돈오견성을 주장하는 것이나 임제가 "언제 어디서나 주체적인 삶을 산다면 있는 그 곳이 모두 진실 아님이 없다(隨處作主 立處皆眞)"고 주장하는 것도 무두 현실을 중시하는 사고이다.

셋째, 형이상학의 미발달.

중국에서는 형이상학이 충분히 발달하지 못했다. 5경 속에 기재되어 있는 것은 모두 현실을 살아가는 인간 세계의 일들이며, 감각을 뛰어넘은 세계에 대한 기록은 매우 적다. 중국 철학은 과거 현재 미래의 3세와 6통에 대하여 말하는 것은 거의 없으며, 정신 그 자체를 이해하지 못하고 있다고 불교의 학승들은 비평하였다.[49] 특히 중국인은 지적이고 형이상학적인 것을 싫어한다. 따라서 중국 정신의 고유한 소산인 선에서도 지적인 긴장을 혐오한다. 그러므로 선을 다루는 임제의 방식이 선의 고유한 정신에 잘 어울리며 실제적인 것을 좋아하고 목표에 곧바로 이르려고 하는 중국인들의 기질에 아주 잘 들어맞는다.[50]

제법이 성립하는 과정을 연구한 유식철학은 梁陳시대 진제삼장에 의해 전해졌지만 사상계에서 유력한 세력을 얻지 못했

---

49) 『萬善同歸集』 권하(『대정장』 권48, p.987.).

50) 『임제록』 '시중'(入矢義高, 『臨濟錄』, 東京 : 岩波書店, 1997, p.33.)에 "그대들이 만약 생각 생각마다 밖으로 갈구하는 마음을 쉬어버린다면 조불과 조금도 다르지 않다. 그대들이 조불을 알고자 하는가? 바로 나의 면전에서 가르침을 듣는 그대들 자신들이다(爾若能歇得念念馳求心, 便與祖佛不別. 爾欲得識祖佛麽. 祇爾面前聽法底是.)"라고 한 것과 같이 단지 법문을 듣고 있는 사람이 조불이라는 의미이다.

으며, 당나라 때 현장에 의해 국가의 보호와 지원을 받으며 대규모로 전파되었으나 얼마 가지 못하고 소멸하고 말았다. 왜냐하면 사변적인 철학은 중국인들의 정신적인 성미에 맞지 않았기 때문이다.

10) 도의 편만성

인도인들은 진리 자체를 추상적인 표현을 써서 법(dharma)이라고 표현하고 있지만 중국인들은 구상적 표현을 써서 道라고 표현하고 있다. 이 도는 우주에 편만해 있으나 도 스스로는 나타나지는 못하고 사람에 의지해서 나타난다고 한다. 예를 들면 『장자』의 "目擊道存" 『장자』 '知北遊篇'에 "일체의 모든 곳에 도가 없는 곳이 없다" 『논어』 '述而篇'에 공자가 "仁이 멀리 있는 것이 아니라 네가 인을 구하면 인은 여기에 있다." 『맹자』 '離婁章句'에 "도는 가까이에 있지만 이 도를 멀리서 찾고 있다." 『중용』 제12장에 "군자의 도는 여러 가지로 작용하지만 누구의 눈에도 보이지 않는다." 『조론』에 "觸事而眞" 『마조록』에 "觸目菩提, 觸類是道" 『임제록』에 "隨處作主, 立處皆眞" 약산유엄의 "雲在靑天 水在甁" 『자경문』에 "도는 사람을 멀리하지 않는다. 사람이 스스로 도를 멀리할 뿐이다(道不遠人. 人自遠矣.)"라고 한 것과, 그리고 『古文眞寶』에 수록되어 있는 賈島(779~843)의 '尋隱者不遇'라는 시에 "소나무 밑에서 동자에게 물으니, 스님은 약초를 캐러 갔는데, 다만 이 산 속에 있지만,

구름이 깊어서 알 수가 없다(松下問童子, 言師採藥去. 只在此山中, 雲深不知處.)"라고 한 시의 내용도 역시 도의 편만성을 나타내고 있는 말이다. 이와 같이 도는 분명히 존재하지만 눈에 보이지 않는다는 것이다. 눈에 보이지 않는다고 해서 없다고 하는 것은 잘못된 생각이다. 중국인들은 눈에 보이지 않는 도가 그 작용에 의해서 드러나고 사람으로 인하여 분명히 나타난다고 한다. 傅大士(497~569)의 『心王銘』에도 나오고, 『十牛圖』의 제3 '見牛'에도 나오는 水中鹽味도 같은 의미이다. 분명히 있기는 있으나 그 형체를 볼 수 없는 것에 비유한 말이다. 色離膠青도 같은 뜻이다. 물감 속에 아교가 들어 있지만 그것을 볼 수 없는 것을 비유하여 쓰는 표현이다. 교청은 아교를 가리킨다.

또 중국인들은 도를 표현하는데 있어서는 각각 다르나 그 본질은 같다고 한다. 예를 들면 仲尼는 도를 '一貫'이라 하고, 노자는 '무위'라 하고, 부처님은 '공적'이라고 표현하지만 도 그 자체는 다르지 않다고 한다. 만약 다르다면 도라고 할 수 없다고 강조하고 있다. 그런데 인도나 중국에서는 다 같이 법을 부처보다 우위에 두는 경향이 있다. 부처의 권위도 법의 권위를 의지해서 비로소 성립된다고 보았던 것이다.

11) 자연의 본성을 존중

자연에 수순하는 것은 예부터 중국적인 사유 가운데 현저한 특징 중의 하나이다. 그 전형적인 형태는 자연의 풍경을 본 따서 마치 자연의 경치처럼 만든 정원의 양식에서 볼 수 있다. 중국, 한국, 일본의 정원은 자연의 축소판과 같다. 즉 자연의 풍경을 그대로 축소하여 마치 자연의 일부분을 정원에 옮겨 놓은 것처럼 만들고 있다. 그러나 동양에서도 인도와 서아시아의 정원은 중국의 정원과 다르다. 그들은 대체로 좌우의 균형이 잡힌 기하학적인 인공미를 나타내고 있다.

그러면 중국인들이 자연의 본성에 수순해 온 전거를 중국의 고전에서 찾아보자.

墨子는 "사람은 땅을 본받고, 땅은 하늘을 본받고, 하늘은 도를 본받고, 도는 자연을 본받는다"(노자, 『도덕경』 제25장)고 했고, 삼국시대는 王弼이 "근본으로 돌아감"을 강조했고, 당나라 시대의 李翱가 『중용』의 사상을 본받아서 인간의 성품은 선하며, 고요한 것이라고 설한 『復性書』[51]를 지었고, 육조혜능이 입적할 때 고향으로 돌아간 것[52] 등은 모두 자연의 본성에

51) 『복성서』3편은 유교이론을 불교적으로 새롭게 해석한 것인데, 이것은 인간의 본질을 다루고 있는 책이다. 이 책을 보고 놀란 사람은 배불론자인 韓退之(韓愈)이다. 이고의 사상은 후대 宋學의 원동력이 된다. 그리고 약산유엄과 이고와의 문답도 유명하다. "몸 형태는 연마하여 학의 모습과 흡사하고, 천 그루 소나무 아래 두 상자의 경, 내가 와서 도를 물으면 딴 일은 없고, 구름은 청천에 있고 물은 병속에 있네(雲在靑天 水在甁)."

52) 근원으로 되돌아가는 歸根思想과 근원으로 되돌아갔을 때 깨달음을 얻는 歸根得旨의 사상은 『노자』에 "사물은 다종다양하게 무성하지만 모두 그 뿌리로 돌아간다. 뿌리로 돌아가는 것을 靜하다고 한다. 정으로 돌아감을 命으로 되돌아 왔다고 한다. 명으로 되돌아오는 것을 常道로 돌아왔다고 한다. 상도를 아는 것을 깨달음이라고 한다(夫物藝藝, 各復歸其根. 歸根曰靜. 靜謂復命. 復命曰常. 知常曰名)"라고 한 말

수순하는 사고이다. 이처럼 "자연의 본성으로 돌아 간다"[53]는 사고는 중국사상을 일관하고 있는 전통적인 흐름이라고 볼 수 있다.

근원으로 환입하는 사상은 불교 쪽에서도 찾아볼 수 있다. 『대승기신론』에서 不覺에서 本覺으로 환원하는 것, 원효의 '歸一心源(일심의 근원으로 돌아가는 것)' · 法藏의 '妄盡還源觀' · 『十牛圖』의 제9 '返本還源' · 선불교의 '明心見性' · 僧肇의 『涅槃無名論』에 "진리 그 자체와 일체가 된다면 곧 그 자리에서 유무의 대립은 해소되어 같은 것으로 관해지며, 같은 것으로 관해지면 곧 나와 너의 차별은 없어진다. 이렇게 해서 하늘과 땅은 나와 근본이 같으며, 만물이 나와 일체가 되는 것이다(天地同根 萬物一體). 천지 만물이 나와 일체가 되면 그것은 벌써 유도 아니고 무도 아닌 열반의 경지인 것이다"고 한 것이나 3조 승찬의 『신심명』에 "만법을 평등하게 관하면 저절로 본성으로 돌아간다(萬法齊觀, 歸復自然)"고 한 것은 모두 인간을 자연의 일부라고 보아 자연의 본성으로 회귀하여 자연과 일체가 되고 만물과 조화를 이룰 때 평화로운 삶이 이루어진다는 뜻이다. 불교에서 주장하고 있는 깨달음의 논리도 이와 마찬가지이다. 신라 원효의 記會本 『대승기신론소』 권1에 "도를 배우는 사

을 근거로 한 것이다.

53) 『노자』 제25장에 "사람은 땅을 본받고, 땅은 하늘을 본받고, 하늘은 도를 본받는다"고 한 것은 노자의 도는 결국 자연으로 되돌아간다는 뜻인데 이와 같이 하늘과 땅, 하늘과 인간을 연속적인 자연으로 보는 사상은 노장 뿐 만 아니라 유교나 도교에도 공통되는 중국인의 고유한 근본 사고방식이다.

람은 온갖 경계를 길이 쉬어서 마침내 일심의 근원으로 돌아가야 한다"(『한국불교전서』1책, p.733중)라고 한 것처럼 마음 속에서 일어나고 있는 번뇌망념을 그치게 하는 방법은 자신의 근원적인 일심으로 되돌아가는 길밖에 없다. 그리고 '反本歸極' · '反本還源' · '得本稱性' · '回歸本體' · '復性' · '歸源' · '歸眞' · '歸一' 등은 만물에게 존재하는 天地之性으로 되돌아가는 것을 말한 것이다. 『전등록』 권14에 天皇道悟의 法嗣인 龍潭崇信이 스승에게 묻기를, "어떻게 保任하면 좋습니까?" 스승인 도오가 대답하기를, "성품에 맡겨 소요하고, 인연에 따라 放曠하라. 단지 범부의 마음이 다하면 그 뿐, 특별히 깨달음 같은 것은 없다(任性逍遙, 隨緣放曠. 但盡凡心, 無別勝解.)."[54] 그 밖에 선어록에 자주 나오는 隨緣, 隨波, 隨流, 隨時, 逐浪이라 한 것들도 모두 사람이 참다운 사람으로 되려면 반드시 그 본연의 생활에 따르는 사람이 되어야 하고, 경계가 참다운 경계가 되려면 반드시 그 본연의 존재에 따르는 경계가 되어야 한다는 것을 뜻하는 말이다. 장자의 神人은 오곡을 먹지 않고 바람을 흡수하며 이슬을 마시는 것이지만 선사들이 말하는 평상인은 추우면 옷 입고, 배고프면 밥 먹는 것이다.

현실계를 긍정하는 사상이 철저해짐에 따라 추상적인 생각이 물러나게 되면 결국 현실의 자연세계가 그대로 절대자로 긍정되기 마련이다. 그러면 선종에서 말하는 절대자란 무엇인가?

---

54) 任性은 인간의 본성에 따라 살아가는 것을 말하고, 소요는 『장자』에 나오는 말로서 至人의 경지에서 무애자재하게 살아가는 것을 말한다. 선에서 자재는 정신경계의 자유를 말하는 것이며, 이것은 莊學에서 소요와 비슷하다.

"뜰 앞의 잣나무(庭前柏樹子)", · "삼서근(麻三斤)", · 蘇東坡가 "개울물 소리는 부처의 설법이며, 산 경치가 어찌 청정한 법신이 아니겠는가(溪聲便是長廣舌, 山色豈非淸淨身)"라고 한 말들은 모두 절대 자연주의적인 경향을 표현한 것으로서 하늘과 땅 사이의 모든 사물이 진리의 표현이라고 본 것이다. 그러나 선종 내에서도 이 설에 반대하는 사람이 있었다. 대주혜해는 『돈오요문론』에서 "미혹한 사람은 법신이 모양이 없으면서도 사물에 응하여 모양을 나타내게 되는 줄 모르고 마침내 '푸르고 푸른 대나무가 모두 법신이며 울창한 노란 꽃이 반야 아님이 없다'고 한다. 노란 꽃이 만약에 반야라면 반야는 곧 마음이 없는 것과 같다. 푸른 대나무가 만일 법신이라면 법신은 곧 초목과 같은 것이다. 사람이 죽순을 먹는 것이 바로 법신을 먹는 것이 될 것이니 이 같은 말을 어찌 상대할 필요가 있겠는가"라고 한 말은 무정불성설을 수용하지 않는 입장이다. 이와 같이 무성의 불성을 인정하지 않는 입장은 하택신회의 영향을 받은 것이다.

중국인들은 자연이나 현실을 절대시 한 결과 현세를 가장 좋은 것으로 보는 세계관, 인생관「最良觀」을 가지고 있다. 일명 낙천주의라고 할 수 있다. 또 그들은 완전한 것은 이 땅 위에 있다는 사고를 가지고 있다. 여기서 聖人이란 관념이 생긴 것이다. 성인이란 신이 아니며 어디까지나 완전한 인간이며, 도리를 아는 사람이다. 예술방면에서도 완전한 경지에 이른 달인을 書聖(王羲之), 詩聖(杜甫)이라 한 것도 같은 취지이며, 임제는 一家見을 이룬 사람을 作家라고 했다.

완전한 것은 이 땅 위에 있다고 하는 사고는 과거에까지 거슬러 올라간다. 과거에 일어났던 사실들을 생활의 규범으로 삼는 것인데 여기에서 현재의 생활보다 과거의 생활에 가치를 인정하는 사고, 즉 상고주의[55] 정신이 성립된 것이다.

12) 절충융합적인 경향

중국인들은 완전한 것이란 이 땅위에 있다고 보며 무엇인가 하나를 완전하다고 생각하고 다른 것은 불완전하기는 하지만 그렇다고 해서 절대로 부정해 버릴 것은 없다고 생각한다. 즉, 절대로 긍정할만한 것은 있어도 절대로 부정해야 할 것은 존재하지 않는다고 보는 것이 그들의 사고이다. 『육조단경』에 "眞如淨性, 이것이 참 부처이며 邪見三毒, 이것이 진짜 악마이다. 잘못된 견해를 가진 사람은 악마를 마음속에 품고 있는 것이며, 바른 견해를 가진 사람은 바로 부처이다. 가지고 있는 삿된 견해에서 삼독이 생기면 곧 바로 마왕이 와서 집으로 삼을 것이고, 바른 견해로 삼독의 성을 허물어 버릴 때 악마가 변하여

55) 참고로 보다 오래 된 것이 근본적인 것이고, 고래의 사상이 우월하다는 상고주의 관념은 西晉시대 도교 측에서 먼저 만들어졌다. 『老子化胡經』의 내용을 요약하면 노자가 인도에 들어가 남방 오랑케를 교화했다는 것, 석존이 되었다는 것, 석존의 스승이 되었다는 것이다. 동진시대 도교 측에서는 『老子西昇化胡經』, 『明威化胡經』, 『老子開天經』 등이 만들어졌다. 불교 측에서도 위경인 『淸淨法行經』을 만들어 부처님은 세 사람의 제자를 중국에 보내어 교화토록 했다. 그 세 사람 중 儒童보살은 孔丘이고, 光淨보살은 顔淵이며, 마하가섭은 노자라고 했다.

부처가 되면 이것이 바로 참된 부처이며 거짓은 없다"고 한 말은 부처와 악마를 같이 보고 있는 魔佛一如의 사상인데 이는 현존재에 절대적인 의의를 부여하고 있는 말이다.

절충하고 융합하는 방법은 불교사상을 이해하는 것에서도 보인다. 그 대표적인 것이 格義이다.[56] 격의란 불교의 교리를 설명하기 위하여 노자, 장자, 주역 등의 사상을 의지하는 학풍을 말한다. 예를 들면 반야사상이 노자, 장자의 사상과 비슷한 점이 있기 때문에 당시 불교학자들은 『반야경』에서 설하는 空을 노장자의 無와 동일한 것으로 이해하고 해석했다. 道安시대까지의 학자들은 이러한 학풍을 의지하였다. 이 격의불교를 반대한 사람인 가상길장은 노장자의 학설과 불교의 교리는 다르다고 주장했다. 융합사상은 드디어 유교와 불교는 다르지 않다는 주장까지 나오게 되었다. 동진시대 孫綽의 『喩道論』, 北齊

---

56) 격의 불교란 반야의 공을 노장의 허무에 비교해서 이해하려고 하는 입장을 격의라 한다. 일종의 비교철학이다. 쉽게 말해서 반야의 공을 노장의 無에 맞추어 이해하려고 한 것을 가리킨다. 노자가 말하는 無도 절대적인 무를 가리키는 것은 아니며, 모양 없는 모양이며, 형체 없는 형상을 일러 恍惚이라 한 것으로 보아 空無를 말하는 것은 아니다. 불교의 공도 마찬가지로 아무것도 없는 것이 아니라 가유의 존재는 인정한다. 예를 들어 『기신론』에 마음의 특징을 空과 不空의 두 가지로 나누어서 설명하는 것도 같은 맥락이다. 공성으로 말미암아 無念을 말할 수 있고, 불공으로 인하여 모든 善法의 공덕을 말할 수 있는 것이다. 격의의 다른 예를 보면, 안세고는 열반을 무위라고 번역했고, 지참은 공을 본무라고 번역했다. 그리고 정확히 말해서 격의라고는 말할 수 없으나 인도인들은 허공을 자연세계의 한 요소나 원리로서 이해했고, 또 그들은 형이상학적인 개념인 자성청정심이나 불성과 구별했지만 중국인들은 이를 구별하지 않았다. 그러나 불성과 자성청정심이 본질적인 면에서 허공과 같다는 주장은 인도불교에서도 보인다.

시대 顔之推의 『顔氏家訓』 등에 이미 유교와 불교의 일치를 주장하는 말이 나온다. 또 천태지의와 규봉종밀은 불교의 5계와 유교의 5상(仁· 義·禮·智·信)은 같다고 했다. 그리고 도교와 불교를 동일하게 보는 사상도 나왔다. 송 泰始3년(467)에 顧歡이 『夷夏論』을 지어 도교의 입장에서 불교를 배척했지만 당시 많은 사람들이 도교와 불교는 같은 것이라고 반박하는 글을 썼다고 한다. 南齊시대 도사인 張融은 왼손에는 『효경』과 『노자』를 들고, 오른 손에는 『소품반야경』과 『법화경』을 들은 채 죽었다고 한다. 더 나아가 당대 종밀의 『原人論』에서는 유불도의 3교일치를 주장하고 있다. 오대와 송 대에 들어오면 삼교일치를 주장하는 사람들이 많이 늘어난다. 張商英의 『호법론』, 李綱의 『삼교론』을 비롯하여 孤山智圓, 명교대사 설숭, 대혜종고 등도 삼교일치를 주장했다.[57] 융합절충현상은 불교내부에서도 일어났다. 종밀의 선교일치와 명대 운서주굉(1535~1615)의 禪淨兼修가 대표적인 예이다.

그러나 중국인들의 융합주의와 인도인들의 융화주의는 큰 차이가 있다. 인도인들은 여러 종교와 여러 철학이 각각 존재할 수 있는 이유를 인정하여 어느 것이나 부분적인 진리는 전하고 있는 것이라 생각하였다. 그리고 그것들을 초월하면서도 또한 그 모든 것을 포용하는 경지에 절대적인 진리의 입장이 열리는 것이라고 생각했던 것일 뿐 결코 여러 종교, 여러 철학의 뜻이 그대로 일치하는 것이라고 말하지 않았다. 그러나 중

---

57) 天童如淨禪師는 "삼교일치를 말하는 자는 불법을 파괴하는 무리라"고 경고했다.

국인들은 단순하게 그 모든 여러 가지 뜻들이 일치하는 것이라고 이해했다. 예를 들면 顔之推의 『顔氏家訓』에서 유교의 五常은 불교의 五戒와 일치한다고 했고, 명교대사설숭도 10善5戒는 5常仁義와 일치한다고 했다. 이런 융합적인 경향 때문에 선교일치나 삼교일치사상이 나오게 된 것이다.

13) 그 밖의 사유경향

인도인은 추상적, 비세속적, 비역사적, 사색적, 논리적인 반면, 중국인은 구체적, 세속적, 역사적, 비논리적, 실용적, 윤리적이기는 하지만 추상적인 사유가 발달하지 않았고 언어에 있어서도 여러 가지 뜻을 함의하고 있는 관계로 애매성을 가지고 있다. 한편 그리스의 사상은 자연적이다.

동양은 사유형식에 있어서 종합적(synthetic)이며, 전체를 직관적으로 파악하는 것을 중요시 할 뿐 특수하고 세부적인 것에 그다지 관심이 없다.

동양인의 심성 속에는 부드럽고 고요하며 혼란되지 않고 언제나 영원을 바라보고 있는 것 같은 깊은 침묵이 있다.

인도인은 사물의 본질과 그 본질을 초월할 것을 주장하지만 중국인은 일상생활 속에 현실과의 접촉을 항상 유지한다. 중국인들이 이런 사고를 가지고 있는 이유는 절대적인 진리는 일상생활 가운데 구체적인 너와 나의 만남 속에서 경험될 수 있다고 보기 때문이다.

마지막으로 중국문화의 중층구조에 대하여 한 마디 덧붙이면, 중국문화는 두 갈래로 발전해 왔다. 하나는 精英文化이고, 다른 하나는 民俗文化이다. 불교도 이와 같이 경전불교와 민속불교로 발전했다. 경전불교는 불교 가운데 정영문화에 해당하고, 민속불교는 민속문화에 해당한다. 중국 불교사에서 이 두 문화를 융합시킨 인물은 혜능이다. 혜능의 선법은 순수한 정영의 길만 고수한 것은 아니고 민속문화와의 융합을 시도했다. 그래서 그는 속문화를 벗어나지 않으면서 선을 세운 것이다. 예를 들면 『단경』에 大龍이 비를 내리는 이야기라든가 惡龍, 魚鼈, 神鬼, 지옥, 천당은 중국문화에서 속문화의 내용들이다. 한편 중국 전통의 정영문화를 제창한 사람은 공자이다. 그 증거로써 그는 怪・力・亂・神(기괴한 것, 폭력적인 것, 무질서한 것, 신비스러운 것)을 부정하고 있기 때문이다.

<참고문헌>

*Ayer, A. J., *Language, Truth and logic*. Oxford University Press, 1936.

*Black, Max, *Language and Philosophy; studies in method*.

*Bloomfield, Leonard, *Language*. Henry Holt, 1933.

*Britton, Karl, *Communication : a philosophical study of language*. Harcourt, Brace, 1939.

*Burke, Kenneth, *The Philosophy of Literary Form*. Louisiana State University Press,1941.

*Carnap, Rudolf, *Philosophy and Logical Syntax*. Psyche Miniatures, London,

1935.

*Carnap, Rudolf, *Logical Syntax of Language*. London, 1937.

*Carnap, Rudolf, *Meaning and Necessity ; a study in semantics and modal logic*. University of Chicago Press, 1948.

*Carnap, Rudolf, *Introduction to Semantics*.

*Cassirer, Ernst, *Language and Myth*. tr. by Susanne K. Langer, New York and London, Harper and Brothers, 1946.

*Chisholm, Francis P., *Introductory Lectures of General Semantics*. Institute of General Semantics(Lakeville, Conn.),1945.

*Dewey, John, *Logic, the Theory of Inquiry*. New York, 1939.

*Easton, Ralph Munroe, *Symbolism and Truth*. Harvard University Press, 1925.

*Empson, William, *Seven Types of Ambiguity*. Chatto and Windus, London, 1930.

*Huxley, Aldous, *Words and their Meanings*. Jake Zeitlin, Los Angeles, 1940.

*Hayakawa, S. I., *Language in Thought and Action*. Harcourt, Brace and CO., N. Y., 1949.

*Johnson, Alexander Bryan, *A Treatise on Language*(1836), edited, with a critical essay on his philosophy of language, by David Rynin, University of California Press, 1947.

*Johnson, Alexander Bryan, *The Meaning of Words*(1854), with an introduction by Irving J. Lee, John W. Chamberlain(Milwaukee), 1948.

*köhler, Wolfgang, *Gestalt Psychology*. Liveright Publishing Corporation, 1947.

*Korzybski, Alfred, *Science and Sanity : an Introduction to Non-Aristotelian System and General Semantics*. Science Press Printing Co., Lancaster, Pa., 1933.

*Langer, Susanne K., *Philosophy in a New Key*. Harvard University Press, 1942; also Pelican Books, 1948.

*Lee, Irving J., *Language Habits in Human Affairs*. Harper. 1941.

*Lee, Vernon, *The Handling of words*, Dodd, Mead, 1923.

*Levy-Bruhl, Lucien, *How Natives Think*. Konpf, 1926.

*Malinowski, Bronislaw, The Problem of Meaning in Primitive Languages. Supplement I. in Ogden and Richards : *the Meaning of Meaning*.

*Perry, C. M., *Language and Thought*, 1928.

*Russell, Bertrand, *Human and Knowledge, its Scope and Limits*.

*Urban, Wilbur M., *Language and Reality; the Philosophy of Language and the Principles of Symbolism*. London, 1939.

*Whitehead, A. N., *Symbolism: its Meaning and Effects*. New York, Macmillan, 1927.

*Watters, T., *Essay on the Chinese Language*. Shanghai, 1988, pp.379-496, the Influence of Buddhism on the Chinese Language.

*Bodde, Derk, Type of Chinese Categorical Thinking. *Journal of American Oriental Society*, 59, p.200f.

*中村 元, 『東洋人の思惟方法』, 東京: 春秋社. 1964.

*中嶋隆藏, 「吉藏の草木成佛思想」(『中國における人間性の研究』9, 1983, 2).

*森三樹三郞, 『불교와 노장사상』, 오진탁, 서울: 경서원, 1992.

*Fuchs, "Zur technischen Organisation der Übersetzungen buddhistischer Schriften ins Chinesische," *Asia Major*, 6, 1930.

*Wilhelm von Humboldt, Über das Entstehrn der grammatischen Formen und ihren Einfluss auf die Ideenentwicklung, (*Die sprachphilosophischen Wilhelms von Humboldt*, herausgegeben und erklärt von Dr. H. Steinthal. Berlin, 1884.).

*C. M. Perry, *Language and Thought*, 1928.

*A. D. Sheffield , *Grammar and Thinking*, 1912.

*J. Watters, *Essay on the Chinese Language*. Shanghai, 1889.

*横超慧日, 『中國佛教の研究』, 京都: 法藏館, 1961.

*吉川幸次郎, 「支那人の古典とその生活」, 東京: 岩波書店, 1944.

*常盤大定, 『支那佛教の研究』.
*宮坂哲文, 『禪における の 人間形成』.
*津田左右吉, 『支那思想と 日本』, 東京: 岩波書古, 1939.
*津田左右吉, 『論語と孔子の思想』.
*松本雅明, 『魏晉における の 無の 思想の 性格』(『史學雜誌』, 1940).
*中村 元, 『比較思想論』, 東京: 岩波書店, 196C.
*『安氏家訓』(『光弘明集』第3卷).
*『禪源諸詮集都書』(『대정장』 권48).
*武內義雄, 『支那佛教思想史』, 東京: 岩波書店.
*Hu Shih, *The Development of the Logic Method in Ancient China*. Shanghai, 1922.
*市川白弦, 『禪の基本的性格』, 東京: 春秋社.
*Arthur F. Wright, *Buddhism in Chinese History Stanford*. 1959.
*和辻哲郞 外, ブチヤー『ギリシア精神の様相』, 東京, 岩波書店.
*長澤規矩也, 『支那學入門書略解』.
*後藤末雄, 『支那文化と支那學の起源』.
*道端良秀, 『中國佛教史』, 京都: 法藏館, 1956.
*R. F. Johnston, *Buddhist China*. London, 1913.
*中村 元, 『宗教と 社會倫理』, 東京: 岩波書店, 1983.
*丙午出版社編, 『禪門叢書』3(竹田默雷, 禪機), 東京: 丙午出版社, 1915.
*佐藤成順, 『中國佛教思想史の研究』, 東京: 山喜房佛書林, 1985.

13. 돈 오

돈오라는 말의 전거는 『능엄경』 권10에 "이치는 단번에 깨닫고, 깨달으면 모두 소멸하지만 事相은 단번에 제거하는 것이 아니라 차례로 없어진다(理則頓悟, 乘悟併銷, 事非頓除, 因次第盡.)"[58]라고 한 말을 근거로 한 것이다. 만물의 근본적인 이치는 분석하고 나누어서 알 수 있는 것이 아니다. 특히 마음의 본성은 단번에 깨달아 아는 것이지 마음을 나누어서 조금씩 조금씩 점차적으로 깨달을 수는 없는 것이다. 마음을 나누기 시작하는 그 순간부터 벌써 본래의 마음과는 거리가 멀어지는 것이다.

중국불교사에서 돈오성불설을 최초로 주장한 사람은 축도생이다. 惠達의 『肇論疏』에 "축도생은 크게 돈오하고 이르기를, 頓이란 이치를 밝히는 것이고, 悟란 極을 비추는 것이다. 둘이 아닌 사실을 깨달아 나눌 수 없는 이치와 부합하는 것을 돈오라 한다"고 했다. 돈오를 돈과 오로 나누어서 설명하는 것은 중국인들이 논리를 표현하는 방법이다. 여기서 '이치를 밝힌다'는 말은 마음이나 도의 근본적인 이치로 되돌아가는 것을 가리

---

58) 『능엄경』 권10(『대정장』 권19, p.155상).

키고, '극을 비춘다'고 한 것은 마음의 궁극적인 자리를 조견하는 것을 말한다. 그런데 이 둘은 절대 나눌 수 없는 관계에 있다. 다시 말해서 분별심이 없는 본래의 다음자리로 되돌아가는 것과 바로 그 자리에서 반야의 지혜가 나와 본체가 공적한 사실을 비추는 것은 동시에 이루어는 것이다. 따라서 축도생이 주장하는 돈오란 먼저 마음의 근본적인 이치를 분명히 알고, 그 이치를 깨닫는 것이다.

선불교에서 처음으로 돈오를 주장한 사람은 신회이다. 그의 석정본 『남양화상문답잡징의』 제21단에서 돈오의 뜻을 다음과 같이 주장하고 있다.

> "모름지기 현상법은 근원적인 도리와 지혜로써 해석해야 하는데 이것을 돈오라고 한다. 모든 계단과 점차를 연유한 것이 아닌 자연, 바로 이것이 돈오의 뜻이다. 자기의 마음이 본래부터 공적한 것이 돈오이다. 마음에 얻을 바가 없는 것이 돈오이다. 마음, 바로 그 자체(卽心)가 도인 것이 돈오이다. 마음이 어디에도 머무르지 않는 것(無住)이 돈오이다. 법이 있음을 마음으로 깨닫고, 또 마음에 얻을 것이 없는 것, 이것이 돈오이다. 일체법이 일체법인 줄 아는 것이 돈오이다. 공을 설하는 것을 듣고 공에도 집착하지 않고, 또 不空에도 집착하지 않는 것이 돈오이다. 자아를 설하는 것을 듣고 我에도 집착하지 않고, 또 무아에도 집착하지 않는 것이 돈오이다. 생사를 버리지 않고 열반에 드는 것이 돈오이다(事須理智兼釋, 謂之頓悟. 竝不由階漸[而解], 自然是頓悟義. 自心從本已來空寂者, 是頓悟. 卽心無所得者, 爲頓悟. 卽心是道爲頓悟. 卽心無所住爲頓悟. 存法悟心, 心無所得, 是頓悟. 知一

切法是一切法, 爲頓悟. 聞說空不著空, 卽不取不空, 是頓悟. 聞說我不著[我], 卽不取無我, 是頓悟. 不捨生死而入涅槃, 是頓悟.)."[59]

라고 한 말에서 "모름지기 현상법은 근원적인 도리와 지혜로써 해석해야 하는데 이것을 돈오라 한다"고 한 것은 혜달의 주장과 비슷하다. 그런데 신회의 돈오사상을 명확하게 단정지어 한마디로 말하는 것은 어렵지만 그가 주장하는 돈오의 내용은 자연, 공적, 무소득, 마음, 무주, 법, 무집착, 생사즉열반 등이다. 이런 내용들은 모두 근원적인 자리에서만 거론될 수 있는 것이다. 따라서 신회가 주장하는 돈오는 만법이 본래 평등한 사실을 깨닫는 것이라고 조심스럽게 결론을 내려 본다. 이보다도 차라리 그는 본래 깨달음의 자리 바로 그것을 가리켜 돈오라고 한 것 같다. 구체적으로 말해서 무념의 자리를 돈오라고 본 것이다.

이런 신회의 주장은 아직까지 너무 철학적이어서 실천하기 어렵다. 그의 영향을 받은 대주의 돈오사상을 보자. 『돈오요문론』 제2단에 "돈오란 무엇인가? 돈이라는 것은 단번에 망념을 제거하는 것이고, 오라는 것은 무소득을 깨닫는 것이다(問, 云何爲頓悟. 答, 頓者頓除妄念, 悟者悟無所得.)"라고 했다. '단번에 망념을 제거하는 것'은 특별한 방법이 있는 것이 아니라 한 생각의 전환, 즉 일념자각에 의해서 이루어지는 것이다. 구체적으로 말해서 여러 가지 수단과 방법을 사용하거나 또 철학적, 敎義的 개념을 매개체로 하지 않고 일념자각에 의해서 곧 바로 본성의 자리로 되돌아가는 것을 말한다. 그 다음 '무소득을 깨닫는다

59) 양증문, 『神會和尙禪語錄』, 중국불교전적선간, p.80.

는 것'은 공적한 본체를 깨닫는다는 뜻이다. 따라서 일념자각에 의하여 본래의 마음자리로 되돌아가면 그 자리에서 반야의 지혜가 나와 본체가 공적한 사실을 아는 것이 돈오이다. 일념자각에 의하여 본래의 자리로 되돌아가는 것과 본체가 공적한 것을 깨닫는 것은 선후의 차례에 따라 이루어지는 것이 아니라 동시에 이루어진다. 본래의 자리로 되돌아간 것은 定의 입장이고, 본체가 공적한 것을 깨닫는 것은 慧의 입장이다.

후대에 오면 돈오사상도 상당히 발전을 한다. 당 말의 선승인 현사사비(835~908)와 어떤 학인과의 문답을 보자.

> "선사(현사사비)께서 저에게 나아갈 길을 좀 가르쳐 주십시오."
>
> "저 시냇물 소리가 들리는가?"
>
> "예."
>
> "그것이 바로 그대가 나아갈 길이다."

선승들은 자연현상을 빌려 선리를 설파하거나 직관적인 돈오체험의 소재로 활용을 한다. 이 문답에서 학인에게 시사하는 바는 시냇물 소리를 통하여 임운자연하는 평상심을 직관적으로 파악할 것을 가르치고 있다.

<참고문헌>

*上田義文, 「佛教における'轉換'思想」(『同朋佛教』4, 1972, 11).

*藤本賢一, 「竺道生の頓悟義について」(『天台學報』15, 1973, 10).
*横超慧日, 「竺道生の頓悟說」(『禪研叢書・禪の世界』, 1976, 10).
*三桐慈海, 「僧肇と頓悟義」(『東方宗教』40, 1972, 11).
*柳田聖山, 「無住と宗密-頓悟思想の形成をめぐって-」(『花園大學研究紀要』7, 1976, 3).
*板野長八, 「道生の佛性論」(『支那佛教史學』2-2, 1938).
*板野長八, 「道生の頓悟說成立の事情」(『東方學報』7, 東京: 1936).
*田島大機, 『轉迷開悟 心性哲學』, 京都: 出雲寺書店, 明治28年.
*정유진, 불조선문화연구원 연구시리즈III『신회어록연구』3, 서울: 경서원, 2007.

14. 선사상의 양대 구조

육조혜능시대에 들어서면서부터 선은 dhyāna의 본래 의미인 명상, 靜慮, 靜觀의 뜻으로 쓰이지 않게 된다. 혜능 이전에는 선과 반야와의 관계가 뚜렷하게 표면화 되지 않았으나 혜능에 의해 주창된 혁명적인 선운동은 반야가 곧 선이라고 하여 반야와 선을 동일시했다. 이는 혜능의 직관으로부터 나온 것이라고 보여 진다. 이런 사상의 태두는 신회로부터 비롯되는데 그의 선은 상당히 지적이어서 마조와 석두의 선과 구별된다. 하택종이 중국인에게 환영을 받지 못하고 그 명맥이 오래 동안 지속되지 못한 이유는 선을 지적으로 풀어서 설명했기 때문이다. 그러면 혜능이 주창한 '선이 무엇인지'에 대하여 고찰해 보자. 그가 주장하는 선은 돈황본 『육조단경』 제19단의 좌선의 정의에 잘 나타나 있다.

"何名坐禪.[60] … 一切無礙. 外於一切境界上, 念不起爲坐, 內見本性不亂爲禪.(좌선이란 무엇인가? 언제 어디서나 걸림이 없는

60) 중국 禪思想史上 좌선이란 용어가 처음 등장하는 경은 『안반수의경』이다.

것을 말한다. 밖으로는 모든 대상경계에 대하여 망념이 일어나지 않는 것을 '좌'라 하고, 안으로는 본성을 깨달아 어지럽지 않는 것을 '선'이라 한다.)"

이 좌선의 정의에서 선은 곧 반야임을 시사하고 있다. 즉 禪 = 一切無礙(공의 실천)의 관계를 말하고 있는 것이다. 다시 말해서 선이란 일체의 모든 것에 걸림이 없어야 하는데, 그 무애는 또 안팎으로 무애해야 한다는 것이다. 즉 밖으로는 일체의 대상경계에 걸림이 없어야 하고(離相), 안으로는 마음이 어지럽지 않아야 한다는 뜻이다.

좌선의 정의에서 전개되고 있는 논리를 보면 일체무애의 반야공 사상이 念不起의 불성사상에서 하나가 되고 있음을 알 수 있다. 자세하게 말하면 일체무애라는 공의 실천이 망념이 일어나지 않는 념불기의 불성사상 속에 통합되어 있는 것이다. 처음부터 망념이 일어나지 않으면 자연히 밖으로 일체의 모든 대상경계에 집착할 일이 없을 뿐만 아니라 안으로도 마음이 어지럽지 않게 되는 것이다. 이것이 곧 禪인 것이다. 이 어지럽지 않는 마음, 즉 념불기의 무념체상에 반야지가 작용하여 불성이 공적한 사실을 깨닫는 것을 '견성'이라 한다. 거울에 먼지가 없으면 저절로 거울이 비치듯이 우리의 마음도 망념이 일어나지 않으면(念不起) 저절로 마음의 照用이 작용(반야지의 작용)하는 것이다. 망념이 일어나지 않는 것과 마음의 조용이 작용하는 것은 선후의 관계가 아니라 동시 인과관계이다.

이 좌선의 정의에서 一切無礙는 반야의 공사상을 실천적인 입장에서 한 말이고, 망념이 일어나지 않는 念不起는 불성사상을 실천적인 입장에서 한 말이다. 혜능이 주장하는 선이란 단순히 반야사상만을 말하는 것이 아니라 반야사상이 불성사상 속에 융합하여 일체화된 것을 말하고 있다. 그가 이와 같이 일체무애의 반야사상과 념불기의 불성사상을 하나로 통합한 이유는 반야사상을 불성사상으로 완성하고자 하는 의도도 있지만 그보다 더 중요한 것은 선의 실천을 簡易化하기 위함이다. 이렇게 간이화한 혜능의 선학은 중국인들이 좋아하는 "아는 것이 간단하면 실천하기 쉽고, 간결하면 쉽게 알 수 있다. 그러므로 쉽게 알 수 있는 것은 쉽게 실천할 수 있다"고 한 명구를 잘 반영해 주고 있다고 볼 수 있다.

좌선의 정의를 분석하고 통합한 내용을 근거로 하여 선을 정의하면 선이란 자각의 주체인 불성이 언제 어디서나 걸림이 없이 무애자재하게 살아가는 것을 말한다.

다음 본성을 깨닫는 '見本性'은 위에서 말한 내용, 즉 자각의 주체와 공의 실천이 하나가 되도록 하는 구체적인 실천이다.

끝으로 좌선의 정의에 의거하여 혜능의 선학을 정리하면 다음 세 가지로 요약할 수 있다. 첫째, 번쇄한 열반불성사상과 반야사상을 하나로 통합하여 모든 사람들이 쉽게 실천할 수 있도록 간소화 했으며,[61] 둘째, 번뇌망념이 지속되는 것을 차단시켜 주는 돈오견성의 수행방법을 창안하여 형식에 치우친 금욕

61) 이 좌선의 정의상에 나타난 반야사상과 불성사상의 통합관계는 선학에 있어서 매우 중요하며, 반드시 알고 있어야 한다. 부록에 실린 필자의 논문인 「남종선의 실천구조와 수행방법」을 참고하면 이해하는데 도움이 될 것이다.

고행적인 수행방법을 개조했으며, 셋째, 깨달음이란 것은 멀리 있는 것이 아니라 현재 一念心의 자각에 있는 것이며, 나아가 이 세상을 떠나지 않는 自性自度의 해탈론을 내세워 불조의 구원을 갈망하는 피동적인 인간을 해방시켰다. 이 세 가지 가운데 첫 번째의 반야사상과 불성사상을 禪이라는 한 글자에 통합하여 선을 간이화한 것은 후대에 지대한 영향을 미치게 된다. 예컨대 선문답이 주로 반야사상과 불성사상을 토대로 하여 이루어지고 있는 것도 모두 혜능의 선학에서 비롯된 것이다.

이런 혜능의 선학은 종래에 볼 수 없었던 내용으로서 가히 선학에 혁명[62]을 일으켰다고 볼 수 있을 것이다. 깨달음의 과정을 점오에서 돈오로 전환시킨 것(돈오견성)과 수행관에 있어서 수행 중시 풍조를 無修之修의 방향으로 전향시킨 것(일념자각)과 그리고 심성론에 있어서 佛性의 人性化(儒學化)[63]는 인도불교의 형이상학적인 권위주의에서 탈피하여 불교를 중국화하고 대중화 하는데 일조했다.[64]

---

62) 스즈끼 다이세쯔는 혜능을 '중국선의 아버지'라고 했다.

63) 혜능은 권위적이고 철학적인 불성이란 말 대신에 친근감 있는 인성이란 말을 선호한 것 같다. 예를 들면 돈황본『육조단경』제18단에 "人性本淨," 제20단에 "世人性本自淨"·"世人性淨," 제24단에 "世人性空," 제31단에 "在人性中. 本自具有," 제35단에 "世人自色身是城"이라 한 것과 같이 인성이란 말을 즐겨 쓰고 있다. 또 그는 世人이란 말도 자주 쓴다. 제4단에 "世人生死事大," 제12단에 "世人本自有之," 제17단에 "世人離見," 제20단에 "世人盡有," 제39단에 "世人盡傳南宗能北秀," 제42단에 "只爲世人根鈍"·"吾常願一切世人"·"世人心邪"·"世人心正," 제52단에 "後代世人," 제53단에 "救度世人須自修"라고 한 것을 들 수 있다. 여기에 나오는 人은『논어』의 仁(人)과 상통한다.

64) 혜능이 일으킨 혁신적인 사상은 이 외에도 중도사상을 들 수 있다. 혜

<참고문헌>

*菅野利信,『心の聲-六祖壇經の實際と心の聲について-』, 東京: サリーグ・コーポレーション.

*鄭唯眞, 불조선문화연구원 연구시리즈Ⅳ 돈황본『육조단경』, 서울: 경서원, 2007.

*鈴木貞太郎·公田連太郎『燉煌出土 六祖壇經』, 東京: 森江書店, 1934.

*宇井伯壽,「壇經考」(『第二禪宗史研究』, 東京: 巖波書店, 1941).

*柳田聖山, 世界の名著18『禪語錄』, 東京: 中央公論社, 1974.

*郭朋,『壇經校釋』, 北京: 中華書局, 1983.

*劉堅·蔣昭愚 主編,『近代漢語語法資料彙唐五代卷』, 商務印書館, 1990.

*田中良昭「敦煌本『六祖壇經』諸本の研究 -特に新出の北京本の紹介-」(『松ケ岡文庫研究年報』제5호, 1991).

*楊曾文 校寫『敦煌敦煌新本六祖壇經』, 上海古籍出版社, 1993.

*潘重規,『敦煌壇經新書』, 佛陀教育基金會, 1994.

*周紹良,『敦煌寫本壇經原本』, 北京: 文物出版社, 1997.

*李申合校・方廣錩簡注,『敦煌壇經合校簡注』, 山西古籍出版社, 1999.

*Philip B. Yampolsky, *The Platform Sutra of the Sixth Patriarch.* (Columbia University Press, 1967).

*Catherine Toulsaly, *Sixieme Patriache/ Sutra de la Plate-form.* (Librairie You Feng, 1992).

능의 중도는 승조(374~414)의 卽體卽用에 근접한 相卽의 中道이다. 중국 선종사에서 상비의 중도에서 상즉의 중도로 개혁한 사람이 혜능이다. 이는 이상주의적인 인도불교에서 현실주의적인 중국불교로 전환된 것을 의미한다. 이에 비해 인도의 중도는 離四絶百의 相非의 중도이다.

15. 반야와 이성과의 관계

선사상을 잘 이해하기 위해서는 마음의 본성에서 작용하는 무분별의 반야지혜와 분별하는 것을 그 본성으로 삼는 식에서 작용하는 분별이성과의 관계를 명확히 알고 있어야 한다.

般若直觀이라고 하듯이 반야(prajñā)와 직관은 서로 밀접한 관계에 있다. 이에 비해 분별과 이성 및 思辨的 이해는 識(vijñāna)과 서로 연관되어 있다. 이 처럼 식과 반야는 늘 대비되고 있다. 반야는 식을 초월해 가는 것이고, 식은 인간의 감각과 지성의 세계에서 활동하는 것이다. 반야는 전체를 총괄하는 원리이고, 식은 차별과 분화의 원리이다. 즉 반야가 사물을 완전하게 해 가는 평등의 원리라면 식은 분석하는 차별의 원리라고 할 수 있다. 그러나 식은 반야가 없이는 작용이 불가능하다. 식은 그 뒤에 반야가 없으면 자신의 역할을 하지 못한다. 왜냐하면 부분은 전체의 일부분이지 결코 부분만으로는 존재할 수가 없기 때문이다. 반야직관의 대상은 思辨으로 생겨난 개념이 아니기 때문에 그 대상이 정해져 있지 않다. 그러나 식은 대상을 보고 인식하기 때문에 그 대상이 정해져 있다. 그러므로 반야가 꽃을 볼 때 꽃을 대함과 동시에 꽃 아닌 것도 대한다. 환언하면 꽃 이외의 꽃을 보는 것이다.

식과 반야는 함께 활동하고 서로 협력한다. 분별식의 근저에는 반야가 있으며, 또 분별식으로 하여금 분화의 원리로서 활동하도록 하는 것이 반야이다. 반야가 분별을 부정하지만 반야는 분별이성의 영역을 벗어날 수 없다. 왜냐하면 반야의 작용을 생각하는 것도 이미 분별의식의 활동이기 때문에 반야는 분별의식으로부터 벗어날 수 없다. 그러나 반야는 분별의식의 범주에 속하지는 않는다는 것과 분별의식의 활동으로부터 어떠한 판단이 생겨나오더라도 그것은 반야에 적용되는 일은 없다는 사실을 분명히 명심해야 한다. 반야의 세계는 一과 多, 즉 부분과 전체 사이에는 어떠한 구별도 허락하지 않는다.

반야가 식을 분별의 원리로서 가능하게 하는 것은 식의 근저에 반야가 자리 잡고 있다는 사실이며, 통일과 총합을 가능하게 하는 반야가 없이는 분별작용도 불가능하다.

반야는 인식론적으로 말하면 實在이고, 형이상학적으로 말하면 실재는 空이다. 따라서 공은 반야이며, 반야는 공이다. 그리고 심리학적으로 말하면 반야는 일종의 경험이다. 경험 중에서도 근원적인 경험, 다시 말해서 순수경험이다.

반야와 이성, 즉 반야직관과 이성분별작용과의 관계를 철저하게 이해를 하지 않으면 공, 여래, 해탈, 열반 등의 사상도 살아 있는 것으로 파악하기 어렵다.

본성의 세계는 지성의 세계와 서로 대립하고 있는 것처럼 생각하기 쉬우나 사실은 하나의 세계이다. 상대성의 세계는 본성의 세계에 몰입함으로써 그 진실성을 획득하지만 그렇다고 해서 상대성 그 자체가 없어지는 것은 아니다.

분별식과 반야를 따로따로 생각해서 대상적으로 분리시키는 것은 착오의 근본이다. 반야의 지는 무지의 지요, 무분별의 분별이며, 무념의 念이다. 또 無念無想이고, 無我無心이다. 그러므로 반야지에는 대립이라는 것은 있을 수 없기 때문에 무의식[65]과 잠재의식과는 다르다. 대립이 없는 세계를 절대의 세계라고 하지만 참된 절대라면 상대가 그대로 절대가 되어야 한다. 차별과 절대는 즉해서 여의지 않고, 여의어서 즉하지 않는 것이 되어야 한다. 卽이 非이고, 비가 즉이며, 분별이 무분별이고, 무분별이 분별이 되어야 한다는 뜻이다.

지성은 자유가 아니며, 분별과 분할은 자신을 죽이는 자살의 주범이다. 반면에 반야는 본래인으로서 '나야말로 궁극적인 실재 그 자체이다' · '나는 절대 知者이다' · '나는 자유로와서 어떠한 두려움도 없다'라는 사실을 완전히 확신케 하고, 또 그렇게 느끼게 한다.

지금까지 서술한 내용을 도표로 정리해 보면 다음과 같다.

반야	분별
空(śunyatā)	유무의 세계
진여(tathātā)	명확하게 규정된 세계
반야직관	식의 분별작용
열반(nirvāna)	생사윤회(samsara)
깨달음(bodhi)	무명(avidyā)
순수	오염

65) 의식의 본질적 특징은 일면적이고 단편적이며 하나하나 분열되어 있다. 반면 무의식은 전체적인 바탕으로부터의 반응은 언제나 온전하고 분열되지 않는 성격을 가진다.

唯心(cittamartra)	識(vijñāna)
궁극적인 실상(dharma)	일체의 개체적 존재 (sarvadharma)
순수체험	인과의 세계
비분화, 무차별	분화, 차별
무분별	분별
무심, 무념	개별적 의식
영원한 지금(eternal now), 절대적인 현재	상대적인 시간개념
本性의 세계	知性과 感性의 세계
不二	二元
一	二

요컨대 반야직관의 일반적인 특징은 이차적이 아니고 일차적이며, 추상적이 아니고 구체적이다. 추론적인 것도 아니고 이성적인 것도 아니며 명상적인 것도 아니다. 또 분석적인 것도 아니고 인식할 수 있는 것도 아니며, 상징적으로 나타낼 수 있는 것도 아니다. 그리고 점진적인 것도 아니다. 반야직관은 직접적, 즉각적, 통합적, 사실적, 궁극적, 결정적이며, 사전에 의도된 것도 아니고 오로지 현재에 내보일 뿐이다.

반야와 이성과의 차이를 서로 비교해서 구분해 보면, 이성에는 방법론이 있지만 반야에는 없다. 반야는 늘 직접성을 요구하며 어떠한 반성도 용납하지 않는다. 반야와 지각작용과 다른 점은 지각이 아직 감각을 벗어나지 못한 데 반해 직관은 다시 더 깊숙한 곳에 뿌리를 내리고 있는 점이다. 지각작용이 반야의 근저에 닿았을 때 지각작용은 반야직관이 되는 것이다. 반면에 반야는 지금 여기서 작용하고 있지만 반야는 자기 자신의 힘으로 깨어나지 못하고 언제나 분별이성에 의해서 깨어난다.

반야는 늘 자기의 동일성(미분화의 장)을 유지해 나가려고 하는 동시에 한편에서는 무한의 변화에 응해 자기를 변화해 나가려고 할 뿐만 아니라 의미 있는 삶, 가치 있는 삶, 보람 있는 삶, 창조적이고 지혜로운 삶을 살려고 하고 있다. 그러므로 공은 무한의 가능성을 지닌 것으로 결코 단순한 허무의 상태는 아니다. 즉 자기 자신을 분화시킴과 동시에 미분화 상태에 있으면서 영원히 창조의 작용을 계속해 나가는 것이 공이다. 이 것을 또 般若의 場이라고도 한다.

본성적 직각의 세계와 지성적 논리의 세계는 별개의 세계이면서 동시에 다른 세계가 아니라는 것이다. 본성의 세계와 지성의 세계를 당대의 선장인 百丈懷海와 野狐와의 문답을 통하여 고찰해 보자.

어떤 학인이 노인(야호)에게 질문하기를,

"깨친 사람도 인과에 떨어집니까."

노인이 대답하기를,

"'不落因果'라 했다."

이 대답으로 인하여 500생 동안 야호의 몸을 받게 되었습니다. 스님(백장), 一轉語를 주시어 여우의 몸을 벗게 해 주십시오.

다시 묻기를, "깨달은 사람도 인과에 떨어집니까."

백장이 직하에 이르기를, "'不昧因果'라 했다."

깨친 사람은 인과의 운행에 수순하여 그 몸을 인과의 운행에 맡겨 버린다. 다시 말해서 인과를 자기의 밖에 있는 것으로 보지 않고 자기와 인과를 하나로 보는 것이다. 자기와 인과가 따로따로 떨어져 있기 때문에 그 사이에 落과 不落의 문제가 있게 되는 것이다. 인간은 도덕적 행위의 주체이기도 하지만 그와 동시에 인과법칙 그 자체이기도 하다. 인간으로서 생활하고 있는 한 업은 인간에게 늘 붙어 다니는 것이다.

수행의 유무와 오도의 여하에 의해서 인과가 떨어져 나갈 수 있는 것은 아니다. 인과 그 자체는 원래 不落도 不昧도 아니다. 인과는 지성 위에서 성립한다. 본성적인 자각 위에서는 인과는 없다. 따라서 노인의 野狐禪과 같이 이원론적으로 관찰해서는 안 된다.

야호노인의 과오는 인과의 세계를 자기와 서로 떨어져 있는 것으로 생각하여 거기에 떨어지기도 하고, 안 떨어지기도 하는 것으로 보았던 것이다.

백장은 이런 과오를 깨우쳐 주기 위하여 불매인과라 한 것이다. 즉 깨달은 사람에게는 사실 불락과 불매가 없는 것이다. 불매인과는 반야의 卽非論理와 같다. 이원론의 세계에 떨어지지 않고 不二의 세계를 바로 볼 수 있으려면 반야의 一隻眼을 가져야 한다.

분별과 무분별을 선문답으로 표현하고 있는 또 다른 예를 보자. 『전등록』 권21에,

> 한 제자가 물었다.
>
> 낡은 거울이 아직 덜 닦여졌을 때 스님께서는 그것을 무엇이라고 부릅니까.

선사가 대답하기를,
낡은 거울.
그것이 잘 닦여진 뒤에는 무엇이라고 합니까.
역시 낡은 거울.

낡은 거울은 분별상태 이전의 眞我를 가리킨다. '닦여졌다'는 것은 분별을 의미한다. 낡은 거울은 분별 이전과 이후에도 언제나 변함없이 그대로이다. 어떤 명제를 세워 분별하면 그것은 대상적으로 고정화되고, 고정화되면 실체화되고, 실체화되면 주관과 객관의 분열이 생기게 되는 것이다. 진실한 본래의 세계는 주객이 분리되기 이전의 자리이다.

<참고문헌>

*安永弁哲, 「零と佛教哲理-'空'と'零'-」(『日蓮主義研究』6, 1980, 6).
*蜂屋邦夫, 「空と老莊思想の無」(『佛教思想』7, 1982, 4).
*坂部 明, 「空と般若波羅蜜」(『印度學佛教學研究』22-2, 1974, 3).
*西谷啓治, 「般若と理性」(『佛教の比較思想論的研究』, 1979, 2).
*西村惠信, 「禪定に於ける理性と實在の相剋」(『禪學研究』58, 1979, 3).
*Watts, A.W., *Wisdom of Insecurity*. New York, Pantheon, 1951.

16. 선사상

이 장에서 논하고자 하는 선사상은 인도선의 사상이 아니라 중국 조사선의 사상이다. 그런데 선이 먼저냐 선사상이 먼저냐고 묻는다면 물론 선이 먼저라고 대답할 것이다. 선사상은 선에 의하여 표현되기 때문이다. 그러면 선을 사상화할 수 있느냐고 묻는다면 사실 선 그 자체는 사상화할 수 없다고 대답할 것이다. 그렇다면 이 자리에서 붓을 꺾어야 하는 것이 마땅하다. 그러나 아직 선을 체험하지 못한 사람은 역방향으로 선의 세계에 접근할 수밖에 없다. 따라서 이 장에서 선사상을 究明하는 목적은 선행위를 어떻게 할 것인가를 밝혀내기 위함이다.

선은 단순히 사상이 아니라 사상인 동시에 생활이고 행위이다. 그러므로 이 셋은 셋이면서 하나이다.

혜능 이전 홍인의 선법이 인도의 취미적인 선이라고 할 수 있는 靜態禪이였다면 혜능의 선법은 動態禪이다. 그는 선정과 지혜는 양립할 수 없는 것이라는 것을 見을 세워 주장하였다. 견성은 정혜일치가 되지 않으면 불가능하다. 구체적으로 말해서 인도의 禪那, 즉 dhyna는 靜慮라고 번역되듯이 정적인 성격을 띠고 있는데 반해 육조혜능에 기초를 둔 중국선은 행위적

방면을 크게 발전시킨 동적인 성격을 지니고 있다. 중국선에서 중요시 하는 견성경험은 知와 行이 하나요, 흔히 생각하는 신비나 황홀, 凝心상태와는 동일하지 않다. 선이 선으로서의 성격을 확립한 것은 혜능과 그의 제자들이였다. 조사선의 사상을 살펴보기 전에 그 사상의 토대가 되고 있는 혜능선의 특색을 요약해 보자.

혜능은 비교적 문자의 소양이 적었다고 하는 점.

승방에서 은둔생활을 하지 않고 시장바닥에서 나무를 팔아 생계를 유지했다는 점.

홍인문하에서는 디딜 방아질로 쌀 찧는 일을 했다는 점.

설법단을 만들어 놓고 그 위에서 승려라고도 할 수 없고 속인이라고도 할 수 없는 모습으로 전문가나 일반 대중을 가리지 않고 평이한 말로 누구나 쉽게 알 수 있도록 선을 설했다는 점.

선을 생활 속에 깊이 뿌리 내리도록 했다는 점.

그의 사유방법과 표현방식은 사람들에게 쉽고 친근감을 가져다주었다는 점.

등을 들 수 있다.

이러한 혜능선이 훗날 조사선에 大機大用과 불성의 全體作用이라는 말이 끊임없이 제창되면서 단순한 定坐나 좌선, 또는 적정이나 묵조는 배척되었다. 이 방면에서 가장 절정을 이룬 선은 임제선이다. 한편 단순히 정태선이라고는 할 수 없지만 철학적이고, 사색적이며, 명상적인 조동선이 있었다. 송대 12세기 초가 되면 동태선은 간화선이 되고, 정태선은 묵조선이 된다. 그러나 간화니 묵조니 하는 것은 다만 일면만 보고 평가한 것이다. 이는 어느 한 종파의 특성을 모두 다 말하였다고 할 수 없다.

선사상을 논하기 전에 인도불교에서 無의 사상과 선에서 무의 사상을 서로 비교해 보면, 인도불교에서 無의 사상은 知的인 것으로서 知를 가지고 지를 부정하는 부정이며, 중국불교, 특히 선에서 무의 사상은 行的인 것으로서 행을 가지고 행을 부정하는 부정이다. 즉 인도인은 지로써 지를 부정하고, 논리로써 논리를 부정하는 반면, 중국인은 행으로써 행을 부정하고 사실로써 사실을 부정한다. 이런 점을 염두에 두고 선사상의 핵심인 無知의 知와 無分別의 分別에 접근해 보자.

선사상이란 선의 궁극적인 경험을 말한다. 구체적으로 말해서 선의 궁극적인 경험은 無知의 知이고, 無分別의 分別이다. 『돈오입도요문론』 제6단에,

> "'아는 것도 없다'고 한 것은 자성은 형상이 없어서 본래 분별하지 않기 때문에 아는 것도 없다고 한 것이다. '알지 못하는 것도 없다'고 한 것은 분별함이 없는 본체 가운데 항사의 묘용을 구족하여 능히 일체의 모든 것을 분별하지만 어떠한 것도 모르는 것이 없기 때문에 알지 못하는 것도 없다고 한 것이다. 반야게에 '반야는 앎이 없으나 알지 못하는 것도 없으며, 반야는 봄이 없으나 보지 못하는 것도 없다'고 했다(無有知者, 爲自性無形, 本無分別, 是名無有知者. 無不知者, 於無分別體中, 具有恒沙之用, 若能分別一切, 卽無事不知, 是名無不知者. 般若偈云, 般若無知, 無事不知,[66] 般若無見, 無事不見.)."

라고 한 것은 '무지의 지'와 '무분별의 분별'을 잘 설명해 주고 있는 좋은 예이다.

선에서의 앎(知)은 무지의 지로서 주관과 객관의 대립이 끊어진 곳에서 작용하는 지이다. 그러므로 선의 知는 알면서도 앎이 없고(知而無知), 앎이 없으면서도 아는(無知而知) 것이다. 다시 말해서 무분별의 분별이고, 분별의 무분별인 것이다. 모르는 것이 최고의 앎이고, 지의 극치라는 뜻이다. 지의 가장 순수한 모습은 不知이다. 따라서 참된 앎(眞知)은 無知인 것이다.

인도종교에서 無의 사상은 知的인 것으로써 知를 가지고 지를 부정하는 부정이며, 중국문화에서 무의 사상은 行的인 것으로써 행을 가지고 행을 부정하는 부정이다. 즉 인도인은 지로써 지를 부정하고, 논리로써 논리를 부정하는 반면, 중국인은 행으로써 행을 부정하고 사실로써 사실을 부정한다.

선경험은 본래 보고 듣고 느끼고 인식하는 것을 떠나서 따로 있는 것은 아니지만 보고 듣고 느끼고 인식하는 그 자체는 아니다. 견문각지 하는 데 입각하여 견문각지하지 않는 것을 보

66) 승조(374~414)의 『조론』'般若無知論'에 "般若無知. 無知故無所不知, 不知之知, 乃曰一切知(아는 것이 없기 때문에 모르는 것이 없고, 아는 것이 없는 앎이 바로 일체지이다)." 반야무지에서 반야는 앎이 없는 앎(無知之知)이며, 이는 도리어 無所不知여서 眞知이다. 무지는 앎이 있으나 앎이 없으므로(知而無知) 俗知이다. 승조가 "안다고 하지만 아는 것이 아니라"고 한 것은 본체(진공)의 입장이고, "모른다고 하지만 모르는 것이 아니라"고 한 것은 현상변별(묘용)의 입장이다. 속지를 말하지만 제법의 본질도 알아야 하고, 진지를 말하지만 만법의 현상도 변별해야 한다는 것이 승조의 입장이다. 즉 그는 속지와 진지를 둘로 보지 않고 하나로 보고 있는 입장이다.

는 것이 가능해야 한다. 그렇기 때문에 무분별의 분별이라 한다. 또 無心의 心(心無心), 無念의 念이라고도 하고, 無覺의 覺이라고도 한다. 무각의 각은 곧 묘각이고 등각이다.

그러면 無念의 念에 대하여 예문을 들어 고찰해 보자. 돈황본 『육조단경』 제17단에,

> "무념을 종지로 삼는다. … 없다는 것은 무엇이 없다는 것이며, 생각한다는 것은 무엇을 생각한다는 것인가? 없다는 것은 유무, 선악 등의 분별심이 없는 것을 말하며, 생각한다는 것은 진여본성을 생각하는 것을 말한다. 진여는 생각하는 것의 본체이며, 생각하는 것은 진여의 작용이다. 자성이 생각을 일으켜 비록 보고, 듣고, 깨달아 알지라도 여러 가지 대상에 집착하지 않으면 항상 자유롭다.(無念爲宗, … 無者無何事. 念者念何物. 無者離二相諸塵勞. 念者念眞如本性. 眞如是念之體, 念是眞如之用. 性起念, 雖卽見聞覺知, 不染萬境, 而常自在.)"

라고 한 것과 『돈오입도요문론』 제9단에,

> "이 돈오문은 무엇으로써 宗을 삼고, 무엇으로써 旨를 삼으며, 무엇으로써 체를 삼고, 무엇으로 용을 삼는가? 무념으로써 종을 삼고, 망심이 일어나지 않는 것으로써 지를 삼으며, 청정(공적)으로써 체를 삼고, 지혜로써 용을 삼는다. 이미 무념으로써 종을 삼는다고 했다면 도대체 무념이라고 하는 것은 어떤 생각이 없다는 것인가? 무념이라는 것은 삿된 생각이 없다는 뜻이지 정념이 없다는 뜻은 아니다. 무엇이 삿된 생각이며, 무엇이 정념인

가? 있음을 생각하고 없음을 생각하는 것이 삿된 생각이고, 있음과 없음을 생각하지 않는 것이 정념이다. 선함을 생각하고, 악함을 생각하는 것이 사념이고, 선악을 생각하지 않는 것이 정념이다. 내지 고락과 생멸과 취사와 원친과 증애 등을 생각하는 것은 모두 사념이고, 고락 등 생각하지 않는 것은 정념이다. 무엇이 정념인가? 정념이라는 것은 오직 보리(깨달음)만을 생각하는 것이다.(問, 此頓悟門, 以何爲宗, 以何爲旨, 以何爲體, 以何爲用. 答, 無念爲宗, 妄心不起爲旨, 以淸淨爲體, 以智爲用. 問, 旣言無念爲宗, 未審無念者無何念. 答, 無念者無邪念, 非無正念. 問, 云何爲邪念, 云何名正念. 答, 念有念無, 卽名邪念, 不念有無, 卽名正念. 念善念惡, 名爲邪念, 不念善惡, 名爲正念. 乃至苦樂, 生滅取捨, 怨親憎愛, 幷名邪念. 不念苦樂等, 卽名正念. 問, 云何是正念. 答, 正念者, 唯念菩提.)"

라고 한 인용문에서 분명하게 알아 두어야 할 것은 '無念의 念'이다. 무념의 念이라는 것은 삿된 생각, 즉 유무, 선악 등의 분별심이 없다는 뜻이지 진여자성이나 보리를 생각하는 정념까지 없다는 뜻이 아니라고 한 것을 명심해야 한다.

그 다음 無心의 心을 보자. 大珠慧海는 『돈오입도요문론』 제12단에서 앎(知)은 무분별의 분별이고, 지는 무심이라고 했다.

"너희들이 만일 이러한 때를 얻지 못하면 노력하고, 또 노력하라. 힘써 더욱 공을 쓰라. 공이 이루어지면 자연히 알게 되고 이해(會)하게 된다. 그러므로 이해란 일체처에 無心하면 그것이 곧 이해다. 무심이란 거짓과 진실이 없는 것이다. 거짓이란 사랑하고 미워하는 마음을 가리키고, 진실이란 사랑하고 미워하는 마음이 없음을 가리킨다. 다만 사랑하고 미워하는 마음만 없으면 곧 두 성품이 공하고, 두 성품이 공하면 자연히 해탈하게 된다."

분별지를 떠날 때 자연히 해탈의 길이 열린다는 것이다. 해탈의 길이란 무분별의 분별이다. 무분별의 분별에 철저하면 무심의 심을 알게 된다. 안다고 하는 것이 곧 心의 無心이고, 무심의 심이다. 두 성품의 공(二性空)이라는 것은 단순히 대립을 부정하는 것이 아니라 대립을 그대로 두고 그곳에 별개의 세계가 있다는 것을 의미한다. 즉 무대립의 대립을 말한다. 이런 상태를 대주는 무심이라 했다. 여기서 전개되고 있는 반야의 卽非論理에 주의해야 한다.

그밖에 선사상의 특징으로 들 수 있는 것은 無意識의 意識, 相非의 相卽, 事事無礙, 萬法如如 등이다.

재차 강조해 두고 싶은 말은 선은 원래 경험이다. 즉 인간의 평범한 생활 바로 그 자체를 떠나서 선은 있을 수 없다. 선사상 역시 경험을 토대로 하고 있기 때문에 선사상은 그대로 선행위가 되며, 선행위는 그대로 선사상이 되는 것이다.

<참고문헌>

*大矢正昭「無心と悟」り(『日本佛教學會年報』44, 1979, 3).

*蜂屋邦夫, 「僧肇の般若無知論及び劉遺民との問答について-上-」(『比較文化硏究』11, 1971, 8).
*松崎清浩, 「傅大士の思想」(『佛教學硏究年報』56, 1981, 12).
*松崎清浩, 「傅大士の禪觀思想をめぐって」(『曹洞宗硏究紀要』14, 1982, 7).
*鈴木大拙, 『新版鈴木大拙禪選集』(禪の思想), 東京: 春秋社.
*鈴木大拙, 『新版鈴木大拙禪選集』(金剛經と禪・禪への道), 東京: 春秋社.
*柳田聖山, 『禪思想』, 東京: 中央公論新社.
*鎌田茂雄, 「澄觀における禪思想の形成」(『中國華嚴思想史の硏究』, 東京大學出版會, 1965).
*洪修平, 『禪宗思想的形成與發展』, 江蘇古籍出版社, 1992.
*洪修平, 『禪宗禪學思想史綱』, 南京大學出版社, 1994.
*梶山雄一・上山春平, 『空の論理』, 東京: 角川書店, 1969.
*梶山雄一, 『空の思想-佛教における言葉と沈默-』, 人文書院, 1983.
*胡適・鈴木大拙, 工藤澄子, 『禪についての對話』, 東京: 筑摩書房, 1967.
*平井俊榮, 『中國般若思想史硏究-吉藏と三論學派-』, 東京: 春秋社, 1976.
*鈴木大拙, 『禪思想史硏究』1・2, 東京: 岩波書店, 1951.
*鈴木大拙, 『禪의 진수』, 東峰, 서울: 고려원, 1994.
*鈴木大拙, 『禪宗思想史硏究』제2(『鈴木大拙全集』제2권), 東京: 岩波書店, 1968.
*衛藤卽應, 「禪の思想」(岩波講座, 『東洋思想』, 1935).
*鈴木大拙, 「禪の思想」(『鈴木大拙全集』제13권, 東京: 岩波書店, 1969).
*柳田聖山, 『선의 사상과 역사』, 추만호 외, 서울: 민족사, 1989.
*柳田聖山, 『禪思想』, 徐景洙, 서울: 한국불교연구원, 1984.
*沖本克己, 『禪の思想とその流れ』, 東京: 世界聖典刊行協會, 1990.
*『講座佛教思想』第2卷(認識論・論理學), 東京: 理想社, 1974.

*三枝充悳,『인식론・논리학』, 심봉섭, 서울: 불교시대사, 1995.
*『講座佛教思想』第5卷(宗教論・眞理價値論), 東京: 理想社, 1982.
*三枝充悳,『종교론・진리론』, 조윤호, 서울: 불교시대사, 1998.
*鈴木大拙,『선공부』, 박용길, 서울: 해뜸, 1989.
*鈴木大拙,『선불교입문』, 조벽산, 서울: 홍법원, 1991.
*僧肇,『肇論』, 송찬우, 서울: 고려원, 1989.
*塚本善隆,『肇論研究』, 京都: 法藏館, 1955.
*木南卓一, 『六朝思想に於ける僧肇の位置』(『東洋の文化と社會』4, 1954).
*Fung Yu-lan, *History of Chinese Philosophy 2*. Princeton, 1953.
*森三樹三郎,「六朝士大夫の精神」(『大阪大學文學部紀要』3권).
*湯用彤 外,『魏晉玄學中的社會政治思想略論』, 上海人民出版社, 1956.
*長坂金雄編,『禪』第4卷(宇井伯壽, 佛教一般における禪の地位; 福場保洲, 禪と社會; 龍居松之助, 禪と庭園), 東京: 雄山閣, 1942.
*長坂金雄編,『禪』第8卷(江田俊雄, 禪と現代, 市川白弦, 禪思想の形成; 田邊 泰, 禪宗の建築), 東京: 雄山閣, 1942.
*久松眞一等,『現代禪講座』第1卷(思想と行爲), 東京: 角川書店, 1957.
*鈴木貞太郎,『鈴木大拙選集』正編(2. 禪の思想, 3. 一眞實の世界, 5. 宗教經驗の事實, 7. 禪問答と悟り, 10. 無心といふこと, 11. 佛教の大義, 12. 禪道の修行と生活), 東京: 春秋社, 1952.
*鈴木貞太郎,『鈴木大拙・禪選集』(1. 伊豆山解, 禪の思想: 2. 古田解, 禪問答と悟り; 3. 小堀解, 禪による生活; 4. 芋坂解, 金剛經の禪・禪への道; 6. 井上解, 禪堂の生活と修行・禪の世界), 東京: 春秋社, 1960.
*鈴木貞太郎,『鈴木大拙英文著作集』, 京都: 法藏館, 1950.
*秋山範二,『禪家の思想と宗教』, 東京: 山喜房佛書林, 1962.
*市川白弦,『禪思想の形成』, 東京: 雄山閣, 1942.
*毛利與一,『禪思想の構造』, 京都: 河原書店, 1940.

*鈴木貞太郎, 『般若經の哲學と宗教』, 京都: 法藏館, 1950.
*衛藤卽應, 『禪の思想』, 東京: 岩波書店, 1935.
*鈴木貞太郎, 『禪の思想』, 東京: 日本評論社, 1943.
*澤木興道, 『禪の宗旨』, 東京: 春陽堂, 1937.
*柴野恭堂, 『禪の哲學』, 東京: 雄山閣, 1941.
*上田大助, 『禪の哲學』, 東京: 理想社, 1943.
*鈴木貞太郎, 『禪の眞髓』, 東京: 大雄閣, 1933.
*酒井得元, 『禪の眞髓』, 東京: 大藏出版株式會社, 1958.
*和田利彥, 『禪の本義』, 東京: 春陽堂, 1937.
*Humphreys, Christmas., *Zen Buddhism.* London, William Heinemann, 1949; George Allen & Unwin, 1957.
*Masunaga, Reihô., *Essence of Zen Buddhism and its Historical Development.* Seishin-Shobô, 1956.
*Masunaga, Reihô., *Outline of Zen Buddhism.* Kamakura, Enichikai, 1956.
*Ogata, Sôhaku., *On zen Meditation.* Kyoto, 1936.
*Suzuki, Daisetz Teitarô., *Buddha and Zen.* (A lecture delivered by Dr. D.T. Suzuki at Manchester College, Oxford, 1953.)
*Suzuki, D. T., *Essay in Zen Buddhism.* First Series. London, Luzac & Co., 1927. Repub.: London, Rider & Co., 1949, 1950, 1958; New York, Harper & Brothers, 1949.
*Suzuki, D. T., *Essay in Zen Buddhism.* Second Series. London, Luzac & Co., 1933; Kyoto, 1933. Repub.: London, Rider & Co., 1950, 1953, 1958.
*Suzuki, D. T., *Essay in Zen Buddhism.* Third Series. London, Luzac & Co., 1934. Repub.: London, Rider & Co., 1953, 1958.
*Suzuki, D. T., *The Essence of Zen Buddhism.* London, The Buddhist Society, 1947; Revised and Enlarged ed., 1947, 1957; Kyoto, Hôzôkan, 1948.

*Suzuki, D. T., *An Introduction to Zen Buddhism.* Kyoto, The Eastern Buddhist Soc., 1934; Repub.: with a foreword by C.G. Jung, London, Rider & Co., 1948; London, Arrow Books Ltd., 1959.

*Suzuki, D. T., *Manual of Zen Buddhism.* Kyoto, The Eastern Buddhist Soc., 1935; Jones, Marshall, Luzac, 1936. Repub.: London, Rider & Co., 1950, 1956, New York, Grove Press, 1960.

*Suzuki, D. T., *Mysticism; Christian and Buddhist.* New York, Harper & Brothers; London, Allen & Unwin Ltd., 1957.

*Suzuki, D. T., *Sermons of a Buddhist Abbot.* Addresses on Religious Subjects, by the Right Rev. Sôyen Shaku, including the Sutra of Forty-Two Chapter. Tr. from the Japanese MS. by D.T. Suzuki, with portrait of the Author. Chicago, Open Court; London, Kegan Paul, Trench, Trübner, 1906.

*Suzuki, D. T., *Studies in Zen.* New York, Philosophical Library, 1955; London, Rider, 1955.

*Suzuki, D. T., *Zen Buddhism. Selected writing of D.T. Suzuki. Edited by William Barret.* New York, Doubleday & Co., Inc., 1956.

*Suzuki, D. T., *Zen Buddhism and Psychoanalysis by D.T. Suzuki, E. Fromm & R. de Martino.* London, George Allen & Unwin Ltd.; New York, Harper & Brothers, 1960.

*Watts, A.W., *Zen Buddhism; a New Outline and Introduction.* London & Hastings, F.F. Parson. Ltd., 1947.

*Watts, A.W., *Zen.* Stanford, California, 1948.

17. 선행위

선은 행위이고 생활이며 평소의 경험 그 자체이다. 선은 웃고 우는 모든 표정과 가고 머무는 온갖 동작과 말하고 침묵하는 모든 때에 현전하여 조금도 우리의 일상생활을 떠나 있은 적이 없다는 것을 당장 이 자리에서 시간을 초월하여 파악해야 하는 것이 선의 요체이다.

선은 무분별의 분별을 근본으로 삼지만 이것은 다만 논리상의 문제만은 아니다. 왜냐하면 선은 실제로 작용을 떠나서는 아무것도 없기 때문이다. 따라서 무분별의 분별은 실천을 의미하는 행의 논리인 것이다. 정확히 말하면 선은 작용의 논리라는 뜻이다. 大機大用이 없는 곳에 선은 존재하지 않기 때문이다. 선이 하는 역할은 단지 분별사상을 움직이는 원리일 뿐이다. 이 원리가 無功用 또는 無功德이다.

분별은 독인 동시에 약이다. 분별에게 이용될 때 그것은 독이 되고, 분별을 자유롭게 사용할 수 있을 때 그것은 약이 된다. 독을 바꾸어 약으로 하려면 일단 무분별을 거치지 않으면 안 된다. 선은 무분별로부터 나온 분별을 체득할 것을 요구한다.

선을 지적인 측면에서 말하면 無知의 知요, 無分別의 分別이지만 행적인 측면에서 본다면 無功用의 功用, 無行의 行(無行而行), 無用의 用(無用而用), 無作의 作, 無求의 求, 無住而住, 無得而得, 無見而見이다. 이런 행위는 『노자』 제63장에 "無爲를 爲로 하고, 無事를 事로 한다(함이 없음을 함으로 삼고, 일이 없음을 일로 삼는다.)"고 한 말과 비슷하다. 그러면 선행위를 세분하여 접근해 보자.

1) 無知

양무제가 달마에게 "짐을 대하는 자는 누구냐"는 질문에 "모른다(無知)[67]"고 대답했다. 이 모름이 선의 사상이고 행위이다. 모름의 논리는 무지의 지이고 무분별의 분별이며, 不會의 會이다.

모른다(무지)는 것은 그냥 모른다는 것만으로는 안 된다. 모른다는 것 그 속에는 분명하고 항상 아는 것이 없으면 안 된다. 엄밀하게 말해서 매우 분명히 항상 알고 있으면서도 아무것도 인식하고 있지 않아야 하는 것이다. 선의 진미는 실로 여기에 있으며 무공용행(anābhogacarya)은 이 무의식의 한 가운데서 작용하여 나오는 것이다. 이 무공용행은 天衣無縫과 같은 것이다.

앎(知)이라는 것은 분별의 앎이 아니라 무분별의 분별인 것이다. 모든 분별은 무분별을 본체로 하여 분별이 가능하기 때문

---

67) 無知는 인식론적인 방법에도 빠지지 않고, 지적으로도 접근할 수 있는 성질의 것이 아님을 나타내는 말이다.

에 분별로서 결론지을 수 없을 때는 자연히 몸소 무분별의 영역에 들어와 거기서 무분별에 입각한 분별이 되어야 하는 것이다. 무분별의 분별에 의하여 모순이 그대로 납득되는 것이다. 따라서 이 앎은 중묘의 문이며, 반야적 앎이다. 무공용의 행위는 이 앎으로부터 가능한 것이다.

무분별의 분별에는 의미가 있어서는 안 된다. 그러나 禪語를 단순히 의미가 없는 문자로 보아서는 안 되며, 의미가 없는 것을 의미가 있는 것으로 만드는 것이 선이다. 다시 말해서 의미가 없는 곳에서 의미를 보는 것이 무분별의 분별이다. '우물이 나귀를 보는 것과 같은 것'이[68] 진실로 무의미요, 무분별이다. 선승은 여기서 의미를 읽고 무분별을 분별한다. 선이 성립하는 이유는 실로 이 무분별을 의식하는 곳에 있다. 환언하면 무의식을 의식하지 않으면 무공용적 행위는 살아나지 않는 것이다.

선의 의미는 無義의 義이기 때문에 어떤 관계가 있어서는 안 된다. 마치 손 없는 사람이 주먹을 휘두르는 것처럼 자유자재롭지 않으면 안 된다. 티끌만한 소유성이 있다든가 한 점의 아집이라도 남아 있으면 그 행위는 도덕적일 수는 있어도 종교적이고, 선적일 수는 없다.

선은 무분별의 분별로부터 출발한다. 분별은 분별로서 성립하는 것이 아니고 그 아래 무분별이 있다. 즉 무분별의 분별로써 비로소 분별이 그 온전한 기능을 발휘하게 되는 것이다. 그

68) 조산본적이 强上座에게 묻기를, "부처님의 참된 법신은 허공과 같아서 사물에 응하여 형태를 나툰다. 또한 물 속의 달과 같다. 이 도리를 알 수 있겠는가"에 대한 질문의 대답에 "나귀가 우물을 보는 것 같습니다"라고 했다. 이에 대해 조산은 "우물이 나귀를 봄과 같다"고 했다.

러므로 옷 입고 법 먹는 것, 대상을 보고 소리를 듣는 것, 차고 더운 것을 스스로 아는 것이 모두 무지의 지와 무분별의 분별 속에 있음을 알아야 한다. 참고로 우리가 흔히 법신이라고 할 때 법신은 이 무분별의 본체를 가리키는 것이다. 다시 말해서 법신은 무지의 지 바로 그것인 것이다.

그러나 무분별이 그대로 무분별로서 긍정되어져 그것이 행동의 근거가 된다면 그러한 무분별은 이미 하나의 분별에 떨어진 것이 된다. 무분별이란 그러한 분별을 무한히 부정해 가는 無依의 주체가 되지 않으면 안 되고, 또 무분별은 현실의 분별 가운데 가장 적극적으로 작용하는 힘이 되지 않으면 안 된다. 다시 말해서 무분별은 끊임없이 분별 속에서 자신을 드러내어야 한다는 것이다. 그러나 무분별이 단순히 분별의 자기를 부정적으로 파악하고 있는 한 자기는 결국 분별 쪽에 서 있게 되는 것이다. 선불교는 분별 가운데 작용하는 무분별의 주체를 어떻게 표현할 것인가에 대하여 부단히 추구해 왔다. 『趙州錄』에

> 조주가 남전에게 "세상을 아는 사람은 어디로 갑니까"라고 물었다.
>
> 남전이 "산 밑에 있는 단월의 집에 가서 한 마리의 소가 되겠다"고 대답했다.
>
> 조주가 "가르쳐 주어서 고맙습니다"라고 했다.
>
> 남전이 "지난 밤에 밝은 달빛이 창을 비추었다"라고 했다.

이 문답은 무분별의 행위를 동물과의 자연스러운 대화를 통해서 보여주고 있다. 사람은 분별을 하지만 소는 분별을 하지 않는다. 다시 말해서 소는 진실과 방편을 구별하지 않기 때문에 항상 진실이고, 항상 방편이다. 소와 달과의 대화는 주객이 하나가 된 모습으로서 마치 이는 禪者가 소가 되어 달을 보는 것과 같다. 즉 소가 분별심이 없이 달을 보는 것이나 선자가 무심하게 달을 보는 것은 같은 것이다. 이는 무분별 속에 분별이 이루어지고 있는 모습이다.

그런데 百尺竿頭에서 다시 한 발짝 더 나아가 大死一番해야[69] 무분별의 분별이 경험되고, 더 이상 나아갈 수 없는 곳을 더 나아가면 시방세계 그 자체가 자기와 한 몸이 된다. 이 자리에서 대기대용이 나오고 무공용행이 이루어지게 된다.

마지막으로 선어록에 一隻眼[70]이란 말이 나오는데 이 일척안은 반야의 눈으로서 안팎을 한 눈에 볼 수 있는 눈이다. 안은 마음이고, 밖은 만물이다. 또 안은 무분별이고, 무심이며, 밖

---

69) 石霜慶諸(807~888)가 어느 날 長沙景岑에게 이렇게 말했다. "백척 높이의 장대 끝에서 어떻게 하면 더 위로 올라갈 수 있는가?" 경잠이 말하기를, "백 척 높이의 장대 끝 정상까지 다 오른 훌륭한 사람도 있을 것이다. 그리고 깨달았다고 여기는 사람도 있을 것이다. 그러나 아직 깨달은 사람이라고 할 수 없다. 정말로 깨달은 사람이란 그 백척의 장대 끝에서 한 걸음 더 올라갈 수 있는 사람이다. 그 사람이야말로 이미 모든 속박에서 벗어나 진정한 자유를 얻은 사람이다.(『무문관』제46칙, 竿頭進步)" 인간의 어떤 행위든 완결이라는 것은 없다. 만약에 완결에 도달했다고 생각하면 그것은 벌써 완결이 아니다. 선에서 자기완결이라는 것은 있을 수 없다. 왜냐하면 부처를 초월한 자기마저도 뛰어넘지 않으면 안 되기 때문이다. 佛向上事는 영원히 나아갈 뿐이다.

70) 『임제록』'시중'에 나온다.

은 분별이고, 망심이다. 안팎을 한 눈에 볼 수 있는 일척안은 무분별의 분별이고, 무심의 심이다. 여기서 지(반야지)의 눈은 안팎, 유무, 긍정과 부정의 두 세계를 동시에 비추어 본다.

2) 무공용

無功用 또는 無用은 선의 행위적 원리이다. 무공용은 범어 anābhogacaryā를 번역한 것이다. 그 뜻은 어떤 일을 하려고 미리 마음 속에 계획하고 분별하는 일이 없이 본성에 맡기는 것을 말한다. 선승의 무공용행위는 종교적 의식의 가장 깊은 곳에서 나오기 때문에 이는 동양적인 인생관의 기본원리라고도 할 수 있다. 무공용적 행위는 보답을 바라지 않는 행위이다. 구체적으로 말해서 자기가 하고자 하는 일만을 생각하고 그 밖의 일체의 일을 생각하지 않는 것이다. 현실에 있어서 이 일을 반드시 성취하여야 한다고 생각했으면 노력하여 일하되 다만 그 일만을 할 뿐 그 밖의 이해득실을 생각하지 않는 것, 바로 이것이 무공용의 행위이다.

종교적 행위는 언제나 개인을 초월한 곳에서 나와야 한다. 다시 말해서 행위의 주체는 개인을 초월해 있는 의식이 아니면 안 된다. 이 개인을 초월한 의식을 무분별의 분별이라고 한다.

무공용은 객관적으로, 목적론적으로 행위의 효과를 행위 그 자체 위에 연관시켜 생각하지 않는 것이다. 이것이 어떻게 가능한가? 모든 행위는 개인과 단체에서 나오기 때문이다. 그 개인과 단체가 각각 무분별의 분별에 대한 자각이 철저할 때 그 행위는 무공용적이 된다. 즉 무분별의 분별에 대한 자각이 철저할 때 개인은 개인다운 성격을 잃지 않은 채 그대로 개인을 초월한 자라고 하는 의식이 나온다. 초월적 개인은 개인의 의지를 절대 긍정한다. 그렇기 때문에 沒我도 滅私도 아니다. 종교적 생애는 여기서부터 시작된다.

無我觀은 아직 분별선상에서 방황하고 있는 상태이기 때문에 무공용행은 생겨나지 않는다. 진정한 종교적 행위는 무아관을 돌파하지 않고서는 안 된다.

독선적이고 나한적이며 출세간적 생활의 기쁨만으로는 인간으로서의 전반적인 생활의 眞義를 놓쳐 버린다. 번뇌가 곧 보리로서 번뇌를 되살려 쓸 수 있어야 참된 대승이다.

무공용을 또 無作이라고도 한다. 무작의 작은 인도적 행위관과 인생관의 중심사상을 구성하고 있기 때문에 부처님의 행위도 무작의 작이다. 무작의 작이란 개인의 자유의지, 창조의지로서 속박됨이 없이 초월적 개인의 의지를 행하는 것을 말한다.

禪語에 "영양이 뿔을 건다"라는 말이 있다. 영양은 밤에 잠잘 때 뿔을 나뭇가지에 걸고 잔다는 말이 있다. 이것은 沒蹤迹, 즉 무공용적 행위를 비유한 것이다. 몰종적은 자취를 남기지 않는다는 의미에서 무목적적이다.

종교적 행위는 무공용, 무공덕, 무목적, 무의미, 삼매 속에 있는 것이다. 계교가 많은 사람은 분별적 공덕이나 합목적적인 일에 진력할 뿐 그 이상은 조금도 벗어나지 못한다. 참으로 종교적 행위는 개인을 초월한 세계에 있음을 명심해야 한다. 무공용의 행위가 객관적으로는 어떻게 평판되더라도 당사자는 그런 것에 관계하지 않는다. 스스로 내적 생활에 그것이 어떠한 의미, 즉 무의미를 갖는가를 살필 뿐이다.

무공용의 행위는 知가 없으면 이루어질 수 없다. 이것은 반야적 무지의 지요, 반야적 卽非論理[71]의 지이다. 또 취사분별이 없고 교묘한 꾸밈이 없는 지이다. 이 지가 있기 때문에 인간은 항상 자유롭게 활동할 수 있는 것이다.

3) 무공덕

양무제가 달마에게 "절을 건립하고 승려를 得度케 하고 경을

---

71) 『경덕전등록』 권22에 吉州青原의 惟信선사는 黃龍祖心의 제자로서 송 대 11세기 말경의 사람이다. 그의 上堂에, 노승이 30년 전 참선하기 이전에는 산을 보면 청산이요, 물을 보면 녹수였다. 그러다가 그 뒤 어진 스님을 만나 깨침에 들고 보니 산은 산이 아니고, 물은 물이 아니었다. 그런데 이제 진실로 깨치고 보니 의연히 산은 그대로 산이요, 물은 그대로 물이더라. 대중들이여, 이 세 가지 견해가 서로 같은 것이냐, 서로 다른 것이냐. 만약 이를 터득한 자가 있으면 그는 이 노승과 같은 경지에 있음을 내 허락하리다(老僧三十年前, 未參禪時, 見山是山, 見水是水. 乃至後來親見知識有箇入處, 見山不是山, 見水不是水. 而今得箇休歇處, 依前見山祇是山, 見水祇是水. 大衆, 這三般見解, 是同是別, 有人緇素得出, 許與親見老僧). 우선 상식적으로 분별상의 긍정이 있다. 그것이 완전히 부정되면 분별은 그 근원처에서 발붙일 곳을 잃어버린다. 그러나 또 하나의 전기를 만나면 부정이 긍정으로 되돌아온다. 무분별의 분별이 획득된 것이다. 산이 자기이고, 자기가 산이라고 하는 것은 분별의 무분별이고, 또 무분별의 분별이다. 否定卽肯定의 논리가 즉비의 논리이다. 『금강경』에서는 "반야바라밀은 반야바라밀이 아니다. 그러므로 반야바라밀이다"라고 했다.

읽으면 어떠한 공덕이 있느냐"는 질문에 "공덕이 없다"고 대답했다. 무공덕이 선의 윤리이고 종교이다. 無功德은 선의 행위적 원리이다.

선행위는 어떤 흔적이나 발자취 혹은 그림자를 남기지 않는 無功用行(anābhogacarya)이어야 한다. 이 무공용행을 눈을 퍼서 우물을 메우는 일에 비유하기도 한다. 선행위는 구름에 달 가듯이, 흰 구름이 지나간 자리에 하늘은 여전히 푸르듯이 보상이나 평판을 기대하지 않는 행위여야 한다.

선방에서 선승들의 수행은 이론과 실천이 모두 이 무공용행의 원리에 입각해 있다. 유명한 시 하나를 예로 들면,

> 대나무 그림자가 섬돌을 쓸지라도 먼지가 일어나지 않고,
> 달빛이 호수의 밑바닥까지 뚫어도 물에는 흔적이 없네.
> (竹影掃堦塵不動, 月穿潭底水無痕) <密菴咸傑語錄 五燈會元 16 雲峯志璿章. 冶父道川의 金剛經頌 중에서>

선을 배우는 긴요한 방법은 대지가 산을 받들고 있으면서도 그 대지는 산의 고고함과 험준함을 모르는데 있다. 또 돌이 옥을 내포하고 있으면서도 돌이 옥에 티가 없는 것을 모르는데 있다. 이를 勞而無功이라 한다.

4) 불성의 전체작용

선이 인도적, 개념적, 추상적, 문자적인 표현형식을 버리고

대기대용, 또는 불성의 전체작용을 발휘하게 되면서부터 인도적, 간접적, 매개적 취향에서 해방하게 되었다.

선이 전체작용이라 하는 것을 들고 나온 것은 실로 이 분별지의 착오를 제거하기 위하여 선이 보인 하나의 큰 鐵鎚라고 할 수 있다.

선은 개념을 통하여 선경험을 다루려고 해서는 안 된다. 선승이 쓰는 언어는 개념성을 지니지 않는 일종의 부르짖음이요, 절규다. 예를 들어 임제의 4喝을 보자.

> 어떤 때의 할은 금강왕의 보검과 같고,
> 어떤 때의 할은 쪼그리고 앉은 사자와 같고,
> 어떤 때의 할은 探竿影草와 같고,
> 어떤 때의 할은 할하는 작용을 하지 않는다.

이런 임제의 할은 사실 할의 작용이 없는 할이다. 신령스러운 본성의 자각에서 나오는 그 무엇이라고 해야 할 것이다. 신령스러운 본성의 작용은 없다고 해야 하겠지만 그 작용에 의해서 알 수 있다. 왜냐하면 도라는 것은 사람과 사람과의 관계에서 도가 성립하기 때문이다.

<참고문헌>

*西村惠信, 「覺と超越」(『禪學硏究』59, 1978, 11).

*鎌田茂雄, 「絶對無に現われる自在境」(『遊』1006, 1979, 4).
*長澤弘隆, 「現實の超克」(『智山教化研究』5, 1973, 3).
*鈴木大拙, 『新版鈴木大拙禪選集』(禪の見方・禪の修行), 東京: 春秋社.
*久松眞一等, 『現代禪講座』第1卷(思想と行爲), 東京: 角川書店, 1957.
*秋山範二, 『禪と實踐』, 東京: 教典出版株式會社, 1944.
*鈴木貞太郎, 『宗教生活の在方』, 東京: 東成出版社.
*立田英山, 『人間形成と禪』, 千乘人間禪教團出版部, 1959.
*加藤熊一郎, 『禪と生活』-禪入門の書-, 東京: 東南書房, 1952.
*岸澤惟安, 『禪的生活』, 東京: 鴻盟社, 1933.
*和賀康躬, 『人生の目的と佛法』, 東京: 興聖會, 1948.
*福井天章, 『菩薩の行願』, 東京: 光融館, 1938.
*間宮英宗, 『雲水生活』, 東京: 春陽堂, 1937.
*宮島資夫, 『雲水は語る』, 東京: 大雄閣, 1934.
*野烟一男, 『解脫の生活』, 東京: 教文社, 1921.
*新井石禪・三尾透關編, 『解脫と人生』, 東京: 鴻盟社, 1921.
*渡邊德仙, 『解脫の妙味』, 東京: 泰山房, 1919.
*秋野孝道, 『此處に道あり』, 東京: 修養圖書普及會.
*東野金瑛, 『覺生』-禪の本義とその實踐-, 東京: むらさき出版部, 1941.
*日置默仙・高橋北堂編, 『心の眼を開く』, 東京: 近代文藝社, 1928.
*蘆津實全, 『這裏に生死ありや』, 東京: 二松堂書店, 1922.
*澤木興道・稻富秀雄編, 『生活卽禪』, 東京: 山喜房佛書林, 1940.
*田中忠雄, 『生活のなかの禪』, 東京: 日本教文社, 1956.
*山田孝道, 『禪門鐵槌 殺活自在』, 東京: 光融館, 明治36年.
*和田利彥編, 『禪的生活』, 東京: 春陽堂, 1939.
*伊藤林作, 『禪と自由人』, 東京: 明治書院, 1959.
*中原全忠・飯塚哲英編, 『大悟一番』, 東京: 實業之日本社, 1916.
*新井石禪, 『無我の生活』, 東京: 禪話叢書刊行會, 1922.
*鈴木貞太郎, 『無心といふこと』, 東京: 大東出版社, 1942.

*Masunaga, Reihô., *Zen beyond Zen*. Tokyo, 1960.

*Suzuki, D. T., *Living by Zen*. Tokyo, Sanseidô Press, 1949. Repub.: London, Rider & Co., 1950.

*Suzuki, D. T., *The Zen Doctrine of Non-Mind, the Significance of the Sutra of Hui-Neng(Wei-Lang)*. London, & New York, The Buddhist Soc., Rider, 1949.

*Watts, A.W., *The Spirit of Zen; a Way of Life, Work and Art in the Far East*. (Wisdom of the East Series) London, J. Murray, 1936; 2nd ed. 1955.

*Watts, A.W., *The Way of Liberation in Zen Buddhism*. (Asian study Monographs 1). San Francisco, American Academy of Asian Studies, 1955.

*Watts, A.W., *The Way of Zen*. San Francisco, Thomas & Hudson, 1957.

18. 선의 본질

이 장에서는 인도선의 본질을 논하고자 하는 것이 아니라 중국 조사선의 본질을 논하고자 한다. 그런데 선의 본질을 논한다는 것은 참으로 어려운 일이다. 왜냐하면 선의 본질, 즉 도의 본질은 그 작용과 행위와 그리고 생활 속에서 드러나기 때문이다. 따라서 말로써 선의 본질을 모두 다 언급한다는 것은 사실 불가능하다. 그러나 여기서도 선사상에서와 같이 역방향으로 선어록 상에 나타난 사상과 행위를 참작하여 조심스럽게 선의 본질에 접근하려고 한다.

선에는 독창성이 있어야 하고, 선에는 논리가 있어서는 안 되며, 선은 일상생활 그 자체이고, 선은 모든 존재를 절대 긍정하며, 선에는 진실성이 있다.

1) 독창성

俱胝선사가 자신을 흉내 내는 侍童의 손가락을 잘라 모방을 엄단한 것처럼 흉내는 아무것도 창조할 수 없다. 창조적인 독창성이 없는 곳에 선은 있을 수 없기 때문이다.

선은 일상적이고 실제적이며, 곧 바로 핵심에 도달하는 것이기 때문에 설명을 하기 위하여 말이나 시간을 낭비하지 않는다. 선승들의 질문에 눈이라도 한번 깜박거렸다가는 영원히 목표에서 벗어나고 마는 것이다. 禪機를 電光石火에 비유하기도 하지만 번쩍임이 선의 본질은 아니다. 선의 본질적 특징은 자연스러움, 꾸미지 않는 그대로의 자유로움, 삶 그 자체의 표현, 그리고 무엇과도 비교될 수 없는 독창성이다. 그러므로 진실로 선의 핵심에 도달하려면 외적인 表象과 記號에 이끌리지 않도록 언제나 주의해야 한다. 언어와 논리에 입각해서 선을 이해하려 드는 것은 매우 어렵고도 잘못된 길에 들어 선 것이다. 달을 가리키는 손가락은 다만 손가락일 뿐 달 그 자체가 될 수 없다는 사실을 명심해야 한다. 손가락을 달로 착각하는 데에 언제나 위험이 도사리고 있다.

2) 무논리성

선종이 논리적인 것에서부터 비논리적인 것으로의 전환은 4조 도신과 5조 홍인의 시대에 준비가 되어 6조 혜능시대에 나타났으나 그것이 극단적으로 심하게 된 것은 송 대 이후의 일이다. 선의 無論理性을 말할 때 흔히 드는 예는 傅大師로 알려진 善慧(497～569)의 유명한 게송을 뺄 수 없다.

빈 손에 호미를 잡고(空手把鋤頭)

걸어가지만 소를 타고(步行騎水牛)

사람이 다리 위로 지나가는데(人從橋上過)

다리는 흐르고 물은 흐르지 않는다(橋流水不流).[72] …『선문염송』 제1429칙

이 게송 중 특히 제4구는 선이 지향하는 비논리적이고 상식에 배치되는 일면을 가장 역력히 보여 주고 있다.

사물에 대한 모든 상식적인 관점을 지나치게 궁극적인 것으로 확대하여 이해해서는 안 된다. 환언하면 모든 사물은 단지 있는 그대로일 뿐 거기에 어떤 꾸밈이나 조작도 없다. 그러나 사람들은 모든 존재에 대하여 겉과 속이 있으며, 본질적인 것(性, 본질)과 본질적이지 않는 것(相, 모습)이 있을 것이라고 착각하기 때문에 본래의 사물과 거리가 멀어지게 된다. 우리들이 진리를 파악하지 못하는 또 다른 이유는 사물을 논리적으로 해석하기 때문이다. 진실로 삶의 깊이에 도달하기를 원한다면 우리들이 소중히 여겨온 삼단논법을 버려야 하고, 일체 모든 논리의 횡포와 일상 언어의 편향성에서 탈피할 수 있어야 한다.

선사들이 앞뒤가 서로 맞지 않고 조리도 없는 엉뚱한 말을 하는 것은 고정관념이나 편견, 그리고 논리적 해석이라는 억압으로부터 제자나 학인의 마음을 해방시키는 데 있다. 예를 들어 洞山良价(780~865)가 "무엇이 부처인가"하는 물음에 "삼

72) 다른 예를 들면, "춘향이가 술을 마셨는데 이 도령이 취했다."·"간밤에 나무로 된 말이 울었고, 돌로 만든 여자가 춤을 추었다." · "구름 같은 먼지가 바다에서 일어나고 파도의 우르릉거림이 땅 위에서 들려온다."

서 근"이라고 대답했을 때 그가 뜻하는 것은 다만 "삼 서 근" 일 뿐이다. 이 평범하고 간결한 말에 형이상적인 냄새는 전혀 풍기지 않는다. 특히 주의해야 할 것은 이 말을 범신론적으로 이해해서는 안 된다. 삼 서 근의 의미를 이해하려면 동산의 의식의 가장 깊은 곳과 만나야지 그의 입 끝을 좇아서는 안 된다.

그러면 선이 진정으로 우리에게 이해시키려고 하는 것은 무엇인가? 선은 우리가 삶의 신비와 자연의 비밀을 꿰뚫어 보는 전혀 새로운 시각을 얻게 되기를 바란다. 이것은 선이 일상적인 논리의 사유와 추론방식으로서는 우리 정신의 깊은 곳에서 우러나오는 바램을 충분히 만족시킬 수 없다는 결론에 도달했기 때문이다. 그래서 선에서는 언어란 단지 언어에 불과할 뿐 그 이상의 것은 아니라고 선언한다. 언어가 실제와 더 이상 부응하지 않을 때 그 때는 언어를 떠나서 실제로 되돌아가야 한다. 논리가 실용적인 가치를 지니고 있을 때는 사용해야 하겠지만 그것이 소용이 없을 때나 또는 자신의 고유한 한계를 넘어서려고 할 때 우리는 그 논리를 과감하게 버려야 한다. 선의 논리는 논리가 없는 논리(無論理의 論理)이기 때문에 겉으로 보아서는 비합리적인 것으로 보이지만 결국 그 나름대로 논리를 가지고 있어서 그 논리가 사물의 진정한 모습과 만나게 해 준다. 논리를 궁극적인 것으로 생각하는 한 우리는 얽매이며, 정신의 자유를 누리지 못하고 삶의 진정한 모습도 놓치게 된다. 그러면 천여유칙의 법문을 들어 보자.

"불법에는 본래 현묘한 것은 없다. 눈은 옆으로 나 있고, 코는 수직으로 달려 있다. 불도를 알고자 하면 이 眼橫鼻直를 잘 살펴라.”

고 했다. 선은 논리와 추론 그리고 분석과 같은 思惟計度에 있지 않고 눈앞에 나타나 있는 자연 그대로의 모습을 직관하는 것임을 가르치고 있다.

이름과 논리의 횡포로부터 벗어나고 지성의 테두리를 초월할 때 정신의 해방은 저절로 오는 것이며, 이 때 정신은 더 이상 그 본래의 모습에 반하여 나누어지거나 쪼개어 지지 않는다.

선은 사실에 관여할 뿐 논리적인 표현이나 언어에 의한 표현, 편견에 의해 왜곡된 표현에는 관계하지 않는다. 직접적인 단순성이 선의 핵심이다. 여기에 선의 활력과 자유 및 독창성이 있다. 선에 있어서 ‘단순한 마음’이라는 것은 지적인 천착에 말려들지 않는 것, 그리고 자칫 교묘한 궤변에 빠지기 쉬운 철학적 사고에 의해서 어지럽혀지지 않는 것을 의미한다. 환언하면 그것은 사실을 사실 그대로 認知하는 것이고, 말은 단지 말뿐임을 깨닫는 것을 뜻한다. 순수한 禪心은 티 없는 거울과 같아서 거기에 비치는 모든 사물을 직접적이고 절대적으로 완전무결하게 비춘다.

선은 우리들이 철저하게 말과 논리의 노예가 되어 있다고 생각한다. 그렇기 때문에 우선 모든 조건들로부터 자신을 해방시켜야 한다고 주장한다. 그렇게 될 때 세계를 전체에서 조망할 수 있는 새로운 관점이 열리게 되고, 삶을 내면으로부터 이해할 수 있는 새로운 시각을 획득할 수 있게 된다는 것이다.

선이 이토록 논리와 개념과 그리고 이름을 단호하게 공격하고 거부하는 이유는 우리들이 '논리는 곧 삶이고', '논리 없는 삶은 무의미한 것'이라고 고집하는 것을 타파하기 위함이다. 선은 이 顚倒된 고정관념을 拂拭시켜 준다. 사실상 우리는 정신적(psychological)이고 생물학적(biological)으로 살고 있을 뿐 논리적(logical)으로 살고 있는 것은 아니다. 논리에는 인위적인 흔적이나 고심의 흔적이 남아 있다. 그러나 선에는 인위와 고심과 같은 오염은 전혀 없다.

선에서의 삶은 새가 하늘을 날 듯, 물고기가 물속을 헤엄치듯 유유자적하게 살 것을 권하고 있다. 선은 살아 숨 쉬는 힘이고 타고난 자유이다. 그러므로 선은 스스로의 생명력에 의하여 살기를 바란다. 법칙이나 규칙에 얽매이지 않고 자신의 법칙을 창조하는 것, 이것이 선이 요구하고 권하는 삶이다. 선의 무논리와 초논리는 여기서 나오는 것이다.

3) 일상성

선은 일상생활을 떠나서 생각조차 할 수 없다. 신회는 선을 반야라고 했지만 마조로부터 비롯되는 조사선에서는 선을 생활이라고 했다. "조사선은 생활선이다"라고 하는 말의 사상적 연원은 『楞伽人法志』에 "사의가 모두 도량이고, 삼업이 모두 불사이다(四儀皆是道場, 三業咸爲佛事)"라고 한 말이 선구일 것이다.

선은 일체의 매개물을 좋아하지 않는다. 그렇기 때문에 지적인 관점에서 선을 이해하려고 하는 것은 불가능하다. 선은 처음부터 끝까지 철저하게 어떤 설명에도 의존하지 않는 수행이며, 경험이고, 체험이다. 선을 설명하려고 하는 것은 시간과 정력을 낭비할 뿐만 아니라 선을 왜곡하게 된다. 복잡한 논의는 필요 없으며 어떠한 설명도 쓸 데 없다. 그래서 달마(?~528)는 "너가 누구냐"라는 질문을 받았을 때 "모른다(不識)"라고 대답한 것이다. 달마는 있는 그대로의 달마일 뿐 다른 어떤 것도 아니라는 사실을 제외하고 그가 누구인지, 무엇인지 알 수 없는 것이다. 不識이라는 말은 무엇인가 있기는 하면서도 알 수 없는 것이 그것과 완전히 떨어져 있는 것이 아니고, 속에 있으면서도 확실히 말할 수 없고 자기를 초월해 있는 것을 말한다. 다시 말해서 자기와 떨어져 있으면서도 떨어져 있지 않고, 자기이면서도 자기 아닌 것을 가리킨다. 모르기 때문에 정말 모르는 것이 아니라 知不到處에까지 가서 지적으로 알아야 할 것을 다 알고 난 후 거기서 한 걸음 더 밖으로 나아가 더 이상 나갈 수 없는 곳에서 새로운 세계가 펼쳐지는 것이다. 거기서는 모른다고 말한 것을 알게 되는 것이다(不知의 知). 선의 신비스러움은 이곳에 있다. 선에서 말하는 신비란 숨겨져 있는 것도 아니고, 또 묵묵히 입을 다물고 있는 것도 아니며, 눈 오는 소리나 비오는 소리를 똑똑히 들을 수 있으면서도 그것을 나타내지 못하는 것을 신비롭다고 표현한다. 이것을 선가에서는 구체적으로 눈 오는 소리, 비오는 소리라고 해 버린다. 또 말하려고 해도 도저히 말할 수 없을 때는 별수 없이 '불식' 또는 '不道'라고 한다.

趙州가 "道(선의 진리)란 무엇인가"라는 질문을 받았을 때 "平常心이 도다"라고 대답했다. 선의 탁월성, 실제성, 일상성은 이 말속에 다 들어 있다. 선은 삶 그 자체이다. 선은 일상적인 삶의 흐름을 간섭하거나 방해하는 어떤 것도 용납하지 않는다. 선의 정신은 흐르는 그대로의 삶을 포착하는데 있다. 외적인 대상에 끄달리거나 혼란되지 않는 자신의 고요하고 진실한 실재가 바로 선이다.

"평상심이 도다"라는 말은 옷 입고, 밥 먹고, 똥 누고, 오줌 누고하는 일상의 생활이 도라는 것이다. 그러나 이런 식으로 말하는 것은 이미 도를 떠나 있는 것이라고 남전은 말한다. 왜냐하면 삶의 길인 도는 단지 생활임에도 불구하고 도를 한정하여 정의를 내리고 있기 때문이다. 인간의 마음이 무한대인 것과 같이 생활도 무한대이다. 따라서 도의 한계를 긋는 것은 결국 도를 죽이는 것이 된다. 단지 본래의 마음으로 살아가는 것이 도이고 선인 것이다.

선은 우리들의 구체적이고 일상적인 삶을 떠나서는 존재할 수 없다. 왜냐하면 삶은 모든 것의 기반이기 때문이다. 별을 바라보는 사람일지라도 그 발은 언제나 땅을 딛고 서 있는 것과 같이 어떤 철학도 어떤 위대한 관념도 우리들이 살고 있는 삶을 떠나서는 있을 수 없다. 그러면 당대의 가장 빈틈없고 예리한 禪匠 가운데 한 사람인 趙州(778～897)의 말을 들어보자.

> 조주가 한 번은 새로 온 스님에게 물었다.
> 전에 여기 와 본 적이 있는가.

예, 있습니다.
그럼 차나 한 잔 들게.

다른 스님이 왔을 때도 조주는 먼저와 같은 질문을 던졌다.
전에 여기 와 본 적이 있는가.
아니요, 여기는 처음입니다.
조주는 먼저 번처럼
그럼 차나 한 잔 들게.

이 일이 있은 다음 원주가 조주에게 물었다.
스님의 대답이 어떻든 간에 똑같이 차나 한 잔 마시라고 하니 그런 법이 어디 있습니까.
조주는 느닷없이
'원주'하고 불렀다.
예, 무슨 일입니까.
차나 한 잔 들게. →『조주록』권하.

팔십 평생 동안 선수행의 완성을 위해 行脚을 쉬지 않았다고 전해지는 그의 입에는 광명이 발할 정도로 영롱하다. 또 다른 예를 보자.

어떤 스님이 조주에게 가르침을 구하자.
아침은 먹었는가.
예,
그럼 가서 발우를 씻게나. →『경덕전등록』권10.

이 간단 명료한 말이 초심자를 선의 진리로 이끌어 주었다. 이런 평범한 말을 보고 선은 너무 실재적이고, 지나치게 상식적이라고 속단하는 것은 금물이다. 선의 진리는 우리의 일상적인 삶에 구체적으로 드러나 있는 데도 추상적인 언어나 교묘한 형이상학에서 찾으려고 하고 있다.[73] 공양을 마쳤으면 설거지하는 것만큼 일상적이고, 실재적인 것은 없다. 선은 이 가운데 진리가 있다고 역설한다. 즉 선은 밥을 먹고, 설거지를 하고, 잠을 자고 하는 이런 일상사 중에 도를 깨닫게 하는 것이다. 이것이 바로 평상심이 도의 세계인 것이다. 공양하고 설거지하는 곳에 아무런 신비도 없다. 단지 행위만 있을 뿐이다. 가장 평범한 현실에 충실하는 것은 당연한 일이면서도 어려운 일이다. 이런 삶은 근원적인 깨달음이 없어서는 안 되는 것이며, 범부의 천박한 현실주의의 일상성과는 다르다.

또 다른 예를 보자.

> 어느 날 석공(石鞏)이 부엌에서 일을 하고 있을 때 스승인 마조가 들어와서 무엇 하느냐고 물었다.
>
> 소를 먹이고 있습니다.

73) 인도불교에서도 부처는 형이상학적인 개념이 아니라는 것을 말하고 있다. 즉 『중론』에서 "부처는 희론(형이상학적인 논의)을 초월하여 무너지지 않는 것인데도 부처를 논하는 사람들은 그 논의에 눈이 가려져 참으로 여래를 보지 못한다"고 한 것은 우리들이 경험하는 모든 것이 그대로 여래이며, 열반과 윤회가 다르지 않듯이 형이상학적인 논의를 초월하고 있는 이 여래도 역시 이 세계와 다름이 없다는 것이다. 『중론』에 "여래의 본성이 그대로 이 세계의 본성이다"라고 한 것도 같은 뜻이다.

어떻게 기르고 있느냐.

소가 옆길로 나가려고 하면 지체 없이 고삐를 잡아당깁니다.

이 말을 듣고 마조가 석공의 어깨를 다독거렸다.

너야말로 소 기르는 법을 알고 있구나. 『경덕전등록』 제6권

이 말 속에 올바른 행위의 주체적 노력이 살아 숨 쉬고 있음을 알 수 있다. 스승은 제자가 선을 완전히 실현하고 있음을 알고 있기 때문에 단지 자연스럽게 어깨를 두드릴 뿐이다. 선은 복잡하지도 않고 고도의 추상과 사변적인 능력을 요구하는 것도 아니다. 선의 진수와 힘은 바로 그 단순성과 직접성과 그리고 고도의 실재적 성격에 있다. 또 한 예는,

어떤 스님이 묻기를, 화상도 도를 닦음에 노력을 합니까.

노력하지.

어떻게 노력하십니까.

배고프면 먹고, 피곤하면 잔다네.

그것이야 아무나 하는 일이 아닙니까. 그렇다면 모든 사람이 화상처럼 도를 닦고 있다고 할 수 있겠군요.

그렇지는 않네.

왜 그렇습니까.

그들은 밥을 먹을 때 밥을 먹지 않고 수많은 어지러운 생각으로 혼란되어 있고, 잠 잘 때는 잠들지 않고 이런 저런 꿈에 시달리고 있지. 그렇기 때문에 나와는 좀 다르다고 하네. →大珠의 『諸方門人參問語錄』 권하.

선을 자연주의나 방탕주의와 혼돈해서는 안 된다. 선을 자연주의의 한 형태라고 부를 수 있으나 엄밀한 의미에서 엄격한 종교적인 수행을 전제로 한 자연주의이다. 방탕주의자는 의지의 자유가 없다. 그들은 외부로부터의 힘, 즉 자신도 이해할 수 없는 충동에 사로잡혀 어찌할 줄 모르는 무기력한 존재이다. 선은 행위의 동기나 가치를 묻지 않고 자연적인 흐름을 따르는 것이다.

4) 절대긍정

선은 긍정과 부정, 선과 악 등의 논리적 대립을 넘어선 차원 높은 긍정에 도달하려는 것이다. 대립되는 어떤 특성도 존재하지 않는 고차원적인 긍정에 도달하려고 하는 것이 선이다.

首山(926~992)이 한번은 그의 제자들이 모였을 때 죽비竹篦를 들어 올리고 말하기를,

"너희들이 이것을 죽비라고 부르면 긍정하는 것이 된다. 죽비가 아니라고 하면 부정하는 것이 된다. 긍정도 부정도 하지 않고 무엇이라고 하겠는가. 빨리 말해보라."

"그 때 제자 중의 한 사람이 앞으로 나와 스승으로부터 죽비를 빼앗아 도로 부러트리고는 '이것이 무엇입니까'"라고 소리쳤다.

한 조각의 대나무를 들어 올렸을 때 그것은 단지 대나무일 뿐 그 속에 긍정과 부정의 대립이 있을 수 없다. "죽비를 본다"든가 "여기에 죽비가 있다"고 하는 말이 벌써 정곡을 놓치고 있다. 그곳에는 더 이상 선은 존재하지 않는다. 선은 논리적인 整合性으로는 해결될 수 없고, 또 선에는 지적 기교로써 얻어질 수 없는 초월적인 것이 존재하는 것이다. 우리는 평범한 대나무조각을 알 때 투철하게 우주 전체를 알게 된다는 사실을 잊어서는 안 될 것이다.

知性이 눈을 뜬 이래 마음은 논리적 二分法의 엄격한 규율 아래서만 작용해 왔다. 그러나 언어나 개념과 같은 아무런 매개 없이 사실을 볼 때 그것들은 있는 그대로이다. 우리는 정직하게 두려움 없이 사실을 바라보아야 한다. 우리는 부정 가운데서 사는 것이 아니라 긍정 가운데서 살고 있다는 것을 기억해야 한다. 왜냐하면 삶 그 자체가 긍정이기 때문이다. 그리고 긍정은 부정을 동반하지 않는 절대적인 긍정이어야지 상대적인 긍정이 되어서는 안 된다. 상대적인 긍정으로 사는 삶은 창조적인 고유성을 잃어버리게 되고, 주인공이 없이 육신을 끌고 가는 기계적인 삶이 되고 말 것이다.

선승들이 제자를 교도하는 방법 중에 제자를 진퇴양난의 궁지에 몰아넣는 것도 역시 제자 자신이 논리나 사유를 통해서가 아니라 대립이 사라진 절대긍정의 고차적인 정신작용을 통해 그 궁지에서 완전히 빠져 나올 수 있게 하도록 하기 위함이다. 예를 들면,

향엄이 말하기를, "어떤 사람이 나무에 올라가 입으로 가지를 물고 있다고 생각해보자. 그의 손은 아무것도 붙잡고 있지 않고 그의 발은 땅에서 떨어져 있다. 그 때 어떤 사람이 다가와서 불교의 근본 원리에 대해서 묻는다고 하자. 만약 대답하지 않는다면 질문한 사람을 무시한 것이 된다. 대답하려 했다가는 목숨을 잃을 것이다. 어떻게 하면 그 궁지에서 벗어날 수 있을까." →(『무문관』 제5칙, '香嚴上樹').

긍정 혹은 부정하려고 입을 여는 순간 정곡을 놓치고 만다. 침묵을 해도 마찬가지이다. 선은 더 이상 거기에 있지 않다. 긍정과 부정이 하나로 통합되는 어떤 길이 틀림없이 존재한다. 거기에 도달하면 선을 안다고 말할 수 있다. 이와 같이 선승은 인간성을 말살해 온 논리의 구속으로부터 제자의 마음을 어떻게 해서든지 해방시키려고 노력하고 있다. 知性에 속박되어 있는 한 있는 그대로의 실재와는 결코 만날 수 없다.

그렇다면 절대긍정이란 무엇인가. 선은 설명이 필요없다. 선은 반복이나 흉내와 모방을 싫어한다. 모든 진실한 존재인 實在는 엄연히 살아 있기 때문에 단지 고개를 끄덕일 뿐이다. 그저 살아 보고, 먹어 보고, 입어 보는 삶 그 자체에 무조건 고개를 끄덕이는 것, 이것이 바로 순수한 선이다.

남을 따라 하는 것은 노예적인 삶이다. 살아 있는 정신을 붙잡을 일이지 문자에 얽매서는 안 된다. 높은 차원의 긍정은 외적인 형식에 있는 것이 아니라 정신에 있다. 그렇다면 그 정신은 어디에 있는가? 지금 여기의 일상경험과 순간순간의 체험

속에서 그것을 찾아야 한다. 우리는 이상하게도 쌀가마 옆에 있으면서도 배고파하고 강물 속에 있으면서 목말라 하고 있다.[74] 선은 자신이 쌀이 되고, 물이 되어야 할 것을 강조한다. 그렇기 때문에 배고프고 목마르다는 것은 말이 안 되는 엄살에 불과하다. 왜냐하면 우리는 충분히 채워져 넘쳐흐르고 있는 세계에 살고 있기 때문이다.

5) 진실성

인도의 사상이 신비적이기는 하나 그들의 신비주의는 너무 사변적이고 관조적이며 번쇄한 체계를 가지고 있다. 더욱이 인도의 신비주의는 우리가 살고 있는 실제적 현실세계와 진정 살아 있는 관련성을 가지고 있는 것 같지 않다. 이와는 대조적으로 동양의 신비주의는 직접적이고 실제적이며 놀랍게도 단순하다. 이러한 신비주의는 선으로 발전할 수밖에 없다.

선은 결코 허무주의가 아니다. 최고의 진리는 긍정하는데 있다.

선은 부정을 통하여 절대적 단언이자 영원의 긍정인 그 무엇을 굳게 붙들고 있다는 사실을 명심해야 한다.

---

74) 『雲門廣錄』에 雪峰義存(822~908)은 "음식을 앞에 놓고 굶어 죽는 사람이 있고, 물가에서 목말라 죽는 사람이 있다"고 했으며, 玄沙師備(835~908)는 앞의 말을 더 강조하여 "음식을 먹다 굶어 죽은 사람이 있고, 물속에 빠져 목말라 죽은 사람이 있다"고 했다.

선이 완전한 부정의 철학을 고취하고 있다고 생각할지 모르나 실제로 이것보다 더 선을 오해한 것은 없다. 선은 늘 삶의 근본 사실(central fact of life)을 포착하는 것을 겨냥하고 있다. 이 삶의 근본 사실을 파악하기 위하여 선은 연속적인 부정이라는 방법을 채택한다. 그러므로 단순한 부정이 선의 본질은 아니다. 다만 이원론적인 사고에 익숙해 있는 지성의 오류를 뿌리 뽑기 위해 부정의 방법을 쓸 뿐이다. 그렇기 때문에 선이 "이것도 아니고, 저것도 아니고, 어느 것도 아니라(不是心 不是佛 不是物)"[75]고 선언하는 것은 당연하다.

부정을 통한 긍정 속에는 부정도 없고 긍정도 없고 다만 있는 것은 명백한 사실, 순수한 경험, 그리고 존재와 사고의 바로 그 바탕뿐이다. 그러나 생래적인 무명(avidya) 때문에 선은 부정에 호소하게 된다. 무명은 논리적인 이원론의 다른 이름이다. 사물의 진정한 모습에 도달하기를 원한다면 이 세계가 아직 창조되지도 않고, 또 이것 혹은 저것이라는 의식이 아직 깨우쳐지지 않은 마음[76] 그 자체 속에 들어가 空寂함 가운데서 사물을 보아야 한다. 이것이 곧 부정의 세계이다. 그러나 그것은 차원 높은 절대적 긍정, 다시 말해서 부정의 한 가운데서 긍정으로 이끄는 그런 부정이다. 예를 들어 선은 "눈은 희지 않고 까마귀는 검지 않다"고 말한다. 이런 부정적 역설 표현 때문에

75) 『무문관』 제26칙에 나오는 문답으로서 백장(720~814)의 질문(다른 사람에게 설하지 않은 무엇인가가 있느냐)에 남전(784~834)이 대답한 것이다.

76) 이런 세계를 선에서는 "父母未生以前", · "天地未分以前", · "文彩以前" 등으로 표현한다.

일상 언어가 선의 정확한 의미를 전달하지 못하는 것이다. 선은 분명히 부정한다. 그렇지만 그것은 우리 눈앞에 역력히 현전하고 있는 것을 보게 하기 위해서이다. 실재를 보지 못하기 때문에 선을 허무주의로 생각하는 경우가 많다. 선은 순전히 아무것도 없는 듯이 마음을 텅 비게 하는 그런 전적인 부정은 아니다. 그런 것은 지적인 자살행위이다. 선에는 자기긍정적인 것이 있다. 그것은 자유롭고 절대적이고 제한도 없는 추상적으로 취급되기를 거부하는 그런 것이다. 선은 살아 있는 진실이므로 무기체와 같은 암석이나 공허한 허공과 같은 것은 아니다. 이 살아 있는 진실과 만나는 것, 아니 삶의 매 순간순간 그 한 가운데서 이것을 붙잡는 것이 수행의 목표이다.

우리가 선에 대하여 지적인 논의를 하기 위해서는 먼저 논리적인 기술을 허용하지 않는 내적인 의식 상태를 이해하지 않으면 안 된다. 언어는 단지 내적 의식 상태를 가리키는 표지판일 뿐이다. 언어를 통해서 의미는 파악할 수 있겠지만 그것을 절대적인 안내자로 기대해서는 안 된다. 무엇보다도 먼저 어떠한 정신적인 상태에서 선사들이 그렇게 행동하는가를 이해하도록 노력해야 한다. 선사들의 행동은 스스로 깊은 개인적인 체험으로부터 얻은 진리의 확고한 기반을 가지고 있다. 미친 듯이 보이는 그들의 모든 행위에는 펄펄 살아 움직이는 진리가 체계적으로 제시되어 있다.

선의 목표에 도달하기 위해서는 '아무 것도 없다'는 생각까지도 없어져야 한다. 부처는 그가 더 이상 부처임을 고집하지 않을 때 비로소 현현한다. 다시 말해서 부처이기 위해서는 부처를 포기해야 하는 것이다. 이것이 선의 진리에 이르게 되는 유일한 길이다. '無'나 '絶對'에 대하여 이야기 하고 있는 한 그는 선으로부터 멀리 떨어져 있는 사람이다. 공이라는 발판마저 차버려야 한다. 자신을 구원하는 유일한 길은 자신을 바닥없는 깊은 심연으로 던져 버리는 것이다. 예를 들면 『돈오입도요문론』 제18단에,

"봄도 없고 봄이 없음도 없는 것을 불안이라 한다(無見無無見, 名爲佛眼.)"

고 한 것과 『돈오입도요문론』 제45단에,

"어떻게 하는 것이 필경의 청정으로써 청정함을 삼는 것인가? 청정함도 없고 청정함이 없는 것도 없으면 이것이 필경의 청정이다. 어떤 것이 청정함도 없고 청정함이 없는 것도 없는 것인가? 일체의 모든 곳에서 무심한 것이 청정이며, 청정함을 얻은 때 청정함을 얻었다는 생각도 하지 않는 것을 청정함이 없다고 하는 것이다. 청정함이 없음을 얻었을 때도 역시 청정함이 없다는 생각까지도 하지 않는 것이 청정함이 없음도 없는 것이다(問, 云何是畢竟淨爲淨. 答, 無淨. 無無淨, 卽是畢竟淨. 問, 云何是無淨, 無無淨. 答, 一切處無心是淨, 得淨之時, 不得作淨想, 卽名無淨也. 得無淨時, 亦不得作無淨想, 卽是無無淨也.)"

라고 한 것과 『돈오입도요문론』 제46단에,

"무엇이 필경의 깨달음인가? 깨달음도 없고 깨달음이 없음도 없는 것이 필경의 깨달음이다. 어떤 것이 깨달음도 없는 것이며, 어떤 것이 깨달음이 없음도 없는 것인가? 밖으로는 물질과 소리 등의 육경에 끄달리지 않고 안으로는 망념의 마음을 일으키지 않는 이러한 도리를 체득한 것을 '깨달음'이라고 하는 것이며, 깨달음을 체득했을 때 깨달음을 체득했다는 생각도 하지 않는 것을 '깨달음도 없다'고 하는 것이다. 깨달음이 없음을 체득했을 때 역시 깨달음이 없다는 생각마저도 하지 않는 것을 '깨달음이 없음도 없다'고 하는 것이다(問, 云何是畢竟證. 答, 無證, 無無證, 是名畢竟證. 問, 云何是無證, 云何是無無證. 答, 於外不染色聲等, 於內不起妄念心, 得如是者, 卽名爲證, 得證之時, 不得作證想, 卽名無證也. 得此無證之時, 亦不得作無證想, 卽名無無證也.)"

라고 한 것과 『돈오입도요문론』 제47단에,

"어떤 것이 해탈한 마음인가? 해탈한 마음도 없고, 해탈한 마음이 없음도 없는 것을 참된 해탈이라 한다(問, 云何[是]解脫心. 答, 無解脫心, 亦無無解脫心, 卽名眞解脫也.)"

고 한 것과 『돈오입도요문론』 제48단에,

"무엇이 필경의 얻음인가? '얻음'도 없고 '얻음이 없음'도 없는 것을 필경의 얻음이라 한다(問, 云何是畢竟得. 答, 無得, 無無得, 是名畢竟得也.)"

고 한 것과 『돈오입도요문론』 제49단에,

"무엇이 필경공인가? '공함'도 없고 '공함이 없음'도 없는 것을 필경공이라 한다(問, 云何是畢竟空. 答, 無空, 無無空, 卽名畢竟空.)

고 한 것은 모두 無(공)나 絶對 그 자체까지도 초월할 것을 주장하는 말들이다.

선에서 부정은 반드시 논리적인 의미에서의 부정은 아니다. 왜냐하면 경험의 궁극적 사실은 인위적 도식적 사유의 법칙이나 '그렇다'와 '아니다'의 흑백논리나 인식론의 무미건조한 공식에 예속되지 않기 때문이다. 그래서 선에서는 침묵이야말로 선이 말을 강요받는 어려운 상황에서 벗어날 수 있는 유일한 길인 것이다.

선이 목표로 하는 것은 각자가 놓인 상황의 한 복판에서 매일 매일의 현실 생활 가운데서 淨과 不淨 등의 대립개념을 통합하여 정도 없고 부정도 없는 통일된 세계를 실현하는 것이다. 이와 같이 양자의 대립개념을 통합하는 것을 '절대적 긍정'이라 한다.

선은 허무주의도 아니고, 신비주의도 아니다. 선은 지혜를 개발하는 것이 목적이다. 예를 들면 『돈오입도요문론』 제16단에 "반야의 공적체 가운데 항사의 묘용을 갖추고 있어서 무엇이든지 모르는 것이 없다(卽於般若寂體中, 具恒沙之用, 卽無事

不知.)"라고 한 것이나 또 蘇東坡(1036~1101)의 "無一物中無盡藏"이라고 한 시에서 이를 증명해 주고 있다.

선은 신비주의가 아니고 오히려 철두철미한 현실주의이다. 선은 우리의 윤리적인 사고, 야심, 열망, 그리고 세속적인 삶의 가치를 좌우하는 감각 따위를 결코 무시하지 않는다. 선은 가장 근본적이고 일차적인 문제들에 관심을 갖는다. 이러한 것들은 사실 우리들의 모든 세상살이에 직접적인 영향을 끼치고 있는 것들이며, 선은 이들이 각기 제자리에 들어서서 썩 어울릴 그러한 자리에 터를 잡도록 해주는 것이다. 환언하면 이원론적인 존재영역에 포함되는 모든 것들은 도덕적, 철학적, 종교적, 정치적인 意識의 場에서 파악될 수 있지만 마음의 현상적인 활동에 불과한 이 모든 근저에 놓여 있는 것에 대한 이해는 오직 선만이 할 수 있는 일이며, 그것이 바로 선이 지향하는 목적이다. 선은 우리의 의식이 어느 한쪽으로만 치우치게 되는 것을 철저히 막으려고 한다.

선이 가장 싫어하는 것은 仲裁, 심사숙고, 多辯, 그리고 이해득실을 따지는 것이다. 선에는 아무것도 묻어 있지 않은 것이 최상이다. 인생을 그냥 흘러가는 대로 즐기고 널리 어우러져 나름대로 펼쳐져 있는 사물들을 있는 모습 그대로 받아들이며 웃을 만한 일이 있으면 웃고, 울 만한 일이 있으면 그저 울어버리는 것이 선이다. 다시 말해서 일체의 현상들을 있는 그대로 수용하면서 그들을 기꺼이 즐기는 것이 선이라는 뜻이다.

<참고문헌>

*秋重義治, 「禪の論理」(『宗學硏究』16, 1974, 3).

*西村惠信, 「禪の論理」(『理想』543, 1978, 8).

*柴野恭堂, 「無的主體性の論理」(山田, 『禪學論考』, 1977, 12).

*武貞良人, 「禪」(『京都教育大學紀要』A 53, 1978, 9).

*鈴木大拙, 『新版鈴木大拙禪選集』(禪佛教入門), 東京: 春秋社.

*鈴木大拙, 『新版鈴木大拙禪選集』(禪とは何か), 東京: 春秋社.

*D.T. Suzuki, *Zen Buddhism.* London, Rider, 1949(D.T. Suzuki, *Zen Buddhism.* N.Y., Doubleday Anchor Book, 1956).

*D.T. Suzuki, *Mysticism, Christian and Buddhist.* World, Perspective Series, ed. R.N. Anshen(Harper, N.Y., 1957).

*D.T. Suzuki, *Essays in Zen Buddhism.* first series, London, Rider, 1949.

*D.T. Suzuki, *Living by Zen.* London, Rider, 1950.

*D.T. Suzuki, *A Manual of Zen Buddhism.* London, Rider, 1950.

*D.T. Suzuki, *Studies in Zen.* London, Rider, 1955.

*D.T. Suzuki, *Outlines of Mahāyāna Buddhism.* London, 1907.

*鈴木大拙, 『아홉 마당으로 풀어쓴 선』, 심재룡, 서울: 현음사, 1986.

*光融館編, 『禪道叢書』(第4編, 菅原時保, 禪のはらわた), 東京: 光融館, 1916.

*和田利彦編, 『禪の講座』第1卷(禪の槪要), 東京: 春陽堂, 1939.

*和田利彦編, 『禪の講座』第2卷(禪の本義), 東京: 春陽堂, 1939.

*Suzuki, D. T., *The Zen Buddhist Monk.* Kyoto, 1934.

19. 선의 교육

1) 스스로 제도함

선의 교육에 있어서 대전제는 스승이 제자를 全人으로 만드는 것이 아니라 제자 스스로 자신의 인격을 완성하는 것이다. 그러므로 『돈오입도요문론』 제42단에 "중생은 자기 스스로 제도하는 것이지 부처가 제도할 수 없다. 만약 부처가 중생을 제도할 수 있다면 과거의 모든 부처가 미진 수만큼 많았기 때문에 일체의 중생들을 모두 다 마땅히 제도해 마쳐야 한다. 그러나 무엇 때문에 우리들은 오늘날까지 생사에 윤회하며 성불하지 못했는가? 중생이 스스로 깨달아야 하는 것이지 부처가 중생을 제도할 수 없다는 사실을 분명히 알아야 한다. 노력하고 또 노력하라. 스스로 닦을 뿐 저 부처의 힘에 기대지 말라(衆生自度, 佛不能度. 若佛能度衆生時, 過去諸佛如微塵數. 一切衆生, 總應度盡. 何故我等至今流浪生死, 不得成佛. 當知衆生自度, 佛不能度. 努力努力. 自修莫倚他佛力.)고 한 것은 학인 자신이 스스로 제도하는 衆生自度를 강조한 말이다.

선가에서는 스승이 제자에게 법문을 잘 못하거나 교육을 잘 못했을 때 스승의 눈썹이 빠진다는 俗信이 있다. 예를 들면 『

벽암록』 제8칙 '翠巖眉毛'의 본송에 翠巖이 해제하는 날 시중하여 이르기를, "한 여름 결제 이후 형제들을 위해 법문을 했는데, 보아라. 취암의 눈썹이 그대로 있느냐?"라고 한 말에서 눈썹이 그대로 있어야 정법을 설한 것이 되고, 반대로 邪法을 설하게 되면 눈썹이 빠진다는 것이다.77) 이 말을 달리 표현하면 법을 잘 못 설하게 되면 제자의 교육을 망친다는 뜻이다. 환언하면 정법의 안목을 갖춘 자라야 법을 설할 수 있고, 제자를 훌륭하게 교육시켜 낼 수 있다는 것이다.

이와 같이 선의 교육에서 스승은 스승으로서 자질을 갖추어야 하는 것은 물론이지만 스승이 해야 할 일은 단지 제자가 올바른 길을 갈 수 있도록 안내하는 안내자의 역할을 하는 것뿐이고 안내받은 길을 직접 가서 목표점에 도달하는 것은 제자 스스로 해야 하는 것이다.

2) 교육의 세 가지 원칙

선의 교육방법은 세 가지 원칙이 전제되어야 한다.

첫째, '결코 자상하게 말하지 말라'는 것이 기본원칙이다.

초심자에게 사물의 이치를 너무 수월하게 가르쳐 주지 않는 것이 스승의 도리이다. 스승은 그를 너무 솔직하게 대해서는 안 된다. 그가 스스로 생각할 수 있도록 사고력을 북돋워 주어

77) 『임제록』 '示衆'<13-15>에도 "그대의 눈썹이 몇 개나 남아 있느냐(爾看眉毛有幾莖)?라고 한 말이 있다.

야 하며, 스스로 사물을 바라볼 수 있도록 이끌어 주어야 한다.

華嚴(1104년 입적)이라는 선승은 작자미상의 다음 시를 자주 읊었다고 한다.

> 당신은 수놓은 오리를 보고
> 감탄할지 모르나
> 나는 수놓는 황금바늘을
> 당신에게 건네주지는 않으리

또 12세기 무렵의 유교 사상가이며 교육자 가운데 한 사람인 朱喜(1130~1200)는 제자들에게 다음과 같이 말했다고 한다.

> "공자, 장자, 그리고 노자의 학파는 그 창시자의 위엄을 온전히 이어 받을 위대한 계승자를 가지지 못했다. 그러나 선불교도들은 항상 그들만의 온전한 계승자를 가지고 있다. 이것은 그들이 담백한 언어를 즐겨 구사하면서 아무것도 복잡하게 설명하지 않는다는 일종의 모험에 가까운 행위를 기꺼이 실행해 온 것으로부터 기인한다. 다른 사람들은 오히려 철저히 연구하고 검토하는 것으로부터 혼란과 모순을 자초하는 것인지도 모른다."

라고 한 것과 같이 스승은 제자가 스스로 자신의 능력을 발휘하여 혼자서 자신의 독창적인 인생을 펼칠 수 있도록 보조만 해 주어야지 그 이상의 어떠한 일을 해서도 안 된다는 것이다.

둘째, '절대 친절하지 말라'는 원칙이다.

이를 지키기 위해 9세기와 10세기 무렵의 선사들은 질문에 대한 답변을 상대방에게 제시하기 위하여 다양하고 괴상한 방법을 고안해 내었다. 예를 들면 어떤 제자가 "진리가 무엇입니까", "불교가 무엇입니까"라는 질문을 해 오면 선사는 그 질문에 대하여 자상하게 답변을 해 주지 않고 십중팔구 질문을 해온 사람의 빰을 후려갈기거나 주장자로 두들겨 패거나 아무 말도 없이 그냥 자리를 떠난다거나 하는 등의 행동으로 그 질문에 대응했다. 약간 점잖은 선승이라면 질문자에게 부엌에 가서 접시나 닦으라고 할 것이다. 또 어떤 때는 실답지 않은 말을 대답삼아 던져 주기도 하고, 아니면 충격적인 역설로 고함을 질러 힐책하기도 한다. 또 다른 예를 들면 운문종의 창시자인 雲門文偃(949년 입적)은 "부처가 무엇입니까"라는 질문에 "마른 똥 덩어리"라고 대답한 것이나, 德山宣鑑(782～865)은 "부처란 마른 오랑캐이고, 한 덩어리의 똥이며, 성인이란 이름도 빈껍데기에 지나지 않는 것이라"고 말했다.

선가에서 南能北秀라는 말은 잘 알려져 있지만 그에 못지않게 북에는 조주, 남에는 설봉이란 말도 유명하다. 趙州從諗(778～897)은 탁월한 구변으로 일세를 풍미하였지만 제자들을 너무 엄하게 대했기 때문에 제자를 육성하는 데는 적합하지 않아 그 문하에 학인들이 별로 없이 단독으로 우뚝 선 선사였다. 반면에 이와 쌍벽을 이룬 雪峰義存(822～908)은 동산의 제자로서 너무 자상하여 많은 제자들을 배출하였다. 그 중 玄沙師備(835～908)와 雲門文偃(864～949)이 유명하다. 그러나 그는 자신을 능가하는 인재를 키운 사실 때문에 제자들로부터 비판을 받는 딱한 처지에 놓이기도 했다. 설봉의 평가는 지금도 그다지 높지 않다.

셋째, 선의 교육방법으로서 가장 중요한 원칙은 걸어서 돌아다닌다는 의미를 가진 行脚이다.

지팡이와 발우 그리고 한 켤레의 짚신만 가지고 이곳저곳으로 돌아다니면서 음식과 잠잘 것을 구걸하는 행각은 납자의 육신과 정신을 강건하게 만든다. 행각은 납자로 하여금 당대의 위대한 선지식을 비롯하여 각계각층의 모든 훌륭한 사람들을 만날 수 있게 해주며, 또한 세상사의 심오한 도리를 직접 깨달을 수 있도록 해 준다. 이와 같이 행각은 납자 스스로 한순간에 대각의 경지에 이를 수 있도록 기틀을 마련해 주기 때문에 선승들은 반드시 행각을 해야 한다.

북송 시대 兜率從悅(1044~1091, 황룡파 보봉극문의 제자)은 생사를 두려워하지 않는 세 가지 길 가운데 撥草參玄을 제시하고 있지만 원래 이 말의 뜻은 학인이 가시밭길을 헤쳐 가며 선지식을 참방하는 것을 말한 것이다. 『증도가』 제38게에 "강과 바다를 유행하고 산천을 건너서, 스승을 찾고 불도를 묻고자 참선을 했네(遊江海涉山川, 尋師訪道爲參禪.)"라고 했듯이 옛날부터 강해와 산천을 두루 돌아다니며 遍歷하는 것은 구도자가 반드시 해야 하는 통상적인 일이다. 여기서 尋師는 구법의 의지를 가지고 명안종사를 찾아다니는 것, 즉 발초참현을 가리킨다.

학인이 선지식을 참방하는 것은 단지 유행삼아 하는 것이 아니라 각자 본래부터 가지고 있는 正因 불성을 개발하기 위함이다. 근기가 수승한 사람은 이 정인을 혼자 힘으로도 개발할 수 있지만 대부분의 학인은 훌륭한 선지식인 正緣의 힘을 빌려야만 개발이 가능하다. 그러므로 『대승기신론』에서는 "모든 불법에는 인이 있고 연이 있다. 인과 연이 갖추어져야 불법의 개발이 가능하다. 나무속의 火性은 불의 正因이지만 만약 사람이 이를 모르고 방편을 빌리지 않으면 능히 스스로 나무를 태울 수 없다. 중생도 이와 마찬가지이다. 비록 정인이 훈습하는 힘이 있다할지라도 제불보살과 선지식을 만나 연을 맺지 않으면 스스로 번뇌를 끊고 열반에 들어갈 수 없다"고 했으며, 또 同論에 "마니보주의 체성이 밝고 청정하지만 더러움이 섞여 있으면 갖가지 방편으로써 갈고 닦아야 비로소 청정함을 얻을 수 있다"고 했다. 그리고 "신회의 『南陽和上頓教解脫禪門直了性壇語』 제2단에 "무엇이 正因이고, 무엇이 正緣인가? 여러분, 위없는 깨달음의 마음을 발하는 것이 정인이며, 모든 불보살과 진정한 선지식이 위없는 깨달음의 가르침으로써 여러분들의 마음에 계합하여 구경에 해탈할 수 있게 하는 것이 정연인데 이들이 서로 만나는 것은 좋은 일이라"고 했다. 이와 같이 선가에서는 제자가 훌륭한 선지식을 만나는 것은 쉽지 않지만 적극적으로 권하고 있으며, 이는 곧 바로 자신의 정인불성을 개발하는 것과 직결되기 때문에 매우 중요하게 여긴다.

또 학인은 지금까지 자신이 공부해 온 것을 점검하거나 선을 實參하는 과정에서 가장 중요한 것은 훌륭한 선지식을 참방하는 일이다. 왜냐하면 이는 野狐禪에 빠질 위험이나 자만심의 지옥에 떨어지는 것을 방지하는 유일한 방법이기 때문이다.

3) 練達自然

선의 교육에서 또 중요한 것은 하나의 행동을 끊임없이 반복하는 연달자연의 행위이다. 『장자』 '達生篇'에 매미 잡는 이야기가 있다. 공자가 초나라에 도착해서 숲 속을 지나고 있을 때 꼽추 노인이 끈끈이를 묻힌 장대로 매미를 잡고 있는 것이 눈에 보였다. 그가 마치 땅에 떨어진 매미를 줍듯이 손쉽게 잡기에 공자가 놀라서 물어보았다.

"당신은 대단하군요. 무슨 비결이라도 있습니까."

꼽추 노인은 이렇게 대답했다.

"있지요. 매미가 나오는 오뉴월쯤 장대 끝에 흙덩어리를 두 개 쌓아 놓고 떨어지지 않을 때까지 연습하면 매미를 많이 놓치지 않게 되지요. 세 덩어리를 올려놓고 떨어지지 않게 되면 매미 열 마리 가운데 한 마리 정도밖에 놓치지 않습니다. 게다가 연습을 더하여 다섯 덩어리도 떨어뜨리지 않게 되면 땅에 떨어진 것을 줍듯이 매미를 잡을 수 있게 됩니다. 여기까지 이르게 되면 나의 몸놀림은 마치 고목 덩어리와 같이 느껴지고 내가 뻗는 팔은 마치 고목의 가지처럼 보여서 무심 그 자체의 경지가 됩니다. 천지의 넓음도 만물의 다양함도 역시 눈에 들어오지 않게 되고 오직 매미의 날개만을 생각하게 됩니다. 나 또한 꼼짝도 않고 오직 매미와 하나가 되어 어떠한 것도 매미의 날개를 대신할 수 없다고 생각되는 심경에 이르게 됩니다. 이와 같은 심경이 되면 하지 못할 것이 무엇이 있겠습니까?"

이 말을 들은 공자는 제자들 쪽을 돌아보면서 이렇게 말했다.

“마음을 분산되지 않도록 하면 정신을 집중하는 것이 가능하다는 이야기가 있는데 이것은 이 꼽추 노인을 두고 한 말일 것이다.”

어떤 하나의 일이 완전히 자기의 것이 되려면 끊임없는 반복된 행동이 수반되어야 한다. 선승들이 선원에서 보내는 하루의 일과는 거의 정해져 있다. 이와 같이 같은 행동을 반복하는 이유는 자신이 하는 일과 하나가 되기 위함이다. 다시 말해서 유위의 행동을 거듭 되풀이함으로써 무위에 도달하는 것이기 때문에 유위자연이라고 할 수 있지만 이것은 결국 유위가 무위로 전환되는 것이므로 무위자연이 되는 것이다. 임제의현도 자신이 부모의 배속에서 태어나면서부터 바로 훌륭한 선승이 된 것이 아니라 끊임없는 반복된 행동을 통하여 인격을 완성하였다고 했다. 동일한 행동을 되풀이 하는 것은 싫증나게 하고 짜증나게 하는 일이지만 일과 자기가 한 몸이 되기 위해서는 이 방법 외에 특별히 다른 방법이 없다는 사실을 명심해야 한다.

4) 活作略

제자들을 교화하는 선교육에 활작약(法擧揚)[78]이라는 것이 있

---

78) 擧量이라고도 한다. 스승이 제자에게 질문을 하여 제자들의 공부 정도를 알아보고자 하는 것을 말한다.

다. 이는 『벽암록』·『종용록』·『무문관』·『인천안목』·『葛藤集』과 같은 공안집에 자주 나온다. 이것은 上堂하는 師僧자신의 사상을 표현하거나 자기의 주장을 내세우기 위한 것이 아니고, 오직 구도자의 근기가 익었는지 안 익었는지, 또는 利根인지 鈍根인지를 간파하여 바로 적시에 一轉語를 표출하는 것을 말한다. 그렇기 때문에 이는 철저한 대비의 동작임과 동시에 활구[79]이다. 예를 들면 周金剛이라 불릴 정도로 『금강경』의 연구로 유명했던 德山宣鑑이 떡을 파는 노파에게 點心을 청했다. 그러자 노파는 『금강경』에 "과거심도 불가득이요, 현재심도 불가득이며, 미래심도 불가득이라" 하였는데 당신은 어느 마음에 점을 찍으려고(點心) 하느냐고 물었다. 이에 덕산은 말문이 막혀 버렸다. 식은 땀을 흘린 뒤 그는 天皇道悟의 법을 이은 龍潭崇信을 역참하였다. 어느 날 저녁 용담의 방에서 시간을 보내게 되었는데 용담이 시간이 늦었는데 왜 돌아가지 않느냐고 물었다. 그가 발을 젖히고 밖을 보니 밖이 이미 어두웠기 때문에 밖은 아주 캄캄하다고 말하였다. 그러자 용담이 紙燭을 밝혀 덕산에게 주었다. 덕산이 이를 받아드는 순간 용담이 이를 불어 꺼버렸다. 바로 이때 덕산은 활연히 대오했다<『오가정종찬』·

79) 死句와 活句 : 사제와 師友 사이에 주고받는 응대의 機語에 사구와 활구가 있다. 사구는 바로 학인이 언급한 문제에 대하여 정면으로 대답하는 것이며, 이는 글자 자체로부터 그 뜻을 이해할 수 있다. 활구는 실질적으로 선사들이 학인에게 정면적인 대답을 피하는 것을 말한다. 보통 숨겨진 말과 반대되는 말로 대답하며, 이러한 답어는 묻는 것과 전혀 다르게 답하는 것이기 때문에 그 자체에는 어떤 의미도 없다. 예를 들면 "무엇이 부처입니까?"라는 질문에 "마른 똥 막대기"라고 한 것이다.

『경덕전등록』 권15(『대정장』 권51, p.317중)>. 덕산의 기가 무르익었음을 보고 그에게 대오의 기회를 준 용담의 행동은 바로 선의 달인이 베푼 기틀에 따른 대비의 活作略이 아닐 수 없다.

5) 探竿影草

선사가 학인의 역량을 알아보기 위하여 사용하는 수단, 즉 방편으로써 探竿影草라는 것이 있다. 『임제록』에도 "어떤 때 一喝은 마치 탐간영초와 같다(有時一喝, 如探竿影草)"고 한 말이 있다. 원래 탐간은 어부가 두견새(鵜)의 깃털을 물속에 넣고 모여드는 고기를 잡는 것이고, 영초는 풀을 물에 넣어 두면 그 밑에 고기가 모여 드는 것을 말한다. 이는 미숙한 학인을 모아 그 근기를 시험하여 바른 길로 갈 수 있도록 하는 수단이다. 즉 미숙한 학인이 찾아오면 먼저 미끼(선문답)를 던져 그 미끼에 반드시 걸리도록 한 후 학인의 잘못을 바로잡아 주는 것이다. 좀 더 심하게 말하면 낚시 바늘에 코가 낀 고기는 살 수 없듯이 선승이 던진 미끼에 걸린 제자는 반드시 한번 크게 죽어야 한다. 죽었다가 다시 살아날 때 그는 이전과 전혀 다른 모습이 되는 것이다. 만약 스승이 드리운 낚시 바늘에 학인이 코가 끼이면 이는 器量이 아직 미숙한 것임을 보여 주는 증거가 되기 때문에 적극적인 자세로 배움에 임해야 한다.

<참고문헌>

*富永義彦, 「宗教と教育」(『東海學園女子短期大學大紀要』8, 1973, 6).

*宮坂哲文, 『禪における人間形成』-教育史的研究-, 東京: 霞ケ關書房, 1947.

*鈴木貞太郎, 『禪堂の教育』, 東京: 三友社, 1940.

*乙部呑海, 『悟りへ道程』, 東京: 世の爲社, 1929.

*Suzuki, D. T., *The Training of the Zen Buddhist Monk, with Illustration by Zenchû Satô.* Kyoto, The Eastern Buddhist Soc., 1934.

20. 선승들의 생활

우리나라 선방에는 중국 당 대나 송 대 선원의 모습을 많이 간직하고 있지 않다. 그러나 일본의 선방은 중국 송 대 선원의 전통을 거의 그대로 보존하고 있다.

선원은 禪者들을 교육시키는 교육의 장(educational field)이다. 이곳이 어떻게 조직되어 있고 운영되었는가를 조사해 보면 선의 실제적인 면을 알 수 있을 것이고, 또 선수행의 특징을 알 수 있을 것이라고 생각한다.

선방의 조직은 중국선의 거장인 百丈에 의해 정비되었다. 그는 그의 삶의 지표로 내세운 유명한 말을 세상에 남겼는데 "하루 일하지 않으면 그 날은 먹지 않는다(一日不作 一日不食)"는 것이다. 이 말의 뜻은 하루도 일을 하지 않고 놀고먹으려는 생각을 하지 말라는 뜻이다.

『百丈懷海禪師廣錄』(『속장경』 권119)에,

> 들일을 하기에는 스승인 백장의 나이가 너무 많이 들었다고 느낀 제자들이 그만두시라고 몇 번을 만류해도 듣지 않자 스승이 밭일에 쓰는 연장을 감추어 버린 적이 있었다. 그러자 백장

은 음식을 물리쳤다. 이 완고한 노승에게 제자들은 연장을 다시 가져다 줄 수밖에 없었다.

고 한 것처럼 백장은 노동을 솔선수범한 것이다. 이는 선원에서 매일 作務(노동)가 행해졌다는 것을 시사하는 것이다. 중국 선종사에서 노동이 처음 시작된 것은 기주 쌍봉산에서 개창된 동산법문 때부터이다. 물론 이 시기에는 전 대중이 의무적으로 참여하여 일을 했던 것은 아니다. 선원의 모든 대중이 의무적으로 참여하여 작무를 한 것은 백장회해 때부터이다. 이를 普請法이라 한다.

선방에서의 노동은 삶에 있어서 귀중한 활력소가 된다. 선원에서 쓸고 닦고 밥 짓고 세탁하고 장작을 운반하는 일등이 선사들의 위엄을 손상시킨다고 생각해서는 안 된다.[80] 이런 일을

---

80) 晦山禪師가 운거사의 선승들이 논밭일 하는 모습을 찬미하며 읊은 시를 보자.

구름은 높이 솟은 난운령 고개에 걸쳐 있고,
구름 위에 뜬 구름 녹색 가득한 논.
오정의 언덕 밭을 개간한 이는 누구더냐.
앉아서 보니 백 이랑의 논이 호천에 솟는구나.
은하수가 밤에 가사에 비치고 아침에 학을 보니 쟁기와 연기를 머금고 있구나.
하늘의 구름 위에서 도반들이 논밭 가는 일을 즐겁게 배우니
납의와 삿갓이 저 멀리 석양에 있구나.
(雲居高鎖難雲嶺, 雲外浮雲綠滿田.
誰是五丁開梵塢, 坐看百旦湧湖天.
星河夜接袈裟影, 觀鶴朝啣犁把煙.
肯學耦耕宵雲上, 僧衣一笠夕陽邊.)

통해서 선사들 사이에 깊은 유대감과 친밀감을 더해 줄 뿐만 아니라 선승들은 노동의 신성함을 소중히 여기게 되고, 또 단월들의 시은이 귀중함을 알게 된다. 그보다 더 중요한 것은 노동을 하는 중에 자신이 공부한 내용을 스스로 점검하거나 아니면 스승이나 도반을 통하여 이를 확인하는 계기가 되기도 한다.

노동은 정신과 육체의 건강에도 도움을 준다. 근육을 움직이는 것은 명상의 습관에서 생기기 쉬운 정신의 침체와 둔감을 치료해 주는 가장 좋은 처방이기 때문이다. 종교적 은둔자에게 흔히 있는 가장 곤란한 골칫거리는 정신과 육체의 부조화를 들 수 있다. 이로 인하여 禪病이 유발되는 것이다.

정적주의적 명상으로부터 자주 생기는 정신의 침체와 둔감은 깨달음의 성숙에 도움이 되기는커녕 오히려 해가 되기 때문에 정신적 활동의 유동적 움직임이 멈추어 버리지 않도록 주의해야 한다. 선사들이 dhyāna의 수행을 반대하는 이유가 여기에 있다. 육신의 활동이 왕성하면 정신도 그에 따라서 활발하게 움직여 상쾌하고 건전하며 기민하게 될 것이다. 만약 학인들이 노동을 하지 않고, 또 혈액순환을 원활히 하고 신선하게 하지 않는다면 선참구는 졸린 듯 한 의식 상태나 무아경으로 빠지는 결과를 초래하게 될 것이다.

선방에서 한 개인에게 주어진 공간은 방석 하나 정도의 크기인데 선승은 여기서 좌선도 하고 잠도 잔다. 침구는 길 다란 솜 누비이불 하나뿐이다. 베개는 따로 있는 것이 아니라 소지품을 챙겨 둔 보따리를 베개 대신 쓴다. 그밖에 소지품은 가사와 옷 한두 벌, 책 몇 권, 삭도, 발우 한 벌이 고작이다. 이들을

'袈裟文庫(8cm×25cm×9cm)'라고 부르는 종이 상자 속에 넣어 다닌다. 우리 한국의 납자들은 가사문고 대신 바랑을 걸머지고 다니는데 이런 도구들은 모두 바랑 하나에 다 들어 갈 수 있는 것들이다. 이처럼 선승들은 철저히 少欲知足의 청빈한 생활을 해야 한다. 물질의 풍요로움은 인간을 나태하게 만들기 때문에 경계해야 할 대상이다.

선승들은 저녁은 먹지 않는 것이 원칙으로 되어 있다. 그러나 기후나 다른 조건 때문에 조금씩 먹는 것이 보통이다. 그들은 규정된 식사 이외의 음식을 '藥石'이라 부른다. 별로 먹고 싶지 않지만 약이 되니까 먹는다는 뜻이다. 공양 전에 공양할 것을 알리는 종이 울리고 공양은 엄숙한 의식 속에서 이루어진다.

공양이 끝나고 선방에 공부가 없는 날이면 여름에는 5시 반경부터 겨울에는 6시 반경부터 경내 혹은 선방에 부속되어 있는 농원으로 나아가 논밭을 경작한다. 그들은 자급자족의 생활을 경영하기 위하여 때로는 농부가 되기도 하고, 건축공이 되기도 한다.

그들은 이런 작무 속에서 살아 있는 진리를 배우며 자연의 섭리를 파악하게 되고, 또 일상적인 노동과 활동 가운데 현장에서 즉흥적으로 이루어지는 法擧揚을 통하여 노승(방장)으로부터 배운 진리를 완전히 자기의 것으로 만든다. 농사일을 하면서 만나는 여러 가지 일들은 현장학습의 훌륭한 교재가 된다. 즉 농장이 禪習場의 역할을 하는 것이다. 그 증거로서 선문답이 주로 농사일을 소재로 하여 이루어진 것을 보아도 알 수 있다.

선승들에게 있어서 노동은 한 치의 틈도 없이 고된 육체적

작무와 정신적 훈련이 부과된다. 이는 『장자』의 근로철학을 바탕으로 한 것이다.

> "어떤 농부가 논에 물을 대기위해 샘을 파고 두레박으로 물을 퍼 올리고 있을 때 지나가던 사람이 이 광경을 보고 말하기를, '도르래를 사용하면 힘이 훨씬 덜 들 뿐만 아니라 손으로 퍼 올리는 것보다 능률적인데 왜 도르래를 쓰지 않습니까'라고 했다. 이 소리를 들은 농부가 말하기를, '물론 나도 도르래를 사용하면 힘이 덜 드는 줄 압니다. 그러나 내가 도르래를 쓰지 않는 이유는 그것이 사람의 마음을 기계로 만들고, 기계적인 마음은 사람을 나태하게 하는 습관을 만들기 때문입니다'라고 했다."

선승들은 기계를 사용하여 쉽게 할 수 있는 일도 일부러 손과 발을 사용하여 일을 한다. 이는 마음의 게으름을 방지해주는 효과도 있지만 마음이 기계화되는 것을 싫어하기 때문이다. 이와 같이 외부로부터의 강제와 제자의 내부에서 깊이 타고 있는 구도심이 서로 상승작용을 일으켜 한 사람의 훌륭한 인격이 형성되는 것이다.

선방에는 선승들의 정신수련을 위해 특별히 설정해 둔 기간이 있는데 이 기간을 安居라 한다. 안거에는 여름의 하안거와 겨울의 동안거가 있는데 하안거는 4월 보름에 시작하여 7월 보름에 끝나고, 동안거는 10월 보름에 시작하여 정월 보름에 끝난다.

이 기간 동안에는 외부 출입은 금지되고 아침 일찍 일어나고 저녁 늦게 잠자리에 든다. 매일 강좌가 있는데 강좌에 사용된 교재는 『벽암록』·『임제록』·『무문관』 등이다.

또 안거기간에는 강좌 외에도 참선이 행해진다. 참선이라는 것은 스승을 알현한 다음 자기가 참구한 공안에 대하여 이해를 피력하고 스승의 점검을 받는 것을 가리킨다. 참선은 보통 하루에 두세 번 하게 되지만 특별히 정신집중을 요구할 경우에는 하루에 네다섯 차례 한다. 참선을 할 때는 다른 사람이 보아서는 안 된다. 이 때 학인은 자기가 가진 것을 모두 다 보여 주고 난 다음 들어 올 때와 마찬가지로 예법에 따라 조용히 방을 나간다. 스승의 편에서도 무시무시한 긴장과 주의력을 요하는 뼈를 깎는 일이다. 왜냐하면 학인을 접견할 때 팽팽한 긴장감을 유지해야 하기 때문이다.

선의 이해에 관한한 학인은 스승을 절대적으로 신뢰하지 않으면 안 된다. 그러나 스승의 능력을 의심할 만한 충분한 이유가 있으면 참선할 때 직접 스승과 談判을 지을 수 있다. 선에는 확실하지 않은 것은 결코 용납하지 않기 때문이다.

현대의 교육제도와는 달리 선방에는 일정한 수업연한이 없다. 선의 정신을 삶의 매 순간마다 구현하는 것, 선의 정신에 완전히 젖어드는 것 등은 한 평생 해도 모자랄 지도 모른다. 오죽하면 석가도 미륵도 수행 중에 있다고 했겠는가. 완전한 선장이 되려면 선의 진리에 관한 이해만 가지고 충분하지 않다. 반드시 성스러운 태의 성숙(長養聖胎)을 위한 오랜 기간을 거쳐야 한다. 이 말은 본래 도가에서 나왔지만 지금 선에서는 선의 이해에 따라 생활하는 것을 의미한다. 이해라는 것은 어쨌든 지적인 것임에 틀림없다. 그러므로 안팎의 삶, 즉 사유와 행동이 깨달음과 하나가 되도록 충분히 익히는 것이 필요하다.

선방에서의 교육은 현대의 교육에 뒤떨어지는 면이 없잖아 있다. 그러나 그 기본원리는 생활의 단순화, 과도한 욕망의 억제, 시간을 헛되이 낭비하지 않으려고 하는 태도, 자립의지 등이 작용하고 있다.

총림의 구조는 7堂伽藍配置로 이루어져 있다. 즉 사람이 양쪽 팔과 두 다리를 벌리고 누워 있는 모양에 가람의 건물을 배치한 것을 말한다. 먼저 머리 부분에 法堂을 배치하고, 몸체 부분에 佛殿을, 오른 쪽 팔 부분에 僧堂을, 왼쪽 팔 부분에 庫院을, 오른 쪽 다리 부분에 西淨을, 왼쪽 다리 부분에 浴室을, 그리고 양쪽 다리 사이 가운데에 山門을 각각 배치하고 있다.

七堂伽藍配置圖

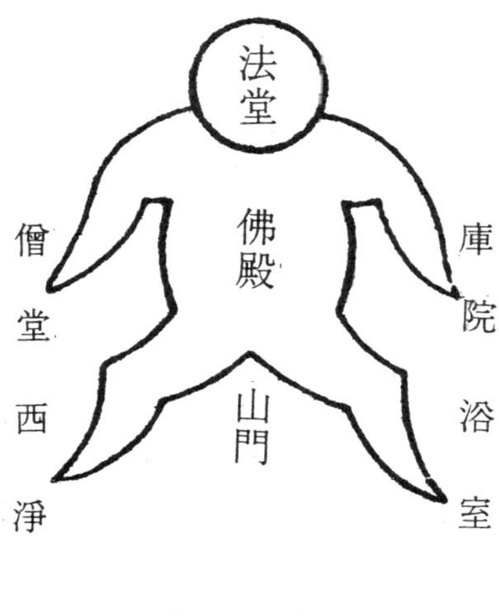

七堂人体表相圖

<참고문헌>

*榑林皓堂, 「宗教と清規」(曹洞宗布教化研修所, 『教化研修』13, 1970, 3).

*柳田聖山, 「禪における人間論の形成」(『講座佛教思想』4, 1975, 7).

*島田春浦, 『禪堂生活』, 平河出版社.

*禪文化研究所編集部, 『小叢林略清規』, 京都: 禪文化研究所.

*鈴木大拙, 『新版鈴木大拙禪選集』(禪堂の修行と生活・禪の世界), 東京: 春秋社.

*鈴木大拙, 『禪與生活』, 劉大悲, 光明日報出版社.

*D.T. Suzuki, *The Training of a Zen Monk.* Kyoto, 1934.

*光融館編, 『禪道叢書』(第3編, 山田孝道, 禪と日常生活), 東京: 光融館, 1916.

*和田利彥編, 『禪の講座』第5卷(禪的生活), 東京: 春陽堂, 1939.

*長坂金雄編, 『禪』第1卷(鈴木貞太郎, 禪への道; 黑田 亮, 禪の心理; 榑林皓堂, 看話禪と默照禪; 伊藤古鑑, 坐禪の仕方), 東京: 雄山閣, 1942.

*長坂金雄編, 『禪』第2卷(上田大助, 禪の見方; 增永靈鳳, 支那の禪宗; 諸岡 存, 禪と茶道), 東京: 雄山閣, 1942.

*長坂金雄編, 『禪』第5卷(秋山範二, 禪と生活), 東京: 雄山閣, 1942.

*鈴木貞太郎, 『鈴木大拙選集』正編(2. 禪の思想, 3. 一眞實の世界, 5. 宗教經驗の事實, 7. 禪問答と悟り, 10. 無心といふこと, 11. 佛教の大義, 12. 禪道の修行と生活), 東京: 春秋社, 1952.

*鈴木貞太郎, 『鈴木大拙選集』續編(5. 文化と宗教, 6. 宗教と生活), 東京: 春秋社, 1952.

*鈴木貞太郎, 『鈴木大拙選集』追卷(2. 禪による生活, 3. 禪の研究, 4. 禪の諸問題, 5. 宗教と現代生活), 東京: 春秋社, 1952.

*鈴木貞太郎,『鈴木大拙・禪選集』(1. 伊豆山解, 禪の思想: 2. 古田解, 禪問答と悟り; 3. 小堀解, 禪による生活; 4. 芋坂解, 金剛經の禪・禪への道; 6. 井上解, 禪堂の生活と修行・禪の世界), 東京: 春秋社, 1960.
*島田春浦,『學生の禪堂生活』-附, 隨筆禪集-, 東京: 中央佛教社, 1940.
*佐藤得二,『學生生活と禪』, 東京: 雄山閣, 1941.
*藤本隣道, 船越丹 堂共編,『活人劍』, 福井發心寺僧堂, 1923.
*上野陽一,『坐の生理心理的硏究』, 東京: 正信同愛會, 1938.
*平田內藏吉,『坐の硏究』, 東京: 山雅房, 1939.
*澤木興道,『坐禪』, 大阪堀書店, 1949.
*蘆津實全,『坐禪指南』, 東京: 榮文館, 1916.
*太田熊藏,『坐禪讀本』, 東京: 中央佛教社, 1938.
*中根環堂,『本當に活る力 坐禪の極意』, 東京: 香風閣, 1936.
*茂木無文,『禪僧の修行ぶり』-附, 僧堂掛搭の乘-, 東京: 光融館1919.
*島田春浦,『禪堂生活』, 東京: 光融館, 1914.
*鈴木貞太郎,『禪堂の修行と生活』, 東京: 森江書店, 1935.
*天岫接三,『禪宗の信仰』, 東京: 春陽堂, 1937.
*圭室諦成,『禪宗の行持作法』, 東京: 雄山閣, 1936.
*乙部呑海,『禪院生活』, 東京: 鴻盟社, 1936.
*大峽竹堂,『禪の生活』, 東京: 春陽堂, 1937.
*秋山範二,『禪と生活』, 東京: 春陽堂, 1941.
*鈴木貞太郎,『禪による生活』, 東京: 春秋社, 1923.
*油井眞砂,『信心と坐禪』, 東京: 分身會, 1935.
*中根環堂,『家庭に生きる禪』, 東京: 和光社, 1937.
*中根環堂,『家庭の禪』, 東京: 春陽堂, 1937.
*菅原時保,『參禪入門』, 東京: 中央出版社, 1928.
*山田孝道,『禪と日常生活』, 東京: 光融館, 1916.
*Suzuki, D. T., *The Zen Buddhist Monk*. Kyoto, 1934.

21. 어록의 특색

선에서는 불립문자와 교외별전을 주장하기 때문에 기록을 남기는 것을 꺼려해 왔다. 그러나 깨달음의 세계는 비록 言語道斷[81]의 경지라고 할지라도 만약 그 세계를 언어문자로 표현하지 않는다면 중생구제의 길은 요원해지고 말 것이다. 중국의 선종사에서 문자를 절대 긍정한 사람은 육조혜능이다.[82] 혜능이 문자를 긍정한 이후 선의 기록이 방대해져 어록문학이라는 한 장르를 이루게 되고, 송 대에 들어오면 어록이 대량으로 만들어지기 시작한다. 이 여파가 유가에도 미쳐 유가의 어록 형성에 지대한 영향을 주게 된다.

어록이 출현하자 경전의 형식과 부처의 권위와 입을 빌려서 표현한 위경이 자취를 감추기 시작한다. 위경이 제작된 이유는

---

81) 言語道斷 : 지적인 생각으로는 도저히 표현이나 판단을 할 수 없다는 뜻이다.

82) 돈황본 『육조단경』 제46단(정유진, 돈황본 『육조단경』, 불조선문화연구원, p.41.)에 "법을 비방하면서 말하기를, 우리는 문자를 사용하지 않는다. 이미 문자를 사용하지 않는다고 했다면 사람들이 말을 하지 않아야 마땅할 것이다. 그러나 말은 곧 문자가 아니고 무엇이랴(謗法直言不用文字. 既云不用文字, 人不合言語. 言語卽是文字.)."

사람이 사람의 말을 신뢰하지 않았기 때문이다. 따라서 위경은 인간 불신 시대의 부산물이고 권위와 형식을 중히 여겼던 시대의 상징물인 것이다. 반면 어록이 제작되면서부터 위경이 사라졌다고 하는 것은 바로 인간의 신뢰가 회복된 것을 의미하며, 인간성을 존중하는 시대가 온 것을 뜻한다.

그러면 어록의 특색을 저서와 서로 비교하여 그 차이점을 밝혀 보자.

일반적으로 어록은 언제나 제3자가 기록을 한다. 예를 들면 돈황본 『육조단경』은 法海가 기록한 것이고, 『임제록』은 三聖惠然이 기록한 것이다. 반면 저서는 한 사람의 학자가 스스로 붓을 잡고 쓴 것이다. 어록은 그 문체가 일상어, 즉 구어나 속어인 점에 비해 저서는 주로 문어체로 되어 있다. 일상의 단편적인 대화를 있었던 사실 그대로 기록한 것이 어록의 원래 모습이었다. 그러나 일상어로 된 어록이 시간이 지남에 따라 문어체로 변하였다. 어록은 일상적인 대화나 설법을 단편적으로 모아서 수록한 것이지만 저서는 일단 저자의 머리속에서 정리되고 개념적으로 추상된 사상을 체계적으로 표현한 것이다. 또 어록은 반드시 정해진 상대를 대상으로 하여 그 사람에게 뜻이 전달되면 그만이지만 저술은 불특정 다수를 대상으로 한다. 저서는 사상이나 철학을 중요시 하지만 어록은 사상이나 철학보다도 인간 그 자체를 더 중요시 여긴다.

선어록은 주로 스승과 제자 사이에 이루어진 구체적인 대화를 기록한 것이기 때문에 사실감과 생동감이 넘쳐흐르는 인간적인 문학양식이다. 또 그 대화는 간단하고 명료하며 일회에 한정되어 있다. 이런 점은 중국인의 사유특색을 반영한 것으로서『논어』이래 중국적인 사유의 특색을 가장 잘 발휘한 것이 어록이라고 생각한다.

<참고문헌>

*柳田聖山,『語錄の歷史-禪文獻の成立史的硏究-』(『東方學報』57, 1985).
*柳田聖山, 世界の名著18『禪語錄』, 東京: 中央公論社, 1978.
*柳田聖山,『선의 사상과 역사』, 추만호 외, 서울: 민족사, 1989.

22. 선문답

선가에서 문답이라 하면 먼저 떠오르는 것이 달마와 혜가의 문답이다. 이 문답이 선문답의 전형으로서 사람들의 관심을 불러일으키기 시작한 것은 마조 이후의 시대이다.

우선 대화가 성립하려면 時·處·位가 구비되어야 한다. 즉 대화를 하고자 하는 사람과 같은 시간, 같은 장소 비슷한 상황이 갖추어졌을 때 대화가 이루어지는 것이다. 특히 선문답은 師資之間에 얼굴을 맞대고 눈과 눈을 마주치면서 직접 문답을 주고받아야 하기 때문에 이 시처위의 三事一致를 강조한다. 직접 마주 보며 대화하는 이유는 선입견을 없애고, 형식적인 틀을 깨며, 상대의 이면을 발견하기 위함이다. 선문답은 반드시 정면에서 있는 그대로 철저하게 오직 한 사람 대 오직 한 사람만의 일대일의 만남으로 이루어진다. 반면에 대화는 일대다수로 이루어지기도 한다. 선문답은 신체적인 접근이 가능한 아주 가까운 거리에서 身心一體의 全身的인 만남으로 이루어진다. 신체와 신체와의 만남이 문답의 내실 그 자체가 되기 때문이다. 전신의 생생한 표현과 생생한 이해는 말 이전의 세계를 전달해 준다. 예를 들면,

定上座가 臨濟에게 묻기를, "어떤 것이 불법의 근본 의미입니까?" 그러자 임제가 繩床에서 내려와 한 손으로 정상좌를 밀쳐 버렸다. 장상좌가 망연자실하여 있을 때 옆에 있던 다른 스님이 말했다. "정상좌, 왜 예배하지 않는가?" 정상좌가 예배하는 순간 홀연히 깨달음을 얻었다.

이 외에도 전신적인 만남은 눈썹을 치켜뜨거나, 코를 잡아 비틀거나, 옆구리를 쥐어박거나, 발로 걷어차는 등의 행위로 이루어지기도 한다.

보통 대화는 이성을 가지고 하지만 선문답은 자기를 버리고 접근해야 한다. 자기의 생각이 남아 있는 한 진실과의 대화는 결코 이루어지지 않는다. 학인이 마음을 비우고 다가 올 때 선승은 자기를 버리고 자기가 되는 것을 가리켜 준다.

선문답은 주로 스승과 제자사이에 개성적인 생활실천을 기록한 것으로서 어느 한 사람의 참된 모습을 찾는 과정이기 때문에 거의가 一問一答으로 진행된다. 그것은 고대 그리스의 대화편과 같이 장황하게 이어지는 일은 절대 없다. 거기에는 영원한 진리를 현실적인 것에 입각하여 생각하려고 하는 중국인의 강한 사유가 작용하고 있는 것이다. 대화는 뒤를 이어 전개해 나가지만 선문답은 한 순간에 주고받는 일회성을 띠고 있다. 선문답은 물음과 대답사이에 뜻의 연관성이 차단되어 있고, 돌발적이고, 비논리적(무논리적)이므로 그 문답은 대단히 이상한 느낌을 갖게 한다. 이것은 일반적인 명제로서 자세하게 대답을 해 주는 대신에 구체적, 일상적, 경험적인 사물을 제시(指事)하여 그것에 의해 이런 철학적인 문제는 思辨的으로 해결되어질 것이 아니라 구상적, 직관적, 정서적으로 해결되어져야 함을 가르치고 있다. 그러므로 선종에서 체험한 지극한 경지는 보편적인 명제와 같은 형식으로 제시되는 것이 아니라 구상적인 直觀像의 형태로 제시 되는 것이다. 그렇지만 대화는 두 당사자 사이에 호환이 있어야 하기 때문에 두세 번 정도의 문답이 왕래하며, 또 문답의 맥락이 서로 통한다. 그리고 선문답에 임하는 사람이 특히 주의해야 할 것은 단지 자기의 본래 문제(一大事)만을 가지고 참여해야 한다.

그런데 이와 같은 구상적인 직관상에 의하여 인생의 번민스러운 문제들을 해결한다는 것은 그 문답을 한 당사자에게는 아주 생생한 사실이었겠지마는 그 문답을 직접 접하지 않은 사람들에게는 지극히 알기 어려운 일이기도 하다. 왜냐하면 선사들은 '절대로 변하지 않는 것' · '영원히 옳은 것' 등의 형이상학적인 관념을 무너뜨리고 절대자의 생생하고 구체적이며 개별적인 자취를 바로 보여 주고 있기 때문이다.

선의 문답에는 무논리의 논리가 숨어져 있지만 중국인들은 이것을 논리적으로 해석하기를 좋아하지 않는다. 따라서 선문답이나 공안을 설명할 때 그것이 논리를 표현하고 있는 것으로 설명하지 않고, 그 논리자체를 구상적 직관적으로 바로 설명해 보이려고 한다. 예를 들면,

"달마는 무엇 때문에 중국에 왔는가(如何是祖師西來意 : 선의 참된 뜻이 무엇인가)?"[83]라는 물음에 대한 대답으로 다음과 같은

것이 있다.

"뜰 앞의 잣나무" 趙州諗禪師
"해 속에 산을 본다" 雲門偃禪師
"흰 구름이 돌을 안는다" 承天宗禪師
"푸른 비단 부채에 서늘한 바람이 만족스럽구나" 汾陽昭禪師
"문 밖의 천 자루 대나무, 부처님 앞의 한 대 향" 德山先禪師
"초를 맛보고 신 줄을 알고, 소금을 맛보고 짠 것을 안다" 佛鑑懃禪師
"智藏의 머리는 희고 백장회해의 머리는 검다" 馬祖道一禪師
"기왓장" 廣法源禪師
"오늘 내일" 演教大師
"오래 앉아 있으니 피곤 하구나" 香林遠禪師
"바람이 불고 해가 비친다." 寶應念禪師
"눈 위에 서리가 내린다." 保寧勇禪師

이와 같이 2000여 년 전에 중국의 한민족이 인도에서 전래한 대승의 반야사상과 불성사상을 받아들여 자신의 민족심리에 입각하여 되새기고 반성하여 마침내 자기 집안의 가재도구가 된 것을 또 다시 자기의 독자적인 언어표현방법에 의해 우리 앞에 내 놓은 것이 선문답이다. 空前絶後의 사상이라 하지 않을 수 없다.

---

83) 선문답의 원형은 『능가사자기』 '홍인장'에 "여기 한사람의 집이 있다. 그 속은 똥과 잡초로 가득 차 있다. 도대체 이것은 무엇인가? 그리고 똥과 잡초를 모두 없애고 깨끗하게 소제하여 한 점의 더러움도 없는 것, 이것은 또 무엇인가?"라고 한 것이 선문답의 최초라고 본다. 그런데 9세기에 접어들면 선문답에도 정형화의 경향이 두드러지게 나타난다.

선에 관심을 가지게 하는 방법 중에서 가장 특이하고 대표적인 것은 선문답일 것이다. 문답이란 글자 그대로 질문하고 대답하는 것이다. 그것은 대개 두 사람, 즉 스승과 제자 사이에 오고 가는 대화이다.

문답은 다음과 같은 점에서 대화와 구별된다. 플라톤의 『대화』나 부처님의 대화에 의해 전형적으로 시사되고 있는 바와 같이 대화는 일련의 계속되는 질문과 대답으로 연결되어 있다. 그러나 선문답은 대체로 一問一答의 형식을 취하고 있으며 짤막한 문답으로 되어 있는 것이 그 특징이다. 문답의 진행은 순간적으로 급진해서 전혀 연속적이지 않다. 다시 말해서 전후의 뜻이 연결되지 않도록 되어 있다. 전후의 문맥이 통한다는 것은 곧 의미가 있다는 말이기 때문에 격외도리의 선문답으로서는 좋은 것이 못된다. 단지 선체험 자체로서 진행될 뿐이다. 즉 마음과 마음과의 만남(대화)이라고 보면 된다. 그리고 선문답은 일회적이며, 고쳐 묻는다거나 고쳐 대답하는 일은 통하지 않는다. 그리고 대결하는 스승과 제자는 자신의 모든 것을 쏟아 붓지 않으면 안 된다.

선은 철학도 아니고, 관념으로 구성된 체계도 아니며, 개념에 의해 전개될 수 있는 것도 아니다. 선사들에 의해 누누이 천명되어 온 바와 같이 선은 직접적이고 즉각적으로 마음을 가리킨다. 선은 비록 마음 그 자체를 알리기 위한 것이라고 할지라도 어떠한 매개체가 거기에 개입하는 것을 용납하지 않는다.

그러나 선이 그 자체를 설명하기 위하여 선을 언어에 호소하는 순간 그것은 모든 자유와 억압 그리고 언어에 근본적으로 내재되어 있는 여러 가지 모순에 의해 곧 바로 희생되고 만다. 선문답은 이러한 희생을 최소화하기 위해 부단히 노력하였다. 그러한 노력이 어록에는 거의 警句와 비슷한 간결한 말들과 불가해한 표현양식으로 일관성 있게 나타나 있다. 또 이렇게 함으로써 문답이 끝도 없이 산만하게 진행되는 것을 막아주는 효과도 있다.

선문답에서 '只如此'・'祇麽(只麽, 오로지)'・'只這是'와 같은 말들은 언어를 초월해 있는 것, 또는 관념적으로 표상될 수 없는 것을 표현해 보이기 위해 선사들이 고안해 낸 대표적인 언어들이다.

그렇다고 해서 문답이 일정한 형식을 가지고 있는 것은 결코 아니다. 그것은 그 때 그 때의 상황과 문답을 엮어가고 있는 사람들의 됨됨이에 따라서 무한하게 변화한다.

선문답과 관련하여 한 마디 덧붙이고 싶은 말은 『주자어류』 권15에,

> "한 권의 책을 읽지 않으면 그 책의 도리를 알 수 없고, 하나의 일을 궁구하지 않으면 그 일의 도리를 알 수 없으며, 하나의 사물에 이르지 않으면 그 사물의 도리를 알 수 없게 된다. 그러므로 반드시 하나하나에 대하여 그것을 이해하지 않으면 안 된다."

고 했듯이 중국인들은 하나의 사물을 통하여 하나의 지식을 얻는 一事一知을 강조한다. 당대에 유행한 선승들의 선문답도 그

러한 유형들이 주류를 이루고 있고, 송 대에 성행했던 공안집들도 불법의 본질을 어떤 하나의 사물을 통하여 체득하도록 문답을 구성하고 있는 것이 많다.

하나의 사물을 통하여 불법의 본질을 체득하도록 하는 것을 指事問義라 한다. 예를 들면 백장이 마조를 모시고 산수유람을 갔을 때 들오리가 날아가는 것을 보고,

> 마조가 묻기를, "이것이 무엇이냐?"
> 백장이 대답하기를, "들오리입니다."
> 마조가 질문하기를, "어디로 가버렸느냐?"
> 백장이 대답하기를, "산으로 날아 가 버렸습니다."
> 그러자 마조가 백장의 코를 잡아 비틀었다. 백장은 아파서 소리를 질렀다.
> 마조가 "또 한 번 더 날아갔다고 말해 보아라"고 했다.
> 백장은 이 말을 듣고 깨달았다.

선승이 산행을 하는 중에 들오리가 날아가는 것은 흔히 있는 일상적인 일이다. 그런데 뛰어난 선승은 일상적으로 흔히 있는 일을 소재로 하여 제자를 깨달음의 길로 인도한다. "다시 어느 곳으로 날아갔느냐"의 질문은 들오리가 날아간 것을 묻는 것이 아니라 질문한 마음이 어느 곳으로 갔느냐는 물음이다. 그러나 백장의 대답은 현상법으로 말하고 있기 때문에 질문과 초점이 어긋난 것이다. 왜냐하면 그의 마음이 들오리를 따라 가버렸기 때문이다. 그래서 코를 비틀린 것이다.

또 다른 예를 보자. 『오등회원』 권5에,

어떤 학인이 석두회천에게 묻기를, "불법의 본질이 무엇입니까?"

회천이 대답하기를, "露柱를 잡고 물어봐라."

학인이 다시 "저는 모르겠습니다"라고 하자.

회천이 말하기를, "나도 모른다."

선문답	대화
일대일	일대다수
일문일답	다문다답
일회성	다회성
비연속적	연속적
간결성	복잡성
近距離	원거리
비형식적	형식적
돌발적, 즉각적	점진적
비논리적	논리적
空心	이성
본래문제(생사대사)	여러 가지 문제
구상적, 경험적, 일상적, 직관적, 정서적	사변적 설명

<참고문헌>

*上田閑照, 「禪問答-序-」(『理想』443, 1970, 4).

*恩田彰, 「禪の悟りと創造性-とくに禪問答を中心として-」(『アジア・アフリカ研究年報』79, 1979).

*井筒俊彦, 「對話と非對話-禪問答についての一考察-」(『理想』655, 1979, 1).
*柳田聖山, 「不立文字の世界-禪問答を考える-」(『言語生活』380, 1981, 2).
*鈴木大拙, 『新版鈴木大拙禪選集』(禪問答と悟り), 東京: 春秋社.
*秋月龍珉, 『禪問答』, 東京: 潮文社.
*和田利彦編, 『禪の講座』第3卷(禪の公案と問答), 東京: 春陽堂, 1939.
*鈴木貞太郎, 『鈴木大拙選集』正編(2. 禪の思想, 3. 一眞實の世界, 5. 宗教經驗の事實, 7. 禪問答と悟り, 10. 無心といふこと, 11. 佛教の大義, 12. 禪道の修行と生活), 東京: 春秋社, 1952.
*鈴木貞太郎, 『鈴木大拙・禪選集』(1. 伊豆山解, 禪の思想: 2. 古田解, 禪問答と悟り; 3. 小堀解, 禪による生活; 4. 芋坂解, 金剛經の禪・禪への道; 6. 井上解, 禪堂の生活と修行・禪の世界), 東京: 春秋社, 1960.

23. 공안

당 말에 널리 유행하기 시작한 공안은 글자 그대로의 뜻은 '公文書' 혹은 '권위 있는 법령'을 말한다. 공안은 재판의 판례로서 그것이 이후의 재판에 대하여 하나의 확실한 선례가 되는 점에서 특히 公이라는 명칭을 부여받게 된 것이다. 다시 말해서 어디까지나 특수한 것이고, 사사로운 것이면서도 그것이 살아 있어서 분명한 역사의 한 부분이기 때문에 공적인 의미를 가지는 것이다.

그러나 공안은 의미가 좀 바뀌어 옛 선사들의 일화나 스승과 제자 사이의 대화 혹은 선사들이 한 말이나 질문 등을 의미하게 되었다. 이렇게 의미가 바뀌게 된 것은 공안이 옛 고승들의 문답, 행동, 일화, 경전의 글귀 등으로 만들어졌기 때문이다. 즉 공안이 古德의 言行範例가 된 것이다.

선승들은 처음에 천부적으로 재질이 부족한 제자들의 선의식을 강하게 일깨우기 위하여 공안을 이용하게 되었는데 후대에 오면 공안은 사려 깊은 선사들에 의해 인위적으로 고안이 되어 모두 선의 진리로 눈을 열어가게 하는 도구로 쓰이게 되었다.

선사들은 선의 깊이에 도달하여 얻은 미묘한 깨달음을 제자들과 함께 나누고 싶어서 공안을 도입한 것이다. 그러나 순수하고 자연적이며 천성 그대로인 선에 공안체계를 도입한 것은 선을 타락시킨 일면도 있지만 동시에 진보시킨 일면도 있다. 다시 말해서 선을 어떤 틀 속에서 이해하려고 한 것은 선을 제한하고 구속하는 결과를 가져왔지만 반면에 대중들에게 선을 널리 전파하는 데는 도움이 되기도 했던 것이다. 즉 당 대의 선이 활기에 차 있고 기지가 번뜩이며 치열하게 불탔으나 송대에 들어와서 공안에 의한 훈련이 일반화되면서 선의 전성기는 점차 쇠퇴의 길로 접어들게 되었다.

선은 동양 정신의 독특한 산물이다. 그 독특함은 실제적인 측면에서는 존재의 모든 비밀이 열리는 깨달음으로 이끄는 조직적인 수행에 있다. 이 조직적인 수행이 공안이다. 공안은 이론이 아니라 사물을 통해서 이치를 밝혀내는 수단이다. 하나하나의 사물 위에 이치를 밝혀 나가는 것이다. 그러나 후대에 가면 공안의 본래 역할은 변질되어 사량분별을 차단하는 도구로 쓰이게 된다. 다시 말해서 공안이 의식의 분별작용을 제거하는 데 목적을 두고 만들어지기 시작한 것이다. 즉, 공안은 의식의 작용이 이원론적으로 이루어지기 때문에 의식의 작용을 일으키지 못하도록 하는데 쓰였던 것이다. 우리의 의식은 자각하는 주체와 자각되는 객체로 분리되어 있는데 이것을 하나로 만드는 도구가 공안이란 것이다. 주객이 하나가 된 세계에 들어가지 않으면 신비의 세계는 경험할 수 없다. 그러므로 공안은 논리에서 생겨난 것이 아니라 심리적 체험에서 생겨난 것이라고 보아야 할 것이다.

공안은 강을 건너기 위한 뗏목이나 달을 가리키는 손가락에 불과하기 때문에 공안은 다만 의식작용의 이원론을 종합 혹은 초월하려는 데 초점이 모아진다. 일본 임제종의 중흥조인 白隱慧鶴(1685~1768)이 자주 한 손만을 내밀고는 손바닥의 소리를 들어보라고 했을 때, 소리란 두 손바닥이 마주 칠 때만 나는 것이라는 인식으로부터 마음이 자유롭지 않는 한 정신은 제약을 받게 되고 그 자신의 본래 뜻에 반하여 분열하게 된다.

공안을 지적으로 이해해서는 안 된다. 왜냐하면 선에는 형이상학이나 상징 같은 것은 전혀 없고, 공안은 논리적 분석이 결코 이를 수 없는 정신의 깊은 곳에서 키워지고 익어가기 때문이다. 예를 들면 어떤 스님이 조주에게 "불교의 근본 원리가 무엇인가"라는 질문에 "뜰 앞의 잣나무"라고 대답한 것에서 이것을 범신론적으로 해석을 해서는 안 된다. 잣나무는 언제나 잣나무 일 뿐 범신론과는 상관없다. 왜냐하면 선은 자체로서 독립하여 존재하는 이유를 가지고 있기 때문이다.

공안은 우리가 상식적으로 생각해 왔던 사유와 추론의 길을 모두 막아 버린다. 막다른 궁지에 몰렸을 때 선공부는 여기서부터 시작된다.

공안의 역할은 학인들에게 탐구적인 태도를 가지도록 격려하는 것이 공안이 노리는 목표이다. 예를 들면 혜명상좌가 육조대사에게 선이 무엇인가에 대하여 질문을 했을 때 육조혜능은 이렇게 말했다.

"그대의 마음이 선도 생각하지 않고 악도 생각하지 않을 때 그대의 본래면목이 무엇인가를 생각해 보라."

공안은 수수께끼도 아니고 재치문답도 아니다. 공안의 목적은 철벽같은 의문을 일으켜 그것을 극한까지 밀고 나가는데 있다.

공안의 벽이 한 번 뚫리고 나면 다시 말해서 모든 지적인 방해물을 쓸어버리고 나면 우리는 일상적이고 상대적인 의식으로 되돌아오게 된다. 그 때 선은 세상에서 가장 일상적이고 평범한 것이 된다.

공안에 의한 조직적 훈련체계야말로 선의 고유한 특징이다. 이것 때문에 무아경에 도취되거나 단순한 명상에 빠지는 것을 막아주고 靜的 관조로부터 선을 구제해 준다. 선은 삶을 살아있는 활동 가운데서 포착하려 한다. 삶의 흐름을 멈추게 하거나 그것을 관조하는 것은 선적인 태도가 아니다. 그러므로 정신상에 공안을 끊임없이 現前시키는 것, 마음을 항상 깨어있게 하는 것, 완전한 활동 상태에 있게 하는 것이 중요하다. 선은 깨어있는 정신의 가장 활발한 각성상태, 즉 깨어있는 삶의 한가운데서 성취된다. 이 깨달음은 정신의 부자유스런 억압에 의해서 얻어질 수 있는 것은 아니다. 선이 명상(dhyāna)과 다른 점이 여기에 있다.

여기서 공안의 조직적인 체계를 말한 것은 선의 진면목에서 한 발 물러나 유용성의 측면에서 말한 것이다. 선은 번갯불이 번쩍이는 것과 같아서 한 치의 생각도 끼어들 공간적 시간적

틈이 없다. 선을 외곽에서 피상적으로 바라보아서는 안 된다. 체계적인 합리성과 일관성과 그리고 모순 상위 같은 것은 선의 껍데기에 불과하다.

공안은 스승이 제자에게 부과하는 역설적인 표현이나 설문, 그리고 선사들의 직접적인 행위 등을 의미한다. 선사들의 정신적 훈련과 정신형태는 주로 공안체계에 의존한다. 스즈끼는 "禪話라는 형식으로 전승된 이름난 문제가 공안의 자격을 얻게 되었으며, 이런 공안이 참선할 때 제자에게 주어졌다"고 주장한다. 예컨대 공안에 의거한 간화선의 수행에서 정신적 자기변혁이란 사건은 언제 어디서나 자유롭게 아무런 제약 없이 터지게 된다. 왜냐하면 논리적 추이라는 연결고리를 단번에 끊어주기 때문이다.

그러나 공안만으로 모든 것이 다 풀리는 것은 아니다. 선을 체득하는데 좌선은 필수조건이다. 공안이 해결되었다 하더라도 좌선수행을 충분히 하지 않으면 선의 깊은 정신적 진리를 남김없이 누릴 수 없다. 그러므로 선에 있어서 공안과 좌선은 새의 두 날개와 같다. 공안이 눈과 같다면 좌선은 발과 같다.

그러면 공안이 가져다 준 폐단을 보자.

지금까지 공안의 수는 대략 1700개 정도로 추산하고 있지만 정작 한 사람의 학인을 깨우치기 위해서 쓰인 공안은 기껏해야 10개 안팎이다. 심지어 하나인 경우도 있다. 이 하나만으로도 한 학인을 선의 궁극적인 진리로 이끄는데 충분하다. 그런데 중요한 것은 철저한 깨달음을 얻기 위해서는 학인 자신이 확고한 신념으로 자신의 몸과 마음을 모두 공안에 바칠 때 가능하다. 완전한 깨달음은 공안을 하나하나 단계적으로 정복해 가는 데서 얻어지는 것은 아니다. 공안의 수와 깨달음과는 아무런 관계가 없다. 정말로 필요한 것은 학인의 흔들리지 않는 신념과 주체적인 노력이다. 이미 앞에서 누차 강조했듯이 선을 사변으로 이해하려는 사람이나 추상적으로 받아들이는 사람은 선의 진면목에 이를 수 없다. 선의 깊이는 가장 높고 밀도 있는 정신적 의지의 힘에 의해 열린다.

학인들이 인간의 내적 생명의 발굴이라는 선의 본래 목적을 잊고 공안이 전부인양 착각하는 경우가 있는데 주의해야 할 일이다. 대혜종고가 스승 원오극근의 백칙공안을 불태워 버린 이유도 선의 부패와 쇠퇴를 염려했기 때문일 것이다. 공안은 어디까지나 깨달음에 이르는 수단이기 때문에 사물의 살아 있는 움직임을 通透하는 전체적인 조망과 충분한 통찰력을 얻으면 그 뿐이다. 공안 그 자체에 불법의 진리가 있다고 착각해서는 결코 안 된다.

<참고문헌>

*原田弘道, 「公案理解の一視點」(『駒澤大學佛敎學硏究紀要』39, 1981, 3).

*原田弘道, 「公案禪の成立について」(『駒澤大學佛敎學部硏究紀要』30, 1972.

*古田紹欽, 「公案の歷史的發展形態における眞理性の問題」(宮本正尊編『佛敎の根本眞理』, 三省堂, 1956.

*和田利彥編, 『禪の講座』第3卷(禪の公案と問答), 東京: 春陽堂, 1939.

*長坂金雄編, 『禪』第3巻(朝比奈宗源, 禪の公案), 東京: 雄山閣, 1942.
*古田紹欽, 『公案』, 東京: 角川書店, 1956.
*明眼庵主, 『室內開放 公案解答集』, 東京: 大有學會, 1922.
*古田紹欽, 『公案の歷史的發展形態における眞理性の問題』, 東京: 三省堂, 1956.
*林屋友次郎, 『公案の見方と解き方』, 東京: 春陽堂, 1938.
*伊藤古鑑, 『なり切る修行 禪の公案解說』, 東京: 甲子社書房, 1940.
*伊藤古鑑, 『禪の公案』, 東京: 春陽堂, 1938.
*朝比奈宗源, 『禪の公案』, 東京: 雄山閣, 1938.
*和田利彥編, 『禪の公案問答』, 東京: 春陽堂, 1938.
*伊藤林作, 『禪と禪僧と公案』, 東京: 明治書院, 1961.

24. 깨달음

1) 깨달음에 이르는 길

선수행의 목적은 사물의 본질을 꿰뚫어 볼 수 있는 새로운 눈을 뜨는데 있다. 새로운 시각이 열리는 것을 깨달음(開悟)이라 한다. 선적인 삶은 깨달음으로부터 시작된다. 이 깨달음은 지적 논리적 이해와는 달리 직관적 통찰이라고 할 수 있다. 다시 말해서 깨달음은 이원적 사유로 물들어 있던 마음이 만법과 하나가 되는 새로운 세계가 열리는 것을 말한다. 불교에서 주장하고 있는 깨달음의 논리도 이와 마찬가지이다. 신라 원효의 記會本 『대승기신론소』 권1에 "도를 배우는 사람은 온갖 경계를 길이 쉬어서 마침내 일심의 근원으로 돌아가야 한다"(『한국불교전서』 1책, p.733중)라고 한 것처럼 마음 속에서 일어나고 있는 이원론적인 분별심을 그치게 하는 유일한 방법은 자신의 근원적인 일심으로 되돌아가는 길밖에 없다는 것을 꼭 명심해야 한다. 쉽게 말해서 깨달음이란 자신의 본래 마음자리로 되돌아가는 것을 가리킨다.

그러면 깨달음에는 어떻게 이르는가?

宋 代 대혜종고(1089~1163)의 문하에 道謙이라는 학인이 있었다. 그는 오랫동안 노력했지만 선의 비밀을 깨닫지 못해 낙심하고 있었다. 그러던 차에 먼 곳으로 심부름을 가게 되었다. 반년도 넘게 걸리는 여행이었으므로 선수행에 장애가 될까 염려하고 있었다. 이를 본 친구 宗元이 그를 위로했다.

"여행 중에 허전할 터이니 내가 동행해 줄게. 여행 중이라 해도 수행을 하지 말라는 법은 없지 않은가."

이렇게 여행을 같이 하게 되었는데 어느 날 저녁 도겸은 친구 종원에게 삶의 비밀, 즉 일생의 大事를 해결해 달라고 눈물을 흘리며 애원했다. 종원은 이렇게 말했다.

"나도 힘닿는 데까지 도와주고 싶지만 내 힘으로는 어떻게 할 수 없는 일이네. 그런 일은 자네 자신이 해야 하네."

도겸은 "그 일이 도대체 무엇이냐"고 물었다.

"가령 자네가 배고프고 목마를 때 내가 먹고 마신다고 해서 자네 배가 불러지지는 않아. 자네가 먹고 마셔야지. 오줌이 마려울 때 네가 직접 누어야지 누가 대신해 줄 수 있는 일이 아니지. 그리고 이 길을 걷고 있는 것은 바로 자네 자신이지 다른 사람이 걸어 줄 수 있는 것이 아니지 않는가."

이 우정어린 충고에 그 진지한 구도승은 눈을 떴다. 그는 얼마나 기뻤든지 손이 춤추고 발이 뛰노는 것을 스스로 깨닫지 못할 정도였다. 종원은 자기의 일이 끝났음을 알았다. 더 이상 동행할 필요가 없음을 느끼고 도겸을 혼자 여행하게 했다. 반년 후 도겸이 돌아 왔을 때 대혜가 때 마침 산을 내려오는 길에 도겸과 마주쳤다. 대혜는 그를 보자 기뻐서 이렇게 외쳤다.

"이제는 자네가 모든 것을 다 알고 있구나."

또 다른 한 예는 香嚴은 원래 백장의 제자였으나 스승이 입적하자 潙山에게 갔다.

위산이 향엄에게 묻기를,

"자네는 나처럼 역시 백장의 문하에서 자랐고 특히 지혜가 뛰어나다고 들었다. 그러나 그 지혜를 어디에 쓰겠는가. 지혜로써 선을 이해하려 들면 지적, 분석적 이해에 떨어지고 만다. 그렇지만 선의 깊이에 대해서 너도 뭔가 통찰한 바가 있을 것이다. 그것을 듣고 싶다. 삶과 죽음의 원리, 즉 생사의 일대사를 듣고 싶다. 부모도 아직 태어나기 이전 너 자신의 모습은 무엇이었던가(父母未生前, 本來面目)?"

이 질문을 받고 향엄은 어쩔 줄 몰랐다. 자기 방으로 돌아와 백장이 생전에 강의한 노트를 찾아보았으나 자신의 견해로 내놓을 만한 신통한 해답이 없었다. 그는 다시 위산에게로 가서 선의 이치에 대해 가르쳐 달라고 졸랐다. 그러나 위산의 반응은 냉담했다.

"나는 너에게 가르쳐 줄 것이 아무것도 없다. 만일 가리키려고 한다면 너는 훗날 나를 비웃게 될 것이다. 그렇지 않다 하더라도 내가 너에게 말하는 것은 나의 것이지 너의 것은 아니다."

향엄은 실망하여 위산을 인정이 없는 사람이라고 생각했다. 바로 그는 정신 성숙에 전혀 도움이 되지 않는 수많은 노트와 강의록을 불에 태워버리고 속세를 떠나 고독하게 불제자의 계율에 따라 살기로 결심했다.

'그렇게 이해하기도 어렵고 가르칠 수도 없는 것이라면 불교를 연구해서 무슨 소용이 있겠는가'라고 혼자 생각하며, '나는 그런 어려운 것을 생각하지 말고 그냥 평범한 수행승으로 살리라'고 결심했다.

그래서 향험은 위산을 떠나 남양혜충국사의 묘 옆에 초막을 짓고 지냈다. 어느 날 마당을 쓸고 있었는데 빗자루에 쓸린 자갈 하나가 근처의 대나무에 부딪쳤다. 이 소리가 예기치 않았던 무명의 긴 잠을 깨워 주었다. 마음의 눈이 열린 것이다. 그는 기뻐서 어쩔 줄 몰랐다. 위산이 제기했던 물음이 마침내 분명해졌다. 마치 돌아가신 부모님을 다시 만난 것과 같았다. 그 때 비로소 향엄은 자기에게 친절히 가르침을 베풀어 주지 않았던 위산이 얼마나 고마운지를 깨닫게 되었다. 위산이 만약 나에게 가르쳐 주겠다고 나섰더라면 나의 눈은 영원히 열리지 않았을지도 모른다고 생각했기 때문이다.

위의 두 인용문에서 시사하는 바는 첫째, 선은 철저히 본인 스스로의 경험을 바탕으로 해야 한다는 것을 강조하고 있다. 그 경험은 스스로 해야 하는 것이며, 남이 절대 대신해 줄 수 없는 일이다. 남에게 들은 간접 경험은 자기에게 삶의 힘도 되지 않고 오히려 자유로운 생활에 장애가 될 뿐이다. 둘째, 깨달음은 지식을 축적함으로써 오는 것이 아니라 반대로 이원론적인 지식을 버림으로써 얻을 수 있다는 것을 말해 주고 있다. 선에서는 먼저 깨달아 있지 않으면 어떤 설명이나 논의도 다른 사람과 통할 수 없다. 깨달음이 개념이 될 때 깨달음은 이제 깨달음이 아니다. 그곳에는 더 이상 선경험은 없는 것이다.

스승이 제자를 위해 할 수 있는 일은 암시와 시사뿐이다. 스승은 언제나 제자가 목표로 향할 수 있도록 길을 가리키는 일밖에 할 수 없다. 목표에 이르는 일, 즉 진리를 확고하게 붙잡는 일은 전적으로 자제 자신의 손에 달려 있다. 아무도 그것을 대신해 줄 수 없다. 왜냐하면 처음부터 참 면목은 학인들로부터 감추어져 있었던 것은 아무것도 없다. 학인이 보기를 원했던 모든 것은 자신 앞에 본래부터 있었기 때문이다.

2) 깨달음이란

깨달음의 내용에 관하여 말한다면 이 깨달음과 선은 사람들의 지적인식을 충족시켜 줄 수 있는 기교나 표현으로써는 절대 나타낼 수 없다. 왜냐하면 선은 지적 관념의 작업이 아니고, 깨달음은 일종의 내적 지각이기 때문이며, 그것은 개별적 대상의 지각이 아니라 실재 자체의 지각이기 때문이다. 또 깨달음이 궁극적으로 귀착하는 곳은 자신이다. 깨달음이란 본래의 자기 자신에게로 되돌아가는 것이다.

깨달음은 존재의 가장 깊은 뿌리를 흔들어 놓기 때문에 깨달음의 획득은 우리들의 삶을 전체적으로 바꾸어 놓는다.

스즈끼는 "깨달음은 선의 존재이유이므로 깨달음이 없는 선은 있을 수 없다"고 했다.

깨달음이라는 체험이 상당히 불투명하고 애매한 것이지만 깨달음이 어떻게 성취되며, 그것은 무엇으로 구성되어 있는가? 다시 말해서 '무엇에 의하여' 혹은 '무엇에 대하여 깨닫는가?'

하는 것은 아직도 안개 속에 가려져 있다.

깨달음이란 언어로 표현하기 어려운 신비임을 언제나 마음 속에 새겨 두는 편이 훨씬 더 나을 것이다. 구체적으로 깨달음의 경지에 이르면 견해가 어떻게 되는지 『경덕전등록』 권22에 나오는 청원유신선사의 말을 들어 보자.

> "선에 발을 들여 놓기 전에는 산은 산이고 물은 물이었다. 그런데 훌륭한 선지식을 만나 깨우침에 들어가 보니 산은 산이 아니고 물은 물이 아니었다. 그러나 이제 완전히 깨닫고 보니 산은 역시 그대로 산이요, 물은 역시 그대로 물이더라. 그대에게 묻노니 이 세 가지 견해가 서로 같은 것이냐, 다른 것이냐, 이것을 터득한 사람이 있다면 그는 이 노승과 같은 경지에 있음을 인정하리라(老僧三十年前. 未參禪時. 見山是山. 見水是水. 乃至後來. 親見知識. 有入處. 見山不是山. 見水不是水. 而今得箇休歇處. 依前. 見山祇是山. 見水祇是水. 大衆這三般見解. 是同是別. 有人緇素得出. 許與親見老僧.)."

일본의 아베마사오(阿部正雄)은 이를 다음과 같이 해석했다.

> 첫 단계의 견해는 '산은 산이고, 물은 물임'을 강조하였다. 이는 선사가 선을 닦기 이전의 견해이다. 그러나 그가 선을 닦은 지 몇 년 후 어느 정도 契會가 있었을 때 그는 '산은 산이 아니고, 물은 물이 아님'을 깨닫는다. 이것이 두 번째 단계의 견해이다. 그러나 그가 깨달았을 때 분명하게 '산은 단지 산이고, 물은 단지 물임'을 인식하였다. 이는 세 번째 단계이며, 최후의 견

해이다. … 두 번째 단계는 첫 번째 단계의 견해에 대한 부정으로서 여기에는 어떠한 분별이나 어떠한 개체화의 작용도, 어떠한 긍정성도, 어떠한 주객의 이원적 대립도 존재하지 않는다는 것을 인식하였다. 이 단계에서 반드시 만물은 모두 공이라 말한다. 최고의 실재를 드러내기 위하여 이러한 부정적인 인식은 중요하며 필요한 것이다. 그러나 만약 이러한 부정적인 인식에 멈춘다면 그것은 허부주의에 떨어지고 말 것이다. 따라서 비록 두 번째 단계에서 山水, 자타의 분별을 극복하였지만 그러나 여전히 다른 형식의 분별을 담고 있다. 이것은 더 높은 층차상의 분별로서 바로 첫 번째 단계와 두 번째 단계의 무분별 사이의 분별이다. 단지 분별의 부정에 대한 무분별로 삼는다면 여전히 차별에 빠지게 된다. 왜냐하면 그것은 분별과 대립되고 분별을 반대하는 것이기 때문이다. 진정으로 차별이 없고 동일성적인 것이 최고 실재를 인식하기 위해서는 반드시 무분별의 배후에 숨겨져 있는 더 높은 층차상의 분별성을 극복해야 한다. … 셋 번째 단계에 도달했을 때 완전히 새로운 분별형식을 갖게 된다. 이것은 무분별을 부정함으써 인식되어진 분별(무분별의 분별)이다. 여기에서 다음과 같이 말할 수 있다. “산은 단지 산일 뿐이고, 물은 단지 물일 뿐이다.” 山水는 그 총체성과 개별성에서 자신을 드러내고 그것은 주관적인 입장에서 보았던 객체가 아니다. … 세 번째 단계인 최후에서 산과 물은 그들의 본래적인 면목에 따라 있는 그대로 산과 물로 긍정되게 된다.

阿部正雄이 너무 자세하게 설명을 해 주었기 때문에 더 이상 말이 필요 없는 것 같다.

깨달음은 진정한 자아의 본질에 대한 통찰을 포함하고 있으며, 자아에 대한 일그러진 환상으로부터 우리의 의식을 해방시키는 것이다. 선은 본래의 내적 자아를 깨닫는 것이며, 인간의 원초적인 면목을 투시하는 것이며, 자아를 통해서 에고(ego)를 해소시킴으로써 불성 혹은 만유의 보편성을 얻는 경험이다. 한마디로 말해서 종교적 자기변혁이라고 할 수 있다.

요컨대 깨달음이란?

상대적 의식이 사라진 그 자리가 바로 깨달음의 자리이다.

깨달음은 개인의 경험 가운데서 가장 개인적인 본인 자신만의 일이다.

깨달음에서 나타나는 선수행의 방법은 극단적으로 개인적인 형태를 띠고 있다.

깨달음은 본성이 자신의 숨겨진 힘을 의식적으로 그것도 아무런 매개 없이 전달하는데 성공한 본성의 움직임인 것이다.

그런데 주의할 것은 깨달음이 어떤 대상에 생각을 집중함으로써 기이한 정신적 상태를 산출하는 것과 같은 것은 아니다. 깨달음이란 사물을 보는 새로운 시각을 얻는 일이다. 의식이 눈 뜬 이래 우리는 개념적이고 분석적인 방법으로 내적, 외적 조건에 반응하도록 훈련되어져 왔다. 선수행은 바로 이러한 토대를 한꺼번에 뒤집어 버리고 새로운 기반위에서 정신활동이 이루어지도록 하는 것이다. 그러므로 상대적 의식의 산물인 형이상학적 상징적 명제에 대해 명상하는 것은 선에 전혀 도움이 되지 않는다.

깨달음은 일종의 심적 大異變(catastrophe)이다. 구도자가 자신의 모든 분별심을 소진시켰다고 느낀 순간 갑자기 무의식으로부터 드러나는 새로운 시각의 열림이다.

3) 迷悟의 차이

깨달음을 얻기 전과 얻은 뒤의 외부적인 모습은 비록 조금도 변함이 없다할지라도 정신적인 면은 완전히 다르다. 香嚴智閑이 '고목 속의 용트림'·'해골 속의 눈'(『경덕전등록』 11권)이라고 말한 것은 말라서 비틀어진 죽은 물건이 아니라 무가치하고 무의미한 것이라고 생각한 것 가운데 절대의 빛이 작용하고 있는 것을 나타내고 있는 말이며, 진리를 체득한 사람들이 생기있게 활동하고 있는 모습을 나타낸 것이다.

깨달음의 경지가 이 현실의 세계와 다른 것이 아니라는 것을 보여주는 대표적인 예가 소동파의 시에 잘 나타나 있다.

> "여산 땅에는 보슬비가 내리고 절강의 물에는 조수가 오른다.
> 아직 보지 못했을 때는 온갖 생각을 다하게 되나
> 가서 보고 온 뒤에는 별다른 것도 없다.
> 여산에는 비가 내리고 절강에는 조수가 오른다."

이 시의 내용상으로 보아 첫 구와 끝구가 같다. 이는 외부의 대상이 전과 다름없이 변화하지 않고 있는 그대로의 모습을 노래하고 있는 것이다.

또 다른 예를 보자.

조주에게 어떤 학인이 "무엇이 부처님입니까?"

조주가 대답하기를, "법당에 계신다."

학인이 묻기를, "법당에 있는 것은 진흙으로 빚져 만든 불상이 아닙니까?"

조주가 대답하기를, "바로 그렇지."

학인이 묻기를, "그러면 참 부처님은 무엇입니까?"

조주가 대답하기를, "법당에 계시지." …『경덕전등록』 10권(『대정장』 권51권, p.277하)

깨달음의 경지는 겉모습만 보아서는 이전의 모습과 전혀 다를 것이 없다는 것을 보여 주고 있는 좋은 예이다.

깨달음을 체득했을 때 외적인 모습은 전과 다름없이 동일하지만 내적인 의식은 상당한 변화를 일으킨다. 예를 들어 임제와 동시대의 사람인 조주는 "모든 사람은 십이시의 부림을 당하고 있지만 老僧은 십이시를 부리고 있다"고 한 것이나 돈황본 『육조단경』 제42단에 "법달이 『법화경』을 자기의 것으로 만들지 못했을 때는 『법화경』에 굴림을 당했지만 『법화경』을 자신의 것으로 만든 이후부터는 『법화경』을 마음대로 굴리게 되었다"[84]는 것은 미오의 차이를 나타내고 있는 말이다. 깨달음을 이룬 사람은 대상을 자기 마음대로 부릴 수 있지만 그렇

84) 돈황본 『육조단경』(정유진, 돈황본 『육조단경』, 불조선문화연구원, p.37.)

지 못한 사람은 대상에 부림을 당하는 것이다. 환언하면 대상에 집착을 하게 되면 애착이 생기 때문에 지혜가 없는 어리석은 중생의 삶이 이루어지는 것이며, 대상을 깨달음의 지혜로써 인식한 후 그 대상에 집착을 하지 않으면 지혜로운 부처의 삶이 이루어지는 것이다. 그러므로 미오의 기준점은 법이 사람을 쫒으면(法逐人) 깨달음에 이른 것이고, 반대로 사람이 법을 쫒으면(人逐法) 아직 깨달음에 이르지 못한 것이다.

깨달음은 주관과 객관이 하나인 사실을 인식하는 一體性의 경험이다. 이런 일체성의 경험은 무심의 경지에서 오는 것이며, 깨친 눈으로 본다는 것은 무심하게 보는 것을 말한다. 또 알고 있다는 것은 무념의 상태에 있는 것을 의미하기 때문에 선은 곧 무심이고, 무심이 곧 깨달음이다. 이 때 참된 자기가 드러나는 것이다.

임제가 말하는 진인, 무사인, 진정도인이라는 것도 지금 여기에 구체적으로 실존하는 것(此人)일뿐 어떤 일반적 개념이나 본질적 성질도 아니고, 고립되고 절대화된 개체도 아니다. 임제의 견해에 의하면 "성스러움이라는 것은 사람의 내부에 감추어져 있는 보배가 아니며, 구체적인 坐人의 존재는 불성을 있는 그대로 투명하게 드러내는 것이라"고 했다. 그는 인간존재를 무한히 초월하고 초월계에서 참사람을 만나는 것에 주안점을 두고 있다.

4) 깨달음의 경계

禪悟의 경계는 冷暖自知의 입장이기 때문에 그 경계를 표현하는 것을 꺼려왔다. 그러나 깨달음의 경계는 곧 무애자재한 심미적 경계이므로 전혀 표현이 불가능한 것만은 아니다.

첫째, 和諧의 美가 나타난다.

이런 화해의 미경을 希遷은 "창공에 걸림 없이 흰 구름이 날아가는 것"이라고 표현했다. 굉지정각은 "밤기운은 다시 산의 격조로움을 끊어 없애고 하늘빛은 물과 서로 통한다"고 했으며, 또 설두중현은 "눈 덮인 갈대 꽃"이라고 심금을 털어 놓았다.

둘째, 자연의 미가 나타난다.

선에서 자연의 미는 선사가 감수한 자연의 境色美이다. 장사경잠에게 한 수좌가 "화상은 어디서 왔습니까?"라고 묻자, 그는 "산을 노닐며 왔습니다"라고 대답했다. 다시 "어디로 가십니까?"라고 묻자, "시작은 방초를 따랐으나 다시 지는 꽃을 좇아 돌아 간다"고 했다. 修禪하는 것이 바로 꽃을 따르고 풀을 좇는 것이다.

셋째, 蒼凉의 미가 나타난다.

美境에 대한 깨달음은 禪者의 심경과 관계가 있으며, 선자의 인생체험과 유사하다. 따라서 어떤 때는 선오의 경계가 창량감으로 나타난다. 현사사비의 法嗣인 仙宗遷符에게 어떤 학인이 "성인들이 빛을 거두어 본원으로 돌아 온 후 어떠합니까"라고 묻자, 그는 "세 마리 원숭이 울음이 창에서 끊기니 만리를 떠난 나그네가 처량하게 듣는다." '愁(처량)'한 자에 자신의 미경을 담고 있다.

넷째, 空靈의 미가 나타난다.

선오의 경지는 空闊淸淨함과 靈明한 감각으로 자연경계와 융화한다. 자연도 없고 나도 없는 경지이다. 임제가 "강산을 홀로 비추는 둥근 달은 고요한데 나 홀로 크게 웃는 한 소리에 천지가 놀라 깨어지는구나(孤輪獨照江山靜, 自笑一聲天地驚)"라고 것도 같은 경계이다. 청원하 7세인 鳳凰從琛에게 어떤 학인이 "무엇이 봉황의 경계입니까?"라고 묻자 그는 "눈 내리는 밤에 밝은 달을 본다(『오등회원』 8권)"라고 했다. 청원하 8세인 廣平玄旨선사에게 어떤 학인이 묻기를, "무엇이 法身體입니까?"라고 묻자, 그는 "확 터여 텅 비니 이지러짐조차 없도다"고 했다. 다시 묻기를, "무엇이 본체 가운데 물건입니까?"라고 묻자, 그는 "둥글고 밝은 달이 가을 강에 흩어진다"고 했다. 여기에 눈 내리는 밤(雪夜), 밝은 달(明月), 허공, 가을 강(秋江) 등의 意境은 空靈의 경계를 나타낸다. 芙蓉道楷에게 어떤 학인이 "어떤 것이 일을 드러내지 않는 것입니까?"라고 묻자 그는 "배 가득 달을 싣고 어부가 갈대꽃에 잠을 잔다"고 대답했다. 이는 사람이 달빛 아래 하얀 갈대꽃 속으로 융입된 것이다. 굉지정각은 "바람이 스쳐 연기가 날리고 갈대에 눈이 쌓이며 배는 들판에서 물을 건너니 가을을 머금었도다(『宏智禪師廣錄』 4권)"라고 했다. 이는 완전히 텅 비어 한 사람도 없는 경지이다.

다섯째, 禪悅의 미가 나타난다.

禪悟의 審美적인 감정 가운데 가장 본질적인 것은 아마도 선열일 것이다. 선열은 어떤 때에 아무런 一境도 겨냥하지 않고 다만 자심이 깨달음을 얻은 후 기뻐하는 감정을 드러내는 것이다. 백장회해(720~814)의 문하에 어떤 스님이 보청할 때 북소리를 듣고서 이내 호미를 들고 크게 웃으며 돌아갔다. 그러자 백장이 "빼어나구나! 이것이 觀音入理의 문이로다(『고존숙어록』 권1)"고 했다. 위산영우의 문하에 불을 때던 어떤 스님이 木魚를 두드리는 소리를 한 번 듣고 부지깽이를 던져 버리고 크게 웃으며 갔다. 이런 상황은 모두 깨달음 후의 환희를 표현하고 있는 것이다.[85)]

5) 수행과 깨달음의 관계

수행과 깨달음의 관계를 선후로 나누어서 생각해서는 결코 안 된다. 수행이 곧 깨달음이 되어야지 수행을 통하여 깨달음 얻는다는 생각은 버려야 한다. 修證一致가 되지 않으면 깨달음이라는 것은 영원히 현실성이 없는 이상적인 것으로 남게 될 것이다.

일본 조동종의 개조인 도원의 『정법안장』 '辨道話'에

"불법에서 수행과 깨달음은 같은 것이다. 왜냐하면 현재의 수

---

85) 이 깨달음의 경계는 董郡, 『祖師禪』, 浙江人民出版社, 1997, p.297(董群, 김진무 외, 『조사선』, 서울 : 운주사, 2000, pp.487~491.) 참조.

행은 깨달음 속의 수행이기 때문이다. … 수행이 이미 깨달음이기 때문에 깨달음은 끝이 없다. 또 깨달음 속의 수행이기 때문에 수행은 시작이 없다."

라고 했다. 이와 같이 도원은 수행과 깨달음을 하나로 보고 있다. 즉 수행자의 깨달음과 깨달은 사람의 수행은 다 같이 불성에 기초를 두고 있기 때문에 같다는 것이다. 수행과 깨달음의 내적관계는 자기동일적인 불성에 근거를 두고 있는 것이다. 쉬운 말로 표현하면 순간을 잘 사는 사람은 영원을 잘 사는 사람이다. 왜냐하면 영원이라는 것은 바로 지금 이 순간 속에 있기 때문이다.

깨달음은 결코 정적인 것이 되어서는 안 되고, 수행 속에서 계속적으로 불성을 확인해 나가야 한다. 깨달은 사람이란 특별한 사람을 지칭하는 것이 아니고 수행을 계속하는 사람을 가리킨다는 것을 꼭 명심해야 한다.

<참고문헌>

*和田昌太郎, 「生死と問題」(『印度學佛教學研究』19-1, 1970, 12).
*春日禮智, 「生死卽涅槃について」(『宗教研究』206, 1971, 3).
*春日禮智, 「煩惱卽菩提について」(『印度學佛教學研究』19-1, 1970, 12).
*安井廣濟, 「煩惱卽菩提について」(『煩惱の研究』, 1975, 9).
*安井廣濟, 「煩惱卽菩提」(『大谷學報』54-2, 1974, 9).
*玉城康四郎, 「佛教における悟りと救い」(『日本佛教學會年報』44, 1979,

3).
*大矢正昭「無心と悟」り(『日本佛教學會年報』44, 1979, 3).
*西谷啓治, 「'覺'について(1)」(『東洋學術硏究』18-3, 1979, 6).
*水野弘元, 「悟りについて」(『禪硏究所紀要』11, 1982, 3).
*恩田彰, 「禪の悟りについて」(『白山哲學』9, 1973, 7).
*原田弘道, 「禪における悟りと心理」(『駒澤大學佛教學硏究紀要』32, 1974, 3).
*恩田彰, 「禪の悟りと創造性」(『理想』588, 1982, 5).
*恩田彰, 「禪と創造性」(『中央公論』88-4, 1973, 4).
*鈴木大拙, 『新版鈴木大拙禪選集』(禪問答と悟り), 東京: 春秋社.
*恩田彰, 「禪と創造性」(『佛教の比較思想的硏究』, 1979, 2).
*鎌田茂雄, 「絶對無に現われる自在境」(『遊』1006, 1979, 4).
*恩田彰, 「佛教と創造性-とくに禪を中心として-」(『東洋大大學院紀要』12, 1976, 2).
*福島慶道, 「禪と人生」(『禪文化硏究所紀要』107, 1983, 1).
*上田閑照, 「自己の現象學-十牛圖を手引として-」(『展望』227, 1977, 11).
*星川啓慈, 『悟りの現象學』, 京都: 法藏館.
*邢東風, 『禪悟之道』, 中國人民大學, 1992.
*光融館編, 『禪道叢書』(第5編, 日置默仙, 悟つてから), 東京: 光融館, 1916.
*鈴木貞太郎, 『鈴木大拙選集』正編(2. 禪の思想, 3. 一眞實の世界, 5. 宗教經驗の事實, 7. 禪問答と悟り, 10. 無心といふこと, 11. 佛教の大義, 12. 禪道の修行と生活), 東京: 春秋社, 1952.
*鈴木貞太郎, 『鈴木大拙・禪選集』(1. 伊豆山解, 禪の思想: 2. 古田解, 禪問答と悟り; 3. 小堀解, 禪による生活; 4. 芋坂解, 金剛經の禪・禪への道; 6. 井上解, 禪堂の生活と修行・禪の世界), 東京: 春秋社, 1960.
*今成覺禪, 『佛教最後の地點』, 東京: 中央佛教社, 1928.
*大內青巒, 『東坡居士の禪喜』, 東京: 曹洞宗青年會, 1913.

*日種讓山,『悟の心境』, 東京: 春陽堂, 1937.
*大內青巒,『安心のしおり』, 東京: 鴻盟社, 明治36年.
*鈴木貞太郎,『悟道禪』, 東京: 大雄閣, 1935.
*高階瓏仙,『悟道の妙味』, 東京: 隆文館, 1919.
*釋宗活,『悟道の妙味』, 東京: 禪話叢書刊行會, 1922.
*釋道圓・小西榮三郎編,『悟道の妙味』, 東京: 天享書林, 1928.
*日置默仙,『悟道の妙味』, 東京: 修養圖書普及會, 1934.
*新井石禪,『向上の一路』, 東京: 東亞堂, 1915.
*鈴木貞太郎,『向上鐵鎚』, 東京: 興成館, 1915.
*西澤賴應,『悟りの心理』, 日本文化史論纂ノ內.
*日置默仙,『悟りの眼を開け』, 東京: 中央出版社, 1927.
*渡邊約山,『人生向上 悟りの道』, 東京: 廣文堂, 1916.

25. 선문화

문화란 물질과 마음, 지혜와 행위, 현상과 본체가 일체화되어 나타난 결과라고 할 수 있다. 선 그 자체는 문화도 사상도 아니다. 왜냐하면 무한한 사상이나 문화를 창출하기 때문이다. 그러나 이 문제는 간단하지 않다. 일본의 아키츠키(秋月龍珉)은 『公案』이란 책의 '후기'에서 '禪道'와 '禪學'을 구분하여 말하기를, "선도는 선 그 자체를 말하며, 선학은 학문으로서 저작을 말한다"고 했다. 또 니시타니(西谷啓治) 등은 "선학은 선 그 자체와 구별해야 한다"고 주장한다. 니시타니는 『선문화』 제44호(1967년, 3월)에서 "선문화와 선 그 자체를 구별하여 선 그 자체가 선문화가 될 수 없다"고 했다. 따라서 필자는 생활 그 자체인 선과 사상인 선학과 구별되어야 한다고 생각한다. 그러면 선문화는 어느 범주에 포함시켜야 하는가? 선사상을 토대로 하여 이루어진 여러 가지 생활문화를 선문화라고 생각한다. 그렇기 때문에 선문화는 선생활의 일부분에 포함되어야 할 것이다.

니시 규우(西義雄)는 "선과 선문화는 다르다"고 말하면서 선문화에는 다음과 같은 세 가지 면이 있다고 한다.

첫째, 선원의 생활 속에 나타난 선문화이다.

行儀作法과 예절, 그리고 선장들의 제자교육과 관련하여 보여준 여러 가지 방편들을 들 수 있다. 여기에는 윤리도덕까지 포함된다.

둘째, 사상면에서 나타난 선문화이다.

여기에는 넓게는 선에 관한 지식까지 포함되며, 좁게는 선에 관한 학문을 말한다.

셋째, 넓은 의미의 선예술을 선문화로 보고 있다.

이 가운데 첫 번째와 세 번째에 관해서는 설명이 더 필요 없지만 두 번째 사상면의 선문화와 선의 구별에 대하여 주목할 필요가 있다. 물론 선과 선사상과의 문제는 선을 떠난 선사상이 있을 수 없으므로 서로 분리될 수 없는 관계에 있기는 하지만 선사상과 구별하여 선 그 자체만을 생각해야 한다. 그 이유는 선승의 어록이나 여러 가지 기록으로부터 그 의미를 추출해 내는데 대단히 중요한 관점이 되기 때문이다.

니시타니는 "선문화와 선 또는 선 그 자체란 인간이 개인적으로나 사회적으로 자기 자신을 진실한 인간으로 만들어 갈 경우나 자기 형성과정에서 무엇인가 본질적 가치를 지닌 문화를 만들어 낼 경우, 그 때 본질적으로 작용하는 힘을 가리킨다"고 했다. 스즈끼는 그의 저서 『禪』 가운데서 "우리들의 이 신체는 전지와 같은 것으로써 불가사의한 힘이 그 안에 감추어져 있다. … 선은 우리의 마음에 샘솟고 있는 창조와 자비의 충동을 모두 생각대로 작용케 하는 힘이라"고 했다. 그는 '이것이 선에 의한 참된 자유이며 선의 목적은 여기에 눈을 뜨는 것'이라고 설명하고 있다(鈴木大拙, 『禪』, p.42).

이와 같은 힘이 언어나 동작을 통하여 제자의 교육으로 나타난다. 이러한 것이 사상이다. 즉 광의의 지식이나 협의의 학문이라는 것으로 나타나며, 또는 광의의 예술 활동으로 나타난다. 다시 말해서 문학이나 서화, 다도, 유도, 검도, 서도, 화도 등으로 현상화한 것이 선문화이다.

선 그 자체는 인간의 가장 기본적인 창조력과 자비활동의 힘을 내는 원천이며, 선에 의해서 자기의 본래면목이 나타나는 것이다. 그러므로 선에 의해서 표출된 창조력과 중생구제의 자비심과 그리고 자신의 진면목이 일상생활 속에서 구현된 것이 선문화라고 볼 수 있다.

선문화에는 선사의 경지나 개성, 그리고 실생활 등이 나타나 있다. 이 중 선사의 경지를 연출하는 하나의 예로서 선시로 표현되는 게송, 즉 投機偈(悟道頌)가 있다. 雪峰義存의 法嗣인 長慶慧稜(854~932)의 게송을 보자.

> 만상에 홀로 드러난 몸이여
> 오직 아는 자만이 이에 가깝구나
> 예전에 그릇되게 길가에서 찾았는데
> 오늘 보니 불속에 영롱하게 어렸어라.

『전등록』에 나오는 동산의 투기게를 보자.

> 남을 따라 구하는 것을 간절히 피하노니
> 멀고멀어서 나와는 상관없다

나는 지금 혼자서 가는데
가는 곳마다 그를 만날 수 있네
그는 지금 바로 곧 나이다
나는 지금 곧 그가 아니다
참으로 당연히 이렇게 만나서
비로소 변함없이 맺어진다.

이 밖에 선문화의 예술방면으로는 문학이 있으며, 대표적인 것은 禪詩를 들 수 있다. 또 서도·회화·조각·건축·정원·다도 등도 있다. 이 선 예술이 갖추어야 할 일곱 가지 성격은 불균형(無法)·간소함(無雜)·숭고함(無爲)·자연스러움(無心)·깊고 그윽함(無限)·탈속(無礙)·정적감(無動, 不動)이다. 선 예술의 일곱 가지 성격을 설명하는 중에 ( )안의 내용은 일본의 히사마쯔 신이치(久松眞一)가 선 예술의 성격에 선사상을 배치한 것인데 특이하다. 墨畵속의 선 세계는 주로 명암으로 나타나는데 그것은 그림이 그려져 있는 부분(흑)과 그려져 있지 않은 부분에 의해서 선명하게 드러난다. 이것은 무위와 유효의 조화를 표현한 것이다. 또 선화에서는 많은 여백을 두고 있는데 이는 죽어 있는 공간이나 비어 있는 공간이 아니라 우주의 신령스러운 기운이 왕래하는 유동처이다.[86] 다시 말해서 그 여백은 생명이 살아서 숨쉬고, 걸림이 없는 자유와 자주를 보장하는 공간이라는 것이다. 선에서 추구하는 자유정신을 여백으로 대변해 주고 있는 것이다.

86) 마원의 '한강독조도' 참조.

禪畵는 특히 본심에서 우러나와 영원히 살아 꿈틀거리는 모습으로 그리지 않으면 안 된다. 선화는 선 그 자체의 표현이기 때문에 불균형, 간소화, 은밀함의 성격을 지녀야 한다. 간단히 말해서 선 그 자체의 회화적인 자기표현이라고 할 수 있다. 진정한 선자가 되어야만 비로소 선화를 그릴 수 있는 것이지 선 체험이 없는 추상화가가 아무리 비슷한 그림을 그린다 해도 그것은 선화가 아닌 것이다. 시와 건축, 차와 정원도 그 사물의 마음을 듣고 읽을 수 있게 표현해야 한다. 선예술의 생명은 절대 복잡하면 안 되고, 단순하고 소박해야 한다. 왜냐하면 그윽하면서도 꾸밈이 없는 것이 최대의 美이기 때문이다. 여산을 사랑하고 정토교를 신봉했던 蘇東坡(1036~1101)의 유명한 시 한수를 들어보자.

> "시냇물 소리는 장광설
> 산색이 어찌 청정한 몸이 아니랴.
> (溪聲便是長廣舌, 山色豈非淸淨身)"[87]

일본에서는 여러 가지 예술과 기예들을 '道'라고 한다. 예를 들면 花道·茶道·劍道·弓道·柔道·歌道·書道 등을 들 수 있다. 道字를 붙인 이유는 선 정신의 깊은 감화를 받고 있기 때문이다. 다시 말해서 마조가 '평상심이 도(平常心是道)'라고 한 것처럼 종교적인 것은 매일 매일의 일상생활 속에 있고, 성스

87) 이 두 구 밑에 "夜來八萬四千偈, 他日如何擧似人.(밤사이 팔만사천게송을 다른 날 어떻게 남에게 들어 보이리오.)"라는 양구가 더 있다.

러운 것은 범속한 것 속에 있다는 사실을 명심해야 한다.

선의 문화는 지난날의 모습이 아니라 지금 우리들의 삶 속에 나타나고 있다. 옛 선승들의 마음이 자기의 그림과 시와 차와 묵화와 그리고 정원을 통하여 비쳐질 때 우리는 옛 선승들의 품속에 안길 수 있다. 문화는 살아 있는 생활양식이기 때문에 무한히 개발하고 창조해 나가야 한다.

우리는 역사를 초월한 역사를 만들어야 한다.

<참고문헌>

*古田紹欽・柳田聖山・鎌田茂雄, 叢書『禪と日本文化』, 東京: ぺりかん社.

*伊藤古鑑, 『茶と禪』, 東京: 春秋社.

*鈴木大拙, 『禪と日本文化』, 三聯書店, 1989.

*柳田聖山, 『禪の文化-資料篇』(禪の文化研究班研究報告第1册, 京都大學人文科學硏究所, 1988).

*上田閑照・柳田聖山, 『十牛圖-自己の現象學』, 東京: 筑摩書房, 1982.

*Heinrich Dumoulin, 『선과 깨달음』, 박희준, 서울: 고려원, 1988.

*和田利彦編, 『禪の講座』第6卷(禪と文化), 東京: 春陽堂, 1939.

*長坂金雄編, 『禪』第2卷(上田大助, 禪の見方; 增永靈鳳, 支那の禪宗; 諸岡 存, 禪と茶道), 東京: 雄山閣, 1942.

*長坂金雄編, 『禪』第4卷(宇井伯壽, 佛教一般における禪の地位; 福場保洲, 禪と社會; 龍居松之助, 禪と庭園), 東京: 雄山閣, 1942.

*長坂金雄編, 『禪』第6卷(井原徹山, 禪と文字; 沖 六鵬, 禪と書道), 東京: 雄山閣, 1942.

*長坂金雄編, 『禪』第8卷(江田俊雄, 禪と現代, 市川白弦, 禪思想の形成; 田邊 泰, 禪宗の建築), 東京: 雄山閣, 1942.
*久松眞一等, 『現代禪講座』第3卷(禪の文化), 東京: 角川書店, 1957.
*鈴木貞太郎, 『鈴木大拙選集』續編(5. 文化と宗教, 6. 宗教と生活), 東京: 春秋社, 1952.
*小笠原秀實, 『禪文化の體系』, 東京: 昭森社, 1944.
*立花大龜, 『茶禪論』, 東京: 1939.
*大塚洞外, 『大衆禪畵入門』, 東京: 鴻盟社, 1961.
*谷善之丞, 『禪心の遍歷』, 東京: 東京書房, 1961.
*古田紹欽, 『禪茶の世界』, 東京: 春秋社, 1956.
*古田紹欽, 『禪心の茶と書』, 東京: 春秋社, 1956.
*沖六鵬, 『禪と書道』, 東京: 雄山閣, 1941.
*諸岡存, 『禪と茶道』, 東京: 雄山閣, 1941.
*龍居松之助, 『禪と庭園』, 東京: 雄山閣, 1941.
*古田紹欽, 『禪の茶・禪の書』, 東京: 春秋社, 1959.
*鈴木貞太郎, 『茶と禪』, 東京: 春陽堂, 1938.
*伊豆山善太郎, 『茶の精神と禪』, 東京: 角川書店, 1956.
*横山秀哉, 『禪宗建築の研究』, 仙台: 東北大學, 1952.
*中野楚溪, 『禪宗の建築と庭園』, 東京: 春陽堂, 1938.
*久松眞一編, 『禪と美術』, 京都: 黑美社, 1958.
*鈴木祖恭, 『詩禪一味』, 東京: 民友社, 明治44年.
*和田利彦編, 『禪と文化』, 東京: 春陽堂, 1938.
*齋藤清衛, 『禪文藝』, 東京: 春陽堂, 1938.
*中島訝樂之都, 『禪と音樂』, 東京: 新思社, 1961.
*Waley, Arthur., *Zen Buddhism and its Relation to Art*. London Luzac, 1922.

26. 선과 문학

선은 분명히 언어문자의 개념을 초월해 있는 것은 사실이다. 그러나 선체험은 문자로써 표현이 불가능하다고 하여 체험의 세계를 말하지 않는다면 이는 절름발이의 선이 되고 말 것이다. 왜냐하면 종통만 있고 설통이 없기 때문이다. 완전한 선은 종통과 설통이 구비되어야 한다. 선은 사실의 세계를 체험하는 것도 중요하지만 그 체험의 세계를 글자로 표현하는 것도 그에 못지않게 중요하다. 『조당집』 권10에 나오는 당 대의 鏡淸선사의 말을 들어 보자. "속박에서 벗어나기는 쉽지만 있는 그대로의 진실을 말하기란 더 어렵다"고 한 것은 곧 깨닫는 것은 오히려 쉽지만 그 깨달음 속에 빠지지 않고 깨달음 그 자체를 있는 그대로 언어문자로써 표현하는 것은 훨씬 더 어렵다는 뜻일 것이다. 『전등록』 권28에 약산유엄선사(751~834)는 "언어를 없애서는 안 된다. 나는 지금 그대들을 위하여 이런 말을 하여 언어가 없는 곳을 드러내고 있는 것이다." 『조당집』 권12에 禾山화상은 "격조 높은 수행자는 언어를 버릴 수 없다" 또 『전등록』 권29에 양나라 때 寶誌화상이 지었다고 하는 『대승찬』에 "만약 도의 참 모습을 깨닫고자 한다면 겉으로 드러난 현상과 언어를 없애서는 안 된다" 그리고 방거사는 "그대의 깨달음을 그대 자신의 말로 표현하여 말해보라"고 한 말들은 언어를 초월한 이법 그 자체를 상하지 않게 하면서 어떻게 그것을 말로 표현할까하는 근원적인 문제를 제기하고 있는 것이다. 선은 '以心傳心'이고 '不立文字'라는 것만을 주장할 것이 아니라 언어를 초월해 있는 것을 언어로써 끌어내는 것도 중요하다. 또 선승은 자기가 깨달은 내용을 객체화하는 성찰의 과정을 거침으로써 자기검증이 이루어지는 것이다. 자기 검증이 이루어지지 않고서는 깨달음이 자기 것이 될 수 없으며, 남에게 가르칠 수 있는 것도 못된다. 선의 언어, 선의 문학이 이러한 이유 때문에 나오는 것이다. 왜냐하면 도는 본래 말이 없지만 말로 인하여 도가 나타나기 때문이다(『華嚴大疏』).

중국의 唐 代(618~907)는 문화의 전성기였다. 특히 화려한 당 문화를 대표하는 唐詩는 중국 문학사상 최고의 수준에 도달하고 있다. 淸 代 康熙年間(1662~1722)에 칙명에 의해 편찬된 『全唐詩』 전900권에 수록된 시인은 모두 2,200여 명이고, 작품은 48,000首이다. 이 처럼 당시는 그 양과 질에 있어서 가장 우수한 시문학의 완성을 보여주고 있다.

당시가 이처럼 왕성했던 것은 당 대의 정치, 경제와 같은 사회적 수준의 고양에도 있지만 무엇보다도 시인들의 문학적 상상력을 크게 자극한 것은 불교의 영향을 배제할 수 없을 것이다.

장려한 발전을 이룩한 당 대의 불교는 시인들로 하여금 인간의 깊고 치밀한 정신세계와 현실의 질곡 저편에 펼쳐진 무한대의 사유세계에 눈을 뜨게 했다.

특히 중세 동양의 봉건적 사회구조 속에서 드물게도 개인의 존재와 개인의 자유를 중시한 중국선 특유의 압도적인 인간신뢰정신은 선불교의 독실한 귀의자였던 王維(701~761)와 인생의 희비애락을 불교체험으로 이행시킨 白居易(772~846)와 같은 대시인의 열렬한 귀의를 받고 있다. 선불교는 단순히 선종교단의 불교만이 아니라 한 시대의 진보적인 이념을 전망하고 추구하는 문학적 상상력의 원천이었던 것이다.

南宗畵의 원조이며, 琵琶의 명연주자인 시인 왕유와 詩聖이자 詩史로 불리는 杜甫(712~770)와 <長恨歌>[88]와 <琵琶行>의 시인 백거이와 古文運動의 대가 韓愈(768~824)같은 당 대 제일류의 시인들은 선과 합류함으로써 동양의 자연과 인생을 선의 깊고 무한한 靈感으로 表白했다. 그 뿐만 아니라 시인들은 그들이 갈고 닦은 典雅한 文詞로써 입적한 선승들의 전기적 碑銘을 섰다. 시인들은 선승들의 비명 집필자로서 시인과 선승의 정신적인 親緣관계를 맺었다. 왕유의 字는 摩詰인데 이는 『유마경』의 주인공인 維摩詰을 자신의 이름으로 사용한 것이다. 성이 왕씨이기 때문에 '왕마힐'이라 한 것이다. 왕유가 유마거

88) <장한가>는 현종과 양귀비의 이별장면을 한층 더 恨惘하게 묘사하고 있다.

호위병들 소란피우며 출발하지 않으니 천자도 어쩔 수 없고
가름한 눈썹의 양귀비는 천자의 발 앞에서 살해되었다
그녀의 꽃 비녀는 땅에 버려져도 줍는 사람이 없었다
물총새 날개깃, 황금공작 머리모양의 머리장식, 옥비녀도 흩어졌다
천자는 얼굴을 손으로 가리 운 채 구해내지 못하고
돌아보는 얼굴에는 피와 눈물이 뒤섞여 흐른다.

사를 이토록 좋아했던 이유는 유마는 번뇌 속에 살면서도 번뇌의 물듦에서 완전히 해방되어 있는 자유인이기 때문이다. 왕유는 이와 같은 인간상을 자신의 이상적인 인간형으로 삼았고, 또 자신도 선과 문학을 통해서 유마의 길을 걷고자 했던 불교 체험자였다. 그래서 그를 '詩佛'이라 했다. 왕유는 道光선사의 문하에서 10여 년간 가르침을 받았고, 북종선과의 접촉은 그의 어머니 崔씨의 영향이 컸다. 750년 모친 최씨가 세상을 떠나자 왕유는 집을 기증하여 절로 만들기를 청하는 표를 올리기도 했다. 왕유는 740년 하택신회를 만난 이래 남종선에 지대한 관심을 갖게 된다. 이 처럼 왕유는 선불교의 남북양종과 교류를 가졌던 인물이다.

당 대 시인들의 공통점은 정치적 좌절이다. 왕유도 백거이도 당 왕조의 궁정에서 벌어지고 있는 권력투쟁을 보고 싶지 않았을 것이다. 그래서 시인들은 정치가 손을 뻗을 수 없는 반정치의 세계, 즉 小世界에서 해방을 갈구하고 있었다. 盛唐(712~766) 이후 作文과 作詩, 그리고 능력을 위주로 하는 과거제도가 정착되면서 신분이 낮은 독서인도 고급관리로 입신할 수 있는 길이 열리기는 했으나 과거에 합격하더라도 정쟁에 휘말려 불우한 생애를 보낸 사람들이 많았다.

성당기의 불교는 장안과 낙양의 두 도시를 중심으로 하여 왕후나 귀족의 비호를 받으면서 고원한 교리탐구에 빠져 민중교화라는 종교 본래의 활동은 하지 않고 있었다. 그러나 安史의 難(天寶의 難)이 일어나자 그런 대세를 일변시켰다. 낙양과 장안 두 도시의 황폐, 귀족계급의 몰락, 신흥관료가 대두함으로써 불교뿐만 아니라 사회전반에 걸쳐서 체질개선을 하지 않으면 안 되었다. 강서의 변방지역을 중심으로 하여 '作用卽性'·'日用卽妙用'의 발랄하고 단적인 마조선이 싹튼 시기도 이 때이다.

한유의 자는 退之이다. 당송8대가의 제일인자로서 고문운동의 주역이자 배불사상가이며, 시인이다. 한유의 고문운동은 六朝 이래 형식과 기교에 넘치는 화려한 문체를 버리고 秦漢시대의 소박한 문체로 복귀함으로써 살아 있는 인간성의 육성을 되찾고자 하는 운동이다. 한유와 그의 제자 李翶(?~844)는 유교의 道統說을 새롭게 제기하면서 고문운동을 주장했다. 한유는 그 시대의 유교가 五經, 즉 易經, 書經, 詩經, 禮經, 春秋의 훈고주석에만 치우쳐 진정한 孔孟精神을 계승하지 못하고 있다는 비판과 자각을 통해 새로운 유교적 인간상의 탐구를 주장하게 된다. 따라서 한유의 고문운동은 단순히 문학개혁운동이 아니라 유교적 이상을 구현하기 위한 운동이었던 것이다.

한유는 송 대 新儒教의 사상적 선구자로서 유교의 진가를 현양하였고, 도가와 불교의 사상적 오류를 논증하기 위해 『原人』, 『原道』, 『原性』과 같은 비판서를 저작했으며, 또 <論佛骨表>를 올려 인습적이고 무기력한 당시의 도시불교를 비판했으며, 유교의 현실우위를 강조했다. 그러나 이 <논불골표> 때문에 819년 52세의 나이로 刑部侍郎에서 潮州(廣東)자사로 좌천되고 만다. 이 좌천생활을 할 때 불교와 접촉을 하게 되는데 이 때 그는 <논불골표>가 불교의 심연에 대한 이해가 결여되어 있다는 사실을 깨닫게 된다.

지금까지 세속의 시인들과 불교와의 관계를 살펴보았다. 이

제 선승들의 詩世界로 들어가 보자.

선은 內心自證을 강조한다. 내심자증이란 인간존재의 근저를 뿌리 채 흔들어 놓는 물질문화나 어떠한 사상적 권위에도 의지함이 없이 오직 인간 자신이 획득하는 생의 진실을 깨닫는 것이다. 그렇기 때문에 선은 일단 인간의 관습적인 언어감각을 파괴할 것을 요구한다. 그리고 가장 평범한 일상 속에서 연출되는 인생을 口語나 俗語로 말한다. 그러나 그 일상의 평범이 개념적인 교리구성이나 사상적인 설명에서는 도저히 불가능한 불교의 심연을 자유롭게 표현하고 있는 것이다. 따라서 안목있는 선승들은 모두 시인이다. 대표적인 선승으로 임제의현, 설두중현, 굉지정각 등을 꼽을 수 있다. 그들은 시인이 되기 위하여 별도로 문학수업에 열중하지는 않았지만 그들이 남긴 悟道頌, 傳法偈, 遺偈 등은 모두 주옥같은 시이다.

인간의 영혼을 움직이는 사상이란 결코 논리적인 판단을 고정시킨 물질의 공간에서 얻어지는 것은 아니다. 오랜 자기 단련과 침묵 속에서 닦여진 안목이 있어야 하는 것이다. 『조당집』, 『전등록』, 『송고백칙』, 『벽암록』, 『무문관』 등에 실린 선승들의 시는 바로 오랜 자기단련과 침묵 속에서 완성된 내심자증의 진실을 표명하고 있는 것이다. 그러므로 시의 완성은 그대로 선의 완성이며, 인견의 완성인 것이다. 金의 시인 元好間(1190~1257)은 이렇게 말한다.

> "시는 선객이 꽃을 수놓은 비단
> 선은 시인이 옥을 다듬는 칼"

(詩爲禪客添花錦, 禪是詩家切玉刀.)

禪詩에는 심오한 관찰과 빼어난 사상이 깃들어 있다. 소나무 그림은 堅貞한 품격을 상징하고, 매화그림은 고결한 심성을 표현해 준다. 대나무는 선승의 강직하고 올곧은 성격과 텅 빈 무심의 세계(반야공사상)를 대변해 준다. 그리고 갈대나 파초는 견실하지 않는 식물을 상징하는 것으로 人身의 허망함에 비유한다. 경에도 같은 내용이 나온다. 『열반경』 권2 '수명품'에 "마땅히 이 몸은 마치 파초와 같고 뜨겁게 타버리는 불길과 같고 물거품과 같은 것이라고 관찰하라(當觀是身 猶如芭蕉 熱時之焰 水沫幻化)." 또 '여래성품'에 "이 몸의 견고하지 못함이 마치 파초수와 같다(喩身不堅 如芭蕉樹)." 또 '사자후보살품'에 "마치 파초가 안에 실질이 없는 것과 같이 일제중생의 몸도 이와 같다(亦如芭蕉 內無堅實 一切衆生身亦如是)"고 한 것은 모두 허공과 같이 실체가 없는 몸을 파초에 비유한 것이다.

선승들이 자연현상들과 접촉하는 이유는 자연과 자기주관이 합일되는 禪的인 체험을 얻기 위함이다. 즉 자연과 불교철학의 수행이 완전한 융합을 이루고 있는 情景交融의 경지를 체험하기 위함일 것이다. 『조당집』 권19에 복사꽃이 활짝 핀 것을 보고 홀연히 대오하여 그 기쁨을 가눌 수 없어서 토로하는 영운지근의 華辭의 시를 보자.

삼십년 동안 劍을 찾던 나그네여
하릴없이 꽃이 피고진지 몇 년이었던가

복사꽃 한번 본 뒤로
이제 다시 미혹하지 않네

불가의 禪悟를 특정한 자연현상을 비유하여 표현하고 있다. 사람이 느끼는 자연미의 감성형상 속에는 불가의 선오가 함축되어 있으며 자연감상은 선수행과 융합되어 있다. 다시 말해서 자연의 풍경을 선오의 심리로 묘사하여 자연미의 형상 속에 선을 투과시키고 있는 것이다.

『열반경』에 "마치 허공을 나는 새처럼 그 자취를 찾을 수 없다(如鳥飛空 迹不可尋)." 또 『화엄경』에 "제법적멸을 깨달은 자 마치 허공을 나는 새처럼 그 흔적을 남기지 않는다(了知諸法寂滅 如鳥飛空 無有迹)"고 한 내용을 선승들은 자연형상을 통해 몰종적의 경지를 표현하고 있다. 야부도천이 반야공의 몰종적세계를 읊고 있는 시를 보자.

"대나무 그림자가 섬돌을 쓸지만 먼지는 일어나지 않고,
달빛이 호수 밑까지 뚫어도 물에는 흔적이 없네."
(竹影掃階塵不動, 月穿潭底水無痕.)

또 선승들은 흰 구름이 지나가는 봉우리를 보고 무심의 경지를 읊어 내고 있다. 『전등록』 권20 '善靜禪師條'(『대정장』 51, p.368하)에

"대나무가 아무리 빽빽하지만 어찌 물이 흘러가는 것을 가로

막을 것이며,

산이 아무리 높지만 어찌 흰 구름이 지나가는 것을 방해하랴."

(竹密不妨流水過, 山高那阻野雲飛.)

라고 한 詩는 있는 그대로의 자연현상에 자신의 禪境을 그려내고 있는 것이다.

끝으로 문학과 관련하여 당 대의 變文에 대하여 일언을 더하고자 한다. 당 대의 변문은 중국불교의 전파와 발전과정에서 성립된 일종의 通俗講唱文學(俗講)이다. 이 통속 강창문학은 불교사원의 광장이나 도시의 거리에서 일반대중을 대상으로 행해진 佛經故事해설이다. 강창문학은 불교의 심원한 교법에 대한 고차원적인 설법보다도 대중이 접근하기 쉬운 통속문예의 마력을 가지고 세간을 傾倒시켰으며, 마침내 궁정과 상류귀족사회에도 큰 영향을 주었다.

엄격히 말해서 변문이란 불경고사를 전변시켜서 만든 통속문예이다. 변문은 일반적으로 敍事文學의 특징을 보이고 있으며, 수미일관 고사를 바탕으로 인물형상과 심리활동을 묘사하고 있다. 그러므로 순수한 불교경전의 문학형식과는 다르다.

梁 慧皎의 『고승전』 권13 '唱導篇'에 고사의 형식을 이용하여 대중교화를 목표로 하는 종교선전이 이미 東晋과 劉宋 무렵에 유행하고 있었으며, 당시에는 이를 '轉經唱導'라고 불렀다고 밝히고 있다. 즉 불교사상을 전변시켜 法理를 선창하고 대중의 마음을 개도하기 위한 방편이었던 것이다.

불교의 초전부터 시작해서 7세기 말, 즉 성당 무렵이 되면 변문은 완전한 속강형식을 취하면서 하나의 문학형식으로 출현하게 된다. 이 변문은 완전한 문학작품은 아니었으나 후세의 白話文學과 수많은 민중예술 형성에 직접적인 영향을 주었다. 동시에 변문은 당대의 문학형식에 신선한 활력을 불어 넣었으며, 당대문학은 변문의 영향을 받아서 敍事化, 통속화의 방향으로 발전하게 되었다. 또 당대에는 이 변문을 강의하는 講唱法師와 俗講僧도 있었던 것 같다.

천백여 년 이상 불멸의 예술적 명예를 누리고 있는 당 대의 대시인 白居易(772～846, 자는 樂天)의 <長恨歌> 역시 당시 유행했던 변문강창의 깊은 영향을 받아 성립한 대표적인 작품이다.

최근에 돈황의 막고굴 천불동 제17굴에서 다량의 돈황변문이 발견되었고, 돈황변문인 『八相變』, 『目連變』도 변문 가운데 하나이다.

<참고문헌>

*柳田聖山, 「敦煌の禪籍と矢吹慶輝(1-2)」(『三藏集』2, 1975, 10).

*田中良昭, 「『敦煌佛典と禪』の發刊に因んで」(『佛教學硏究年報』56, 1981, 12).

*田中良昭, 「敦煌文獻と禪宗資料-その整理狀況と資料價値-」(『佛教學硏究年報』7, 1973, 5).

*沖本克己, 「敦煌出土西藏文禪宗文獻の硏究(1)」(『印度學佛教學硏究』

26-1, 1977, 12).
*沖本克己, 「敦煌出土西藏文禪宗文獻の研究(2)」(『印度學佛教學研究』27-2, 1979, 3).
*沖本克己, 「敦煌出土西藏文禪宗文獻の研究(3)」(『印度學佛教學研究』28-1, 1979, 12).
*金岡照光, 「ペリオ將來敦煌漢文寫本目錄」(大阪毎日新聞社, 『佛敎藝術』96, 1974, 10).
*川口久雄, 「敦煌講經變文と敦煌變相畵-變文と繪卷序說-」(『Huseum』283, 1974, 10).
*大下一眞, 「中國の禪籍にあらわれた詩歌の研究-その序說-」(『駒澤大學佛敎學部論集』, 1971, 3).
*秦 慧玉,『詩偈作法』, 東京: 鴻盟社.
*入矢義高,『求道と悅樂-中國の禪と文學-』, 東京: 岩波書店, 1983.
*田中良昭,『敦煌禪宗文獻の研究』, 東京: 大東出版社, 1983.
*那波利貞,「俗講と變文」(『佛敎史學』第2・3・4號, 1950).
*向達,「唐代俗講考」(『燕京學報』16, 1934).
*向達,「唐代俗講考」(『文史雜誌』3・9・10, 1944).
*梅津次郎,「變と變文」(『國華』第760號,, 1955).
*入谷義高,「變文」(『佛敎文學集』, 平凡社, 1975).
*王重民,『敦煌變文集』2, 北京: 1957.
*加地哲定,「中國佛敎文學研究」(高野山大學, 1965).
*澤田瑞穗,『佛敎と中國文學』, 東京: 國書刊行會, 1975.
*鄭振鐸,『中國俗文學史』上, 商務印書館, 1938.
*陳允吉,『唐音佛敎辨思論』, 上海古籍出版社, 1988.
*陳允吉,『中國文學과 禪』, 일지, 서울: 민족사, 1992.
*芳賀幸四郎,『中世禪林の學問及び文學に關する研究』, 東京: 日本學術振興會, 1956.

27. 선과 자연

제목을 '선과 자연'이라고 했지만 '동양인이 보는 자연관'이라고 제목을 바꾸어 생각해도 무방할 것이다. 자연이 우리에게 시사하는 의미는 다양하다.

우선 대체적으로 서양인들은 자연을 神과 대항하고 있는 것으로 생각하고 있다. 다시 말해서 자연은 神性에 저항하고 있다는 뜻이다. 자연은 신적인 것과 대립하여 작용하고 있으며 그런 의미에서 자연을 피조물로 생각한다. 불행하게도 신이 세상을 창조했음에도 불구하고 세상은 신과 역행하고 있다. 또 더 우스운 일은 조물주로서의 신은 자신의 피조물과 싸우고 있는 모순된 모습을 발견할 수 있다.

서구인들이 자연을 보는 견해를 대략 정리하면 다음과 같다.

첫째, 자연과 인간을 적대적인 관계로 보고 있다.

인간이 애써 신의 자리에 오르려고 하면 신은 오히려 그를 끌어내리려고 하고, 심지어 죽이기까지 한다.

둘째, 자연과 신은 서로 투쟁 관계에 있는 것으로 보고 있다.

자연과 신이 투쟁관계에 있는 한 자연과 인간도 역시 투쟁관계에 놓이게 되는 것은 기증사실이다. 그렇기 때문에 인간은 신에 의한 명령에 따라서 항상 자연에 대한 그의 정복욕을 유감없이 발휘하고 있는 것인지도 모른다.

셋째, 인간은 항상 타협적이고 우정어린 자세로 자연에 접근하는 것은 아니라고 보고 있다.

그렇기 때문에 하나는 다른 하나를 파괴하기 위해서만 움직이고, 자연 안에는 인간의 정신적인 발전을 도와주는 요소라고는 아무것도 없다고 생각한다.

넷째, 자연은 물질적인 세계이며, 물질적인 세계는 착취와 탐구의 대상이라고 간주한다.

다섯째, 또 다른 의미에서 물질계는 맹목적인 존재이며, 인간을 위해서 존재하는 것이라고 생각한다. 그러므로 인간은 자연을 그대로 획득해서 유용하게 써 먹기만 하면 된다고 생각한다.

여섯째, 인간과 자연이라는 이분법은 영원한 대립과 비타협을 의미한다. 따라서 이들은 서로 파괴적인 행동을 감행한다.

이러한 사실들로 미루어 볼 때 자연에 대한 인간의 참여와 자연과 인간의 동화를 암시하는 생각은 하나도 보이지 않는다. 따라서 서구인들에게는 자연과 인간은 서로 분리되어 있고 적대관계에 있는 것이라고 결론지을 수 있다.

반면 동양인의 자연에 대한 견해는 어떤지 살펴보자.

먼저 『노자』 제25장에 "사람은 땅을 본받고, 땅은 하늘을 본받고, 하늘은 도를 본받는다"고 한 것은 노자의 도는 결국 자연으로 되돌아 그와 하나가 된다는 뜻이다. 그런데 자연으로 돌아간다는 말은 루소가 말한 것과는 상당히 다르다. 왜냐하면 루소가 말한 자연은 유위자연이고, 노자의 자연은 무위자연이기 때문이다.

동양인은 자연도 역시 능력과 힘을 가지고 있다고 본다. 자연은 인간의 부름에 응답한다. 인간이 자연의 섭리에 순응하면서 그것과 우호적이면 자연도 인간에게 우호적인 자세로 그가 가지고 있는 모든 비밀을 다 내보여 주며 나아가 자신을 잘 이해할 수 있도록 도와주기까지 한다.

서구인들이 자신을 자연으로부터 분리된 존재라고 생각하더라도 인간은 여전히 자연의 일부라는 것은 엄연한 사실이다. 왜냐하면 분리시킨다는 행위자체가 인간은 자연에 종속되어 있는 존재라는 사실을 결과적으로 확인해 주고 있기 때문이다. 따라서 자연은 그 자체로부터 인간을 만들어 낸다. 인간은 자연을 벗어나 따로 존재할 수 없다. 그는 여전히 존재의 뿌리를 자연 안에 두고 있는 것이다. 그러므로 그 둘 사이에는 어떠한 적대 감정도 있을 수 없다. 오히려 인간과 자연 사이에는 항상 정감어린 이해만이 있을 뿐이다. 인간은 자연으로부터 왔으며 또한 자신의 내면에 있는 자연을 보고 있다. 다시 말해서 자연은 인간의 내면에서 자신을 보기 위하여 그 자체가 된 것이다. 인간과 자연은 둘이 아니기 때문에 자연으로 되돌아가는 것은 곧 자신에게로 되돌아가는 것이며, 자연을 탐구한다는 것은 곧 인간 자신을 탐구하는 것이다.

인간의 내적인 순수한 삶은 자연과 합쳐져서 하나가 될 때 비로소 완성되는 것이다.

선문답에서도 선사들은 존재, 이성, 실재라는 말보다는 이것을 표현하기 위하여 현실적이고 구체적인 바위, 꽃, 구름, 새 등을 더 선호하는 것도 모두 자연을 토대로 한 문화에서 나온 발상이라고 생각 한다.

11세기 무렵의 雪竇는 나무 그늘 밑에 서서 산 그림자가 매혹적으로 비쳐든 시냇물을 보면서 동화된 모습을 다음과 같이 읊고 있다.

> 봄날 산 빛은 첩첩이 녹색으로 무르익고
> 산 그림자는 봄물에 고요히 비쳐 드는데
> 하늘과 쓸쓸한 들판 사이에
> 끝 모를 풍경 바라보며 홀로 서 있는 나.

또 자연과 관련하여 반드시 알아두어야 할 것은 불교에 의해 비판되는 자연의 관념이 있고, 불교에 의해 긍정되는 자연의 관념이 있다는 것이다.

먼저 불교에 의해 비판되는 자연은 인도의 자연외도나 중국 장자의 자연설이다. 전자의 경우 모든 존재에는 고정적인 실체(ātman, 我)와 自性(svabhāva)이 있어서 본래 결정되어 있으며, 또 자연히 생기하여 존재한다고 주장한다. 이것은 無因有果說로서 주체적인 인과형성의 노력을 부정하는 것이다. 따라서 자연외도는 결정론이나 숙명론에 떨어지게 되는 것이다. 중국 장자의 자연설도 이와 비슷하다. 예를 들면 천태지의(538~597)는 『마하지관』10권상에 "장자는 귀천고락과 시비득실을 모두 자연이라 한다. 만약 이들을 자연이라 한다면 그것은 결과를 부정할 수 없다. 先業을 변별할 수 없다면 곧 원인을 부정할 수 없다"고 하여 자연외도와 같은 무인유과설에 빠진 것을 비판하고 있다. 가상대사 吉藏(549~623)도 『중관론소』 1권 말에서 인도의 자연외도는 무인유과설인데 반하여 장자의 자연설은 自因自果, 自然因自然果라고 비평하고 있다. 자세히 말해서 자연외도는 결과를 실체적, 객체적으로 고정화하였으며, 장자의 자연설은 원인과 결과 모두를 고정화하고 있다.

다음 불교에 의해 긍정되는 자연설은 불교가 긍정적으로 사용하는 자연관념이다. 『법화경』의 번역자인 축법호와 구마라집이 사용한 자연이 바로 이에 해당한다. 축법호는 人空의 적극적인 의미, 즉 사물을 사물에 즉하여 있는 그대로 관찰하고 살리는 것에 '자연'이라는 역어를 사용하였으며, 구마라집은 그것을 '實相'이라 번역했다. 한편 구마라집은 法空의 적극적인 의미, 즉 사물에 사로잡히지 않는 자기의 자유자재한 활동을 '자연'이라는 말을 사용했으며, 축법호는 그것을 '자유'나 '자재'라는 말로 번역했다.

<참고문헌>

*田村芳朗, 「自然と實相」(『印度學佛教學研究』19-2, 1971, 3).
*梶芳光運, 「自然觀」(『智山教化研究』6, 1974, 3).
*若槻俊秀, 「自然と因緣」(『朱世卿と釋眞觀の論爭』, 1979, 12).
*『講座佛教思想』第5卷(宗教論・眞理價値論), 東京: 理想社, 1982.

*三枝充悳, 『종교론・진리론』, 조윤호, 서울: 불교시대사, 1998.
*和辻哲郎, 『風土-人間學的考察』, 東京: 岩波書店, 1981.
*和辻哲郎, 『풍토와 인간』, 박건주, 서울: 장승, 1993.
*鈴木秀夫, 『風土の構造』, 東京: 大明堂, 1975.
*鈴木秀夫, 『超越者と風土』, 東京: 大明堂, 1976.

28. 참선을 왜 해야 하는가

1) 참선의 이익과 공덕

『송고승전』 권20에 "만약 고요하게 앉아 잠깐만이라도 좌선한다면, 그 공덕은 갠지스 강의 모래수보다 많은 칠 보탑을 쌓는 것보다 낫다. 그러나 보탑은 마침내 부서져 먼지가 되지만, 한 생각의 청정한 마음은 정각을 이룬다(若人靜坐一須臾, 勝造恒沙七寶塔. 寶塔畢竟碎微塵, 一念淨心成正覺.)"고 했고, 『능가경』에 "좌선을 하지 않고 부처가 된 사람은 아무도 없다"고 한 것처럼 좌선은 깨달음을 이루는데 반드시 필요한 방편이 되기도 하지만 그밖에 여러 가지 이익과 공덕이 있다.

참선으로부터 얻을 수 있는 이익은 여러 가지가 있다. 그 이익은 아주 실질적이며, 정신적인 면에도 큰 도움을 준다. 진실한 성품을 깨달음으로써 정서가 순화되면 격렬한 감정의 흐름으로부터 자신을 잘 조절할 수 있게 된다. 감정이 극도로 격화되면 사람은 반드시 폭력과 파괴를 위해 자신의 모든 에너지를 탕진하고 큰 파국을 초래하게 된다. 그러나 깨어 있는 사람은 항상 휴식과 명상을 통하여 자신의 감정과 정서를 살찌우는 정신 보건적 여가를 스스로 마련할 줄 알고 있어서 때때로 자신도 모르게 감정의 소용돌이 속으로 곤두박질쳐 들어가는 위기로부터 항상 자유로울 수 있다. 이런 일은 참선을 통하여 더욱더 견고해 지고 활성화 될 수 있다.

지적인 측면에서 말하면 선은 두뇌를 명석하게 하고 총명하게 한다. 그리고 필요할 때마다 자신을 문제의 핵심 속으로 완전히 몰두하게 한다. 논리적인 정확성은 유추하는 마음의 흐름이 결코 감정에 휩싸이지 않을 때라야만 보장된다. 그리고 과학적인 탐구에 있어서도 역시 관찰자의 관점이 동요되지 않을 때 그 성과는 극대화 된다.

심리적인 측면에서 좌선은 바로 신경 에너지를 축적하는 행위이다. 신경 에너지는 보이지 않지만 엄청난 힘이 그 안에 보존되어 있어서 정신적 에너지의 근원이 된다. 필요시 그 힘은 언제든지 굉장한 잠재력으로 그 자신을 드러낸다. 선을 통하여 단련된 마음은 결코 그 에너지를 다 소모시키지 않는다.

피상적인 선수행으로는 다만 어렴풋한 에너지만을 느낄 수 있을 뿐이다. 방탕한 성격의 소유자는 강한 충동이나 자극에 쉽게 굴복한다. 그 후 완전한 파멸의 구렁텅이에 빠지고 만다. 왜냐하면 축적되어 있던 에너지가 모두 고갈되었기 때문이다.

『月燈三昧經』(Candradipa samadhi sutra)에는 선수행을 함으로써 얻을 수 있는 공덕을 자세하게 설하고 있다.

① 옳은 방법으로 바르게 선을 수행하는 이는 그의 모든 감관이

적정해 지고 맑아지며 결국 이러한 것들이 몸에 완전히 배어서 즐거이 선을 수행할 수 있게 된다.

② 愛親하는 마음이 가득해 지고 모든 죄의식으로부터 벗어나게 되며 모든 중생이 그의 형제자매처럼 생각된다.

③ 분노, 탐닉, 탐욕 등의 악독하고 파괴적인 열정들이 점차 사라진다.

④ 사악한 것들의 침투로부터 모든 감관을 잘 지킬 수 있게 된다.

⑤ 성품이 고요해 지고 마음이 정화되어 비천한 열정에 대한 무절제한 욕망으로부터 벗어나게 된다.

⑥ 고매한 명상에 마음이 집중되기 때문에 모든 유혹과 아집이 없어진다.

⑦ 無常의 법을 알고 있으면서도 결코 허무주의의 함정에 빠지지 않는다.

⑧ 비록 생사에 얽혀 살고는 있지만 항상 그로부터 빠져나가는 길을 환하게 알고 있다.

⑨ 법의 심오한 지혜를 터득하여 위없는 부처님의 지혜에 이른다.

⑩ 어떠한 유혹에도 동요되지 않기 때문에 마치 공중을 날아다니는 독수리와 같이 자유롭다.

그러나 좌선과 깨달음이라는 이원적인 사고를 떨쳐 버리고, 수행(좌선)이 곧 깨달음인 修證一致의 좌선이 되어야 한다. 다시 말해서 수행은 곧 깨달음상의 수행이어야 하는 것이다.

물고기는 물을 헤엄쳐 가더라도 물을 헤엄쳐 간다는 생각이 없으며, 새는 하늘을 날아가더라도 날아간다는 생각이 없다. 그러면서도 물고기와 새는 본래의 물과 하늘을 떠나지 않는다.

이 처럼 참선도 일상생활을 떠난 참선은 아무런 의미가 없다. 즉 생활 속의 참선이 되어야 한다.

그런데 좌선의 경험이 적은 사람은 좌선의 초기부터 최후까지 신체가 전후좌우로 끊임없이 동요하여 결가부좌의 자세가 일정하게 잡히지 않는다. 이에 반해 오래 동안 좌선의 경험을 쌓은 사람은 처음에는 약간의 동요가 있지만 그 뒤부터는 동요가 거의 없으며 正身端坐한 자세가 최후까지 일정하게 유지되는 이상적인 신체의 평형상태가 실현된다. 이것이 소위 兀兀坐定이고 坐脫이다. 그러면 근래에 의료기계를 이용하여 좌선을 해 본 경험이 있는 선승과 그렇지 않은 미경험자와의 신체 동요도를 그림으로 보자.

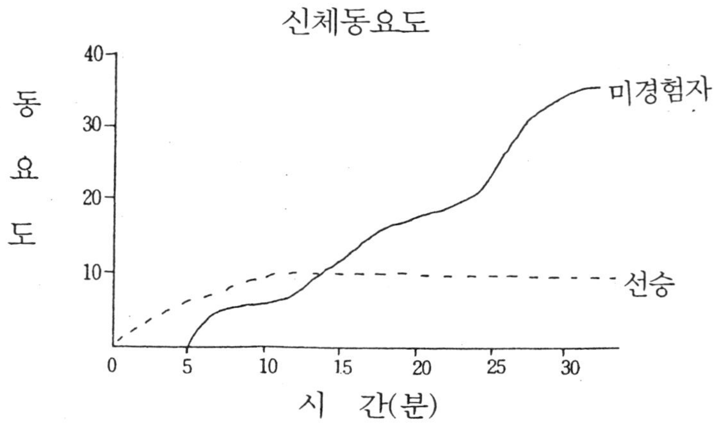

이 그림에서 미경험자보다 선승의 신체동요도가 훨씬 더 안정되어 있음을 볼 수 있다.

또 좌선 중에 근육의 활동이 결코 뻣뻣하게 긴장되는 일은 일어나지 않는다. 인간의 자세 중에서 옆으로 누운 경우를 제외하고 좌정상태 시 근육의 활동이 가장 적다. 선승과 보통사람이 좌선할 때 근육의 활동을 조사해 보면 선승의 전체적인 근활동은 보통 사람의 약 절반 정도밖에 안 된다. 그렇다고 매우 이완되어 있다는 것은 아니다. 최면과 자기 암시 때의 근육의 긴장이 저하된다는 것이 잘 알려져 있는데 그것과도 다르다. 감정표현을 잘 나타내 주는 얼굴의 근육 가운데 악근을 살펴보면 최면상태와 같은 放電의 감소와 消去가 나타나지 않고 적당한 근육 활동이 지속되는 것을 알 수 있다. 선승의 근육 활동 특색은 速動的인 활동보다 지속적인 활동이 보다 분화되고 발달되어 있다. 이러한 기능의 분화는 오랜 수행의 결과에 의한 것이지 처음부터 있는 것은 아니다. 이러한 근의 활동은 선승에게는 거의 의식되지 않지만 이 모두는 의식적인 통제 하에서 이루어진 수행효과라고 볼 수 있다.

2) 참선을 해야 하는 이유

지금까지 참선한 결과 나타나는 이익과 공덕과 그리고 효과를 살펴보았다. 이와 같은 여러 가지 좋은 결과 때문에 우리는 참선을 꼭 해야 한다. 또 원론적인 측면에서 왜 참선을 해야 하는지에 대하여 몇 가지 이유를 들어 설명해 보자.

(1) 깨어있는 자기

참선을 하는 가장 근본적인 이유는 항상 깨어있는 자기를 만들기 위함이다.

눈을 뜨고 있어도 마음이 다른 곳에 가 있으면 그것은 죽은 고목과 같은 것이다. 항상 자기가 하고 있는 일과 하나가 되어 살아가야 한다. 이것이 일행삼매이다. 임제가 “있는 곳마다 항상 주인이 된다면, 있는 그 곳이 진실 아님이 없다(隨處作主 立處皆眞)”고 했듯이 깨어서 주체적인 삶을 사는 사람은 항상 진실과 더불어 살고 있는 것이다. 진실, 즉 도는 절대 멀리 있는 것이 아니라 바로 우리 곁에 있다. 그 도를 살리는 방법은 단 한 가지뿐이다. 사람에 의해서 도는 나타나고 또 작용하는 것이다. 이와 같이 도는 홀로 어떠한 역할도 할 수 없다.

그런데 마조가 ‘평상시의 마음이 도(平常心是道)’라고 한 도의 삶은 어떻게 이루어지는가? 그것은 깨어 있는 삶을 살 때 가능한 것이다. 다시 말해서 항상 깨어 있는 자기가 자신이 하고 있는 일과 융화되어 일도 없고 일하는 자기도 없을 때 바로 이런 때가 도의 삶이 이루어지고 있는 것이다.

(2) 지혜로운 자기

참선을 하지 않으면 안 되는 또 다른 이유는 지혜로운 자기를 만들이 위함이다.

『화엄경』 권51 ‘여래출현품’에 “모든 중생이 자기와 똑 같은 지혜를 구비하고 있다. 그러나 망상으로 전도되어 이 지혜를 깨닫지 못하고 있을 뿐이다. 만약 망상을 버린다면 일체지, 자연지, 무애지가 바로 현전하게 된다"고 한 것처럼 우리 모두는 귀천고하를 불문하고 붓다와 똑 같은 지혜를 가지고 있다.

본래부터 가지고 있는 지혜를 개발하여 슬기롭게 산다고 하는 것, 다시 말해서 종교적인 삶을 산다는 것은 무상 속에서 영원한 삶을 사는 것을 가리킨다. 우리는 이 무상한 세상을 등지고는 절대 살 수 없다. 무상 속에 살면서도 무상살괴의 구속을 받지 않고 사는 삶이 종교적인 삶인 것이다. 불교가 지향하는 바는 바로 여기에 있다. 즉 무상 속에서 자기 존재의 영원성을 어떻게 구현할 것인가, 또 무상 속에서 참된 자기의 존재와 그리고 자신의 가치관과 인생관을 어떻게 구현할 것인가 하는 것이 불교가 추구하는 궁극적인 문제이다. 이 무상을 자각하지 못하면 허무한 인생이 되고 만다. 그러면 선승들이 삶의 지혜를 어떻게 발휘했는지 보자. 『오등회원』에,

> "세속의 선비가 스님에게 묻기를, '우리 집에 솥 하나가 있는데 항상 밥을 지으면 세 사람이 먹기에는 부족하지만 천 명이 먹어도 남음이 있습니다'라고 했다.
>
> 옆에 있던 상좌는 무엇을 하십니까라고 하자, 스님은 대답을 하지 않았다.
>
> 그러자 선사가 답하기를, '다투면 부족하고 양보하면 남는다'"고 했다.

선승들의 이런 삶의 지혜는 기발한 着想처럼 갑자기 나오는

것이 아니다. 오랜 세월 동안 인생의 근본적인 문제를 사유하고 또 사유한 결과 나온 삶의 결실일 것이다.

(3) 무한한 가능성의 자기

참선을 해야 하는 또 하나의 이유는 자신이 가지고 있는 무한한 잠재능력을 개발하기 위함이다.

우리 인간의 사유범위는 무한대이다. 어떤 하나의 대상을 생각하면 생각할수록 그 사유의 범위는 넓어지고 깊어진다. 끝없는 우주를 향해 날아가는 것도 사유의 부산물이다. 이처럼 인간이 가지고 있는 사유의 잠재 가능성은 끝이 없다.

『대승기신론』에 "일체의 모든 중생은 자신의 마음 속에 한량없는 공덕을 구족하고 있다"고 했다. 종교적인 면에서 공덕은 깨달음으로 얻어지는 것이며, 그 공덕이 구체적으로 일상생활 속에서는 중생구제의 자비정신으로 나타난다. 이 자비정신의 발로는 인간을 비롯한 모든 존재가 다른 것과 비교할 수 없는 절대 유일한 존재임을 스스로 깨달을 때 가능하다.

불교의 결실은 깨달음에 있는 것이 아니라 중생을 구제하는 데 있다. 천차만별의 중생을 구제하기 위해서는 그에 상응하는 구제수단이 구비되어야 한다. 이런 다양한 방편이 멀리 있는 것이 아니라 자신의 마음속에 구족되어 있기 때문에 끊임없는 사유를 통하여 무한히 개발해 내야 한다.

(4) 창조적인 자기

마지막으로 참선을 해야 하는 이유는 창조적인 자기를 만들기 위함이다.

고정된 형식이나 사상에 얽매여 사는 삶은 융통성이 없는 죽은 삶이다. 우리 인간의 생각을 비롯한 세상의 만물은 한 순간도 가만히 머물러 있지 않고 끊임없어 흘러가고 있다. 이 유동적인 변화에 보조를 맞추기 위해서는 자신의 인생이 창조적이지 않으면 안 된다. 다시 말해서 흐름을 따라 가지 못하면 낙오된 인생을 사는 것이 되고, 시대의 뒤안길에서 우물 안의 인생이 되고 만다.

인류의 역사가 새롭게 창조되고 있다는 것은 좁게 보면 한 개인의 인생이 새롭게 창조되고 있는 것을 의미한다. 왜냐하면 역사는 사람에 의해서 창조되기 때문이다. 늘 신선하고 새로운 인생을 만들기 위해서는 자기기 본래 구족하고 있는 직관적인 지혜를 구현해 내는 방법 밖에 없다. 이 반야의 직관지는 창조적 삶의 원천이며, 자기 향상의 모태이고, 그리고 인격완성의 근원이다.

끝으로 시간을 항상 아껴 써야 하고, 시간의 소중함을 깊이 인식해야 한다. 시간은 깨어 있는 자기, 창조적인 자기, 무한한 가능성의 자기, 지혜로운 자기를 만들기 위해 주어진 것이라고 생각해야 한다. 시간을 허비하는 것은 귀중한 인생을 허비하는 것이고, 자신의 인생에 책임을 질 줄 모르는 무책임한 행동이다.

<참고문헌>

*木下純一,「禪より見たる生死の實存的意義」(『宗教研究』214, 1973, 3).

*恩田彰,「禪の悟りと創造性」(『理想』588, 1982, 5).

*恩田彰,「禪と創造性」(『中央公論』88-4, 1973, 4).

*恩田彰,「禪と創造性」(『佛教の比較思想的研究』, 1979, 2).

*長澤弘隆,「現實の超克」(『智山教化研究』5, 1973, 3).

*『講座佛教思想』第1卷(存在論・時間論), 東京: 理想社, 1974.

*三枝充悳,『존재론・시간론』, 김재천, 서울: 불교시대사, 1995.

29. 간화선

송 대의 간화선은 五祖法演(1024~1104)으로부터 시작된다. 그의 제자 圜悟克勤(1063~1125)을 거쳐 大慧宗杲(1089~1163)에 이르러 대성하였다.

대혜가 대성시킨 간화선의 특징을 보자.

첫째, 간화선의 출발점은 단지 화두를 참구하는 것이다(但擧話頭). 『대혜보각선사어록』 권21에,

> "다만 생각이 일어나지 않는 곳에 나아가 하나의 화두를 참구하라." · "다만 있는 그 자리에서 하나의 화두를 참구하라(只就這裏看個話頭)."

그리고 『대혜보각선사어록』 권2에,

> "잡념이 일어날 때 다만 화두를 들어라."

라고 한 것처럼 대혜의 간화선은 무엇보다도 먼저 화두를 참구하는 것에서부터 시작된다.

둘째, 간화선의 특징은 화두를 항상 들어야 한다(時時提撕). 언제 어디서라도 오로지 하나의 화두에 전념하여 조금도 방심하지 말아야 한다. 『대혜보각선사어록』 권21에,

"우리는 언제나 태어날 때 온 곳을 알지 못하고, 죽을 때 가는 곳을 알지 못한다. 그러므로 이 두 가지를 생각하지 말고 차 마시고 밥 먹을 때나, 고요한 곳에서나, 시끄러운 곳에서나 늘 생각 생각을 긴박하게 하여 백만관의 돈으로도 빚을 갚지 못한 것 같이 화두를 참구해야 한다. 도망가려고 하나 도망갈 길이 없고, 가슴이 답답하여도 피할 문이 없으며, 살고자 하여도 살지 못하고, 죽고자 하여도 죽을 수 없는 바로 이러한 때에 선악의 길이 모두 끊어진다. 다만 이와 같은 때 있는 바로 그 자리에서 힘써 화두를 들어야 한다. 학인이 조주에게 묻기를, '개에게 불성이 있습니까?' 조주가 말하기를 '없다'고 한 화두를 참구할 때 널리 사량하지도 말고, 해석을 붙이지도 말고, 알음알이로 사량하지도 말고, 입 여는 곳에 나아가 참견하지도 말고, 참구하는 곳을 향해 도리를 생각하지도 말고, 공적한 곳에 떨어지지도 말며, 마음에 깨달음을 기다리지도 말고, 宗師를 향해 짐작하지도 말며, 일이 없는 곳에 떨어져 있지도 말라. 다만 행주좌와에 항상 '개에게 불성이 있습니까?' '없다.'라고 한 화두를 提撕擧覺해야 한다. 깨달음이 익으면 의론하고 사량하는 것이 미치지 못하여 마음속에 일곱 가지 망념이 떠오르면 여덟 가지 망념을 놓아버린다. 마치 쇳덩어리를 씹는 것 같이 재미없을 때 간절하게 그 뜻을 잊지 말아야 한다. 이와 같은 때 도리어 좋은 소식이 있을 것이다."

셋째, 간화선의 특징은 어떤 하나의 화두를 참구할 때 끊임 없이 疑情을 제기해야 한다(提起疑情).

간화선에서 깨달음의 전제조건이 의심이며, 의심으로부터 깨닫는 것은 필연적인 과정이다. 『오등회원』 19권에 "언구를 의심하지 않으면 큰 병이 된다(不疑言句 是爲大病)"고 한 말을 명심해야 한다. 간화선에서는 의심은 믿음으로써 체를 삼고, 깨달음은 의심으로써 용을 삼는다. 믿음이 십분 있으면 의심이 십분 있으며, 의심이 십분 있으면 깨달음을 십분 얻는다<示信洪居士(『속장경』 1집,17질, 4책)>고 했다.

고봉선사도 참선할 때 갖추어야 할 조건으로서 세 가지, 즉 大信根・大憤志,・大疑情을 들고 있다.

첫째, 자기 자신을 철저하게 믿고 둘째, 어떤 하나의 화두를 목숨 걸고 참구하야 한다. 대분지는 용감하게 나아가는 정신과 한 번 마음먹으면 끝까지 해 내고야 마는 강한 의지가 있어야 한다는 뜻이다. 예를 들면 태산이 눈앞에서 무너져도 심장 하나 뛰지 않으며, 칼날을 목에 들이 대어도 얼굴색이 변하지 않게 해야 한다. 셋째, 역시 의심을 강조하고 있다.

대혜의 간화선은 그 당시 문자선의 병폐로부터 이탈하여 곧바로 자성을 깨달아 見性할 것을 제창하였다. 한편 5가의 선종이 純任自然을 내세우고, 無修無證을 주장했다면 대혜는 돈오를 강조했다. 대혜가 주장하는 돈오는 오직 어떤 하나의 화두를 참구하여 大死一番한 후 얻어지는 깨달음이다.

대혜 당시 문자선의 병폐와 더불어 선승들 내에서도 아직 깨달음을 얻지 못한 사람이 깨달음을 흉내 내는 등 많은 문제점이 있었다. 그래서 대혜는 모든 중생이 불성을 가지고 있는 것은 엄연한 사실이지만 현실적으로 아직 깨닫지 못하고 있기 때문에 부지런히 수행을 해야 한다고 역설했다. 따라서 그는 깨달음의 수행구조를 『대승기신론』의 시각사상을 십분 활용하여 시각에서 본각으로 나아가는 수행구조를 제시했다. 구체적으로 말해서 누구나 불성을 가지고 있는 입장을 本覺이라 하고, 그러나 그 불성을 아직 확인하지 못한 입장을 不覺이라 하며, 그리고 중생의 상태인 불각에서 부처의 경지인 본각으로 들어가는 방편이 始覺이다. 그러므로 간화선에서 시각은 화두를 참구하여 본래 가지고 있는 불성을 확인하는 것이다. 요컨대 오로지 화두만을 참구하여 시각에서 본각으로 들어가 시각과 본각이 합쳐지면 시각도 없고 본각도 없는 것이 깨달음이라는 것이다.

<참고문헌>

*柳田聖山, 「看話と默照」(『花園大學研究紀要』6, 1975).

*長坂金雄編, 『禪』第1卷(鈴木貞太郎, 禪への道; 黑田 亮, 禪の心理; 榑林皓堂, 看話禪と默照禪; 伊藤古鑑, 坐禪の仕方), 東京: 雄山閣, 1942.

*日種讓山, 『看話禪』, 東京: 春陽堂, 1937.

*岡田宜法, 『默照禪』, 東京: 春陽堂, 1937.

*榑林皓堂, 『看話禪と默照禪』, 東京: 雄山閣, 1941.

*持田慧訓, 『無字の參究』, 京都: 人文書院, 1943.

30. 선과 현대사회

1) 현대인의 위기

현대인은 위험 속에 살고 있다. 언제 어디서 자신의 생명을 위협할 일들이 벌어질지 모르는 불안한 상태에서 생활하고 있다. 자기 옆에 가만히 서 있던 건물이 갑자기 붕괴될까 두렵기도 하고, 자기 옆을 지나가는 사람도 믿지 못하는 시대가 되어 버렸다. 땅속을 달리는 전동차에 전기가 단절되어 언제 암흑 속에 갇힐 지 불안하기만 하다. 직장에는 경쟁의식을 조장하여 서로 죽이는 사태가 눈앞에서 벌어지고 있다. 이제 기후까지도 옛날처럼 주기적이기 못하고 사이클이 깨어진 것 같다. 여름에 눈이 오는가 하면 겨울에도 엄청난 홍수가 지는 등 많은 기상 이변이 일어나고 있다. 이처럼 인간은 항상 주변의 위험과 위협, 공포와 두려움, 불안감과 초조함으로부터 자유롭지 못하다.

또 현대인은 서양의 합리주의가 지니고 있는 불합리성, 통일을 잃어버린 복잡성, 현실의 정치에 의한 인간의 압박 등에 시달리고 있다.

이런 불안감이 가중되면서 인간이 인간을 서로 못 믿는 것은 물론이고 심지어 자기 자신까지도 못 믿는 시대가 오고 말았다. 참으로 불행한 일이 아닐 수 없다. 인간과 인간과의 관계로 이루어진 사회는 믿음이 그 생명인데 믿음이 없는 사회는 부패한 사회이고, 불안한 사회이다. 인간의 신뢰보다는 명예와 이익이 우선인 단체는 항상 사람은 초라해 지기 마련이다.

이런 불신과 불안 속에 있는 사람들은 본성을 망각하고 살기 때문에 정신적으로나 육체적으로 병들어 있다. 그런데 심각한 문제는 자신의 심신이 병들어 있음에도 불구하고 그 사실을 직시하지 못하고 있는 것이다.

불신을 믿음으로 전환하고, 인간의 본래 모습으로 되돌아가 행복하게 사는 길은 본래의 자기 고향으로 되돌아가는 길밖에 없다. 인간은 본래의 자기 고향으로 되돌아갔을 때 가장 인간적인 모습이 나타나기 때문이다.

동양의 정신인 선은 자기의 본래 고향으로 환원하는 길을 제시해 줄 것이다.

2) 선의 역할

사람들에게 고향은 어머니의 품과 같다. 고향으로 돌아간 사람에게는 마음이 항상 편안하다. 선은 우리를 본래의 고향으로 데려다 준다. 선의 세 가지 역할을 보자.

첫째, 선은 자기 자신을 철저히 궁구하여 밝혀준다(己事究明).

둘째, 선은 깨달음의 전기를 마련해 준다.

셋째, 선은 끝없는 자기개발을 유도한다.

선의 근본적인 특징은 끝없는 자기개발을 할 수 있도록 하는 것이다. 선은 어디에도 머물러서는 안 된다. 선에서 정체는 곧 죽음을 의미하기 때문에 해탈 속에서 또 해탈을 해야 하며, 깨달음 속에서 그 깨달음을 또 초월해야 한다. 깨달음 그 자체는 사실 무한히 깨달아 나아가는 것을 말한다. 심지어 선은 형체가 없는 것까지도 초월하지 않으면 안 된다. 선은 無形까지도 초월하여 다시 有形의 세계로 되돌아와 끊임없이 나아가지 않으면 안 된다. 특히 대승의 보살은 교리와 실천을 배우면서도 어떠한 교리, 실천행, 경지, 세계관에도 머무르지 않고 전진해 나간다. 이것이 바로 반야바라밀이다. 그러므로 반야바라밀은 全人生의 축과 같은 것이다.

요컨대 선은 자신의 본질을 명확히 밝혀주고, 범부에서 성인으로 전향시켜 주며, 그리고 끊임없이 새로운 삶을 살 수 있도록 해 주기 때문에 항상 새롭고 신선하다. 여기에 불안과 공포와 강박관념 같은 것은 있을 수 없다. 오로지 변화하는 새로운 자기만 있을 뿐이다.

3) 과학의 역할

근대에 산업화와 과학화의 여파로 인류의 삶에 질적인 향상을 가져 왔다. 또 다른 한편으로는 사람들이 만들어낸 각종 기계에 노예가 되어 살면서 많은 심리적인 병을 자초해 왔다. 이런 비참한 현실을 극복하기 위하여 철학자나 의사들이 많은 노력을 해 왔지만 그다지 큰 성과를 거두지 못했다. 최근에 일본과 미국에서 불교학자들이 과학과 의학의 힘을 빌려 좌선할 때 인간의 정신활동과 신체활동을 세심히 관찰하여 그 결과를 그림이나 수치로써 실증적으로 보여 주고 있다.

먼 옛날에 선승들이 좌선을 통하여 체험해 왔던 신비적인 사실들을 이제 과학의 힘으로 하나하나 증명해 내고 있다. 그러면 좌선 시에 주의할 사항과 최근 연구성과를 토대로 하여 미래의 향방을 마음속에 그려보자.

좌선할 때 가장 중요한 것이 호흡조절이다. 호흡이 고르지 못하면 그에 따라 마음이 산란해 진다. 인도인들은 호흡의 명수들이다. 그렇지만 대부분의 사람들은 호흡조절이 서툴다.

좌선할 때 호흡수가 현저하게 감소하면 폐의 가스교환작용이 원활하게 이루어지지 않기 때문에 신체 내부에 산소부족현상이 생길 수도 있다. 따라서 산소 부족을 대치하기 위해서는 좌선의 전후에 입을 크게 벌리고 심호흡을 하며 20~30분 간격 혹은 1시간 간격으로 경행을 할 필요가 있다. 호흡수의 증감에 따라 맥박 수의 증감도 있다.

좌선할 때는 반드시 높이가 약 1~2cm 두께의 깔개 위에 둥근 방석을 놓고 앉는 것이 좋다. 그 이유는 자세가 안정되고 적당한 호흡을 유지할 수 있기 때문이다.

또 좌선할 때는 복식호흡을 해야 한다. 공기의 유입과 유출은 폐가 조절하는 것이 아니라 흉강과 복강의 경계막인 횡경막이 상하운동을 함으로써 조절한다. 좌포를 깔고 좌선을 하면

횡격막의 상하운동 폭이 증가하고 호흡은 흉식호흡에서 복식호흡으로 변한다.

동경 교육대학의 스기 야스사부로(杉 靖三郎)교수팀은 선승에게 마스크를 씌우고 가스의 신진대사를 측정한 결과 좌선 중에는 인체의 에너지 대사가 기초대사와 비교하여 75~95%로 감소했으며, 좌선자세를 유지하기 위해서 필요한 에너지를 제외하면 뇌의 에너지 대사도 감소했다고 한다. 그리고 좌선 중의 뇌파의 활동은 매주 안정적인 모습으로 나타났으며 뇌의 활동도 안정된 상태에서 거의 휴식상태로 진행되었다고 한다. 좌선 중인 사람들의 腦波圖는 잠들기 직전의 상태, 즉 편안한 경계태세의 상태로서 알파파의 패턴을 보여주었다고 한다.

다음 좌선 시 근육의 움직임을 관찰한 것을 보자.

좌선할 때 선승과 보통 사람의 근육의 활동을 조사해 보면 선승의 전체적인 근육활동이 보통 사람의 약 절반 정도밖에 안되며, 그렇다고 매우 이완(弛緩)되어 있다는 것도 아니라고 한다. 특히 좌선 도중에 근육활동이 빳빳하게 긴장되는 일은 없었다고 한다. 그리고 선승의 근육활동은 速動的인 활동보다 持續的인 활동이 보다 분화되고 발달되어 있었다고 한다. 아마 이러한 기능의 분화는 오랜 수행의 결과에 의한 것이지 처음부터 있었던 것은 아니며, 이러한 근육의 활동은 선승에게는 거의 의식되지 않지만 이 모두는 의지적 통제 하에 이루어진 수행 효과일 것이다.

또 좌선 중에는 지극히 안정된 감각운동계의 평형 상태가 유지된다고 한다. 따라서 좌선하는 자세를 보면 그 당사자의 심경이 어떤지를 알 수 있다고 하는 근거가 여기에 있다.

좌선 중에는 이산화탄소의 발생량은 감소하고 배출량은 오히려 증가하므로 혈중의 이산화탄소 分壓이 감소한다고 한다. 최근 연구에 따르면 이산화탄소 분압의 미량 감소와 증가에 따라서 뇌혈류가 감소하거나 증가한다는 연구결과가 나왔다.

현대 의학에 의하면 정신이 흥분함에 따라 일어난 뇌혈관의 확장을 정상적으로 되돌리는 방법은 동맥 혈관 내의 이산화탄소 농도를 감소시키는 것이라고 한다. 그러나 오늘날 수준으로 아직 호흡에 의한 방법보다 더 우수한 방법은 없다. 좌선 시 균형있는 호흡조절은 혈액 가운데 이산화탄소의 농도를 감소시켜 뇌혈관이 축소되는 것을 막아주며, 뇌세포 주변의 과다한 수분을 감소시켜 내외 액상의 평형을 유지해 주기 때문에 가장 이상적인 평형상태로 돌아가 정신이 안정된다고 한다. 한편 과다한 호흡으로 인하여 이산화탄소의 배출량이 증대하고 분압이 과도하게 감소하면 의식이 몽롱해지거나 의식을 상실할 염려가 있기 때문에 주의해야 한다.

그밖에 강박관념으로 인하여 알카리중독증(산과 알카리의 균형이 깨져 혈액이 알카리성으로 변하는 증상)의 증상을 보이던 사람이 좌선을 한 결과 혈중의 산과 염기의 평형이 정상으로 돌아오는 것이 확인되었고, 또 소변 중의 산과 염기의 평형도 같은 경향이 있다는 것도 확인되었다. 더욱 더 놀랄 만한 일은 좌선 경험이 오래 된 사람일수록 좌선중의 산소 소비량이 수면 때보다도 적으며, 이산화탄소 발생량은 신체를 안정된 상태에 둘 때보다도 적다는 사실이 밝혀졌다.

좌선을 할 때 신심이 평형상태를 유지한다는 사실은 더 설명이 필요 없다. 선정을 의미하는 samāpatti는 等持 또는 等至라고 번역하지만 평형이라는 뜻도 포함하고 있다. 이 처럼 고대 인도의 선정이란 말 속에 이미 평형이란 의미가 내포되어 있다는 것은 인도인들이 이 사실을 체험했다는 것을 의미한다.

앞으로도 계속해서 불교학자와 과학자 그리고 의사들이 서로 협력하여 좌선시에 나타나는 심신의 활동을 자세하게 관찰하고 연구하여 인류의 병든 심신을 치료하는데 도움을 주어야 할 것이다.

<참고문헌>

*岸本鎌一, 「佛教と精神療法-第2報・日本曹洞禪を中心として-」(『東海佛教』18, 1973, 12).

*鈴木利三, 「坐禪時のエネルギー代謝についての疑問」(『東海佛教』19, 1974, 12).

*川田洋一, 「生老病死と醫學(上)-佛教的醫道論の試み」(『佛大講座講義集』10, 1979, 10)

*秋重義治, 「禪と心理學」(『禪研究所紀要』3, 1973, 3).

*篠原英壽, 「坐相と情勢に關する心理學的研究」(『曹洞宗研究紀要』6, 1974, 8).

*篠原英壽, 「禪定と坐相に關する心理學的研究-1-」(『駒澤社會學研究』8, 1976, 38).

*篠原英壽, 「坐相と情動に關する心理學的研究(3)」(『曹洞宗研究紀要』8, 1976, 9).

*篠原英壽, 「坐相と情動に關する心理學的硏究(4)」(『曹洞宗硏究紀要』9, 1977, 9).
*篠原英壽, 「坐相と情動に關する心理學的硏究(5)」(『曹洞宗硏究紀要』10, 1978, 8).
*篠原英壽, 「坐相と情動に關する心理學的硏究(6)」(『曹洞宗硏究紀要』11, 1979, 8).
*杉靖三郞, 「禪と生理學」(『禪硏叢書・禪の世界』, 1976, 10).
*秋重義治, 「禪心理學」(『禪硏叢書・禪の世界』, 1976, 10).
*小野浩一, 「禪の心理學的分析-自覺系に關する試論-」(『駒澤社會學硏究』11, 1979, 3).
*鈴木大拙, 洪修平, 『禪宗與精神分析』, 遼寧教育出版社, 1988.
*E. Fromm・鈴木大拙 外, 『선과 정신분석』, 金鎔貞, 서울: 원음사, 1999.
*鎌田茂雄・紀野一義, 『현대인과 선』, 양기봉, 서울: 대원정사, 1992.
*西谷啓治, 『현대와 선』, 김호귀, 서울: 불교시대사, 1994.
*『講座禪』8(禪と現代), 東京: 筑摩書房, 1968.
*山口 益, 『佛敎學序說』, 京都: 平樂寺書店, 1981.
*山口 益, 『현대인의 불교학』, 정병조, 서울: 불교시대사, 1992.
*長坂金雄編, 『禪』第8卷(江田俊雄, 禪と現代, 市川白弦, 禪思想の形成; 田邊 泰, 禪宗の建築), 東京: 雄山閣, 1942.
*鈴木貞太郞, 『鈴木大拙選集』追卷(2. 禪による生活, 3. 禪の硏究, 4. 禪の諸問題, 5. 宗敎と現代生活), 東京: 春秋社, 1952.
*鈴木貞太郞, 小堀宗柏等譯, 『禪と精神分析』, 東京: 創元社, 1960.
*丸山德仙, 『身心鍛錬 健康禪』, 東京: 須原啓興社, 1917.
*岡田宜法, 『現代人の指標』-禪の立場から-, 東京: 法政大學出版局, 1956.
*增永靈鳳, 『現代人の禪』, 東京: 春秋社, 1961.
*日置默仙, 『現代生活と禪』, 東京: 隆文館, 1920.
*中村守, 『人間の生理と禪』, 東京: 曹洞宗宗務廳放送企劃室, 1958.

*江田俊雄,『禪と現代』, 東京: 雄山閣, 1942.
*田中忠雄,『禪と現代人』, 東京: 元元社, 1954.
*長谷川卯三郎,『醫學禪』-肚と健康の原理-, 大阪: 創元社, 1958.
*大日向大乘,『佛教醫學』, 東京: 三幸出版社, 1958.
*堀內文次郎,『禪と健康』, 東京: 實業之日本社, 1917.

<부록>

南宗禪의 實踐構造와 修行方法

鄭 唯眞

목 차

1. 서 론

荷澤神會(684～758)가 남종의 독립을 선언하면서부터 선불교에 있어서는 새로운 전환기를 맞이하게 된다. 그는 종래의 북종선이 달마의 정법에 어긋나는 잘못된 교설이라고 비판한 후 획기적인 사상과 실천방법을 제시했다.

북종선과 다르게 신회가 주장하고 있는 괄목할만한 깨달음의 논리적 구조는 頓悟見性의 구조이고, 그는 단지 이 깨달음의 구조를 정립하는 데만 그치지 않고 이 구조를 의지해서 공을 실천함으로써 불법을 자기의 것으로 만드는 구체적인 실천방법까지 제시하였다.

그런데 신회는 남종선의 새로운 실천방법을 제시하기 이전에 먼저 북종선의 起心觀心의 수행법이 잘못되었다는 것을 비판하면서 그의 독자적인 방법을 주장했다. 이런 신회의 비판을 토대로 하여 돈황본 『육조단경』 제21단에서는 구체적인 좌선의 이치와 좌선의 정의를 제시하고 있다. 이 좌선의 정의 안에 돈오견성의 실천구조가 내포되어 있다.

필자는 북종선의 좌선법을 비판하면서 새롭게 주장하고 있는 좌선의 이치와 좌선의 정의를 통해서 불법의 정신을 자기의 것으로 만들어서 그것을 생활화하는 구체적인 방법까지 제시해 보고자 한다.

제목에서 '남종선의 실천구조와 수행방법'이라고 밝힌 바와 같이 연구의 범위는 신회의 어록과 돈황본 『육조단경』까지를 잡는다. 왜냐하면 신회가 남종선의 모든 사상과 실천방법을 제시하고 있기는 하지만 돈황본 『육조단경』만큼 구체적이지 못하다. 그러므로 실제로 불법의 정신을 생활화 하는데 있어서는 『단경』의 사상을 거론하지 않을 수 없기 때문이다.

2. 觀心法의 문제점

하택신회는 북종선의 좌선법이 잘못되었다는 것을 비판하면서 남종선의 새로운 실천방법을 제시하고 있다. 먼저 「단어」 22단에 '마음을 응집시켜 선정에 들려고 하는 凝心入定'은 자각성이 결여된 木石과 같은 선이라고 비판하고 있다.

"다만 마음을 응집시켜 정에 들려고 하면 無記空에 떨어진다. 出定한 이후에 마음을 일으켜 일체 세간의 有爲法을 분별하는 것을 慧라고 하지만 經중에는 망심이라고 했다. … '마음을 응집시켜 선정에 들고, 마음의 움직임을 멈추어 그 청정함을 看하며, 마음을 일으켜 밖을 비추고, 마음을 수섭하여 안으로 증득하는 것' 이것은 해탈심이 아니고, 또한 법에 계박되는 마음(法縛心)이기 때문에 올바른 좌선법이 아니다(祇如「凝心入定」, 墮無記空. 出定已後, 起心分別一切世間有爲, 喚此爲慧. 經中名爲妄心.

…「住心看淨, 起心外照, 攝心內證」, 非解脫心, 亦是法縛心, 不中用.).”[89]

라고 했다. 신회는 북종선의 입장을 위와 같이 4句偈로써 요약하여 단적으로 표현하고 있는데 그는 기회가 있을 때마다 이 4구게를 들고 나와 북종 神秀의 觀心主義的인 태도를 예리하게 배척하였다. 위의 인용구에서도 신회는 북종선에서 실천하고 있는 좌선법인 "마음을 응집시켜서 선정에 들려고 하고, 마음의 움직임을 멈추어 그 청정함을 보려고 하며, 마음을 일으켜 밖을 비추려고 하고, 마음을 수섭하여 안으로 증득하려고 하는 것"은 모두 해탈심이 아니고 법에 구속된 마음이기 때문에 올바른 좌선법이 아니라고 비판하고 있다.

또「보리달마남종정시비론」 20단[90]에 북종의 숭원법사가 신

89) 양증문, 『神會和尙禪話錄』, p.9. 북종선의 좌선법을 비판하는 내용이「단어」 18단에도 나온다.

90) 양증문, 『신회화상선화록』, pp.29~30, 신회선사, "지금 같지 않다고 한 것은 신수선사는 사람들에게 '마음을 응집시켜 선정에 들게 하고, 마음을 머무르게 하여 청정을 看하게 하며, 마음을 일으켜서 밖으로 모든 사물을 비추게 하고, 마음을 收攝하여 안으로 깨닫도록' 가르치고 있기 때문이다. 이런 까닭으로 같지 않다." 원법사, "어째서 혜능선사는 '마음을 응집시켜 선정에 들게 하고, 마음을 머무르게 하여 청정을 간하게 하며, 마음을 일으켜서 밖으로 사물을 비추게 하고, 마음을 收攝하여 안으로 깨닫도록 가르치지 않습니까?' 도대체 혜능선사의 수행법은 어떠한 것입니까?" 신회화상, "이와 같은 것은 바로 調伏心인 것이다." 원법사, "그러면 마땅히 마음을 응집시켜 선정에 들지 말게 하고, 마음을 머무르게 하여 청정을 看하게 하지 말게 하고, 마음을 일으켜서 밖으로 모든 사물을 비추지도 말고, 마음을 수섭해서 안으로 깨닫지 않도록 해야 합니까?" 신회화상, "이것은 바로 어리석은

수와 혜능은 다 같이 5조 弘忍문하의 동학인데 어째서 그 교법이 다른가에 대한 질문에 신회는 북종 신수의 교법인 '凝心入定, 住心看淨, 起心外照, 攝心內證'은 조복법이기 때문에 혜능선사의 교법과 다르다고 했다. 그러면서 신회는 혜능의 교법은 調伏과 不調伏을 모두 여읜 것이라고 했다. 게다가 신회는 신수와 같은 교법으로써 학도자를 지도한 선사는 6대조사 중에 한사람도 없다고 강조하면서 혜능의 교법을 옹호하고 있다.

또 「남종정시비론」 20단에 '凝心入定' 등의 가르침은 어리석은 사람의 교법이라고 비판하면서 이어 22단에서는 '凝心入定' 등의 가르침은 보리를 장애하는 가르침[91]이라고 강하게 비판

사람의 가르침이다. 마음을 조복하는 것과 조복하지 않는 이 두 가지 법을 모두 여의는 것이 곧 혜능선사의 수행법이다. … 위로부터 6대의 조사들 중에서 한 사람도 '마음을 응집시켜 선정에 들게 하고, 마음을 머무르게 하여 청정을 看하게 하며, 마음을 일으켜서 밖으로 모든 사물을 비추게 하고, 마음을 수섭하여 안으로 깨닫도록' 가르친 분은 없었다. 때문에 혜능과 같지 않다(答:「今言不同者, 爲秀禪師, 教人『凝心入定, 住心看淨, 起心外照, 攝心內證』, 緣此不同.」 遠法師問:「何故能禪師, 不教人『凝心入定, 住心看淨, 起心外照, 攝心內證』? 何者是能禪師行處.」 和上答:「此是調伏心.」 遠法師問:「應不凝心入定, 不住心看淨, 不起心外照, 不攝心內證?」 和上答:「此是愚人法. 離此調伏, 不調伏二法, 卽是能禪師行處. … 從上六代已來, 皆無有一人, 『凝心入定, 住心看淨, 起心外照, 攝心內證』. 是以不同.」)."

91) 석정본 「문답잡징의」 21단(양증문, 『神會和尙禪語錄』, pp.81~82)에도 동일한 내용이 나온다. 즉 "만약 좌선하는 사람이 마음을 응집하여 선정에 들고, 마음의 움직임을 멈추어 그 청정함을 볼려고 하고, 마음을 일으켜 밖을 비출려고 하고, 마음을 수섭하여 안으로 증득하려고 한다면 이는 보리를 장애하는 것이고, 아직 보리와 상응하지 않는 것이니 무엇을 말미암아 가히 해탈할 수 있으리요!(若有坐者, 凝心入定, 住心看淨, 起心外照, 攝心內證者, 此是障菩提, 未與菩提相應, 何由可得解

하면서 새로운 좌선의 정의를 제시하고 있다.

원법사가 물었다. "숭악의 보적선사나 동악의 항마장선사 이들 2대덕은 모든 사람들에게 敎示하기를, '마음을 응집시켜 선정에 들게 하고, 마음을 머무르게 하여 청정을 看하게 하며, 마음을 일으켜서 밖으로 모든 사물을 비추게 하고, 마음을 收攝하여 안으로 깨닫게 한다'고 하며, 이것이 그들의 중심 敎門을 이루고 있습니다. 선사는 금일 어떤 까닭으로 사람들에게 좌선을 하도록 시키지도 않으며, 또한 마음을 응집시켜 선정에 들게 하고, 마음을 머무르게 하여 청정을 看하게 하며, 마음을 일으켜서 밖으로 모든 사물을 비추게 하고, 마음을 收攝하여 안으로 깨닫도록 하라고 가르치지도 않고 있는데 도대체 어떤 것을 좌선이라고 하고 있습니까?" 신회화상이 대답했다. "만약 사람들에게 좌선하도록 가르치되 사람들에게 마음을 응집시켜 선정에 들게 하고, 마음을 머무르게 하여 청정을 看하게 하며, 마음을 일으켜서 밖으로 모든 사물을 비추게 하고, 마음을 수섭하여 안으로 깨닫게 하도록 가르친다면 이는 깨달음(菩提)을 장애하는 가르침이다. 지금 坐라고 하는 것은 妄念이 일어나지 않는 것을 坐라고 하고, 지금 禪이라고 하는 것은 자기의 본성을 깨닫는 것을 禪이라고 한다. 때문에 사람들에게 몸을 앉게 하여 마음의 움직임을 멈추어 선정에 들도록 가르치지 않습니다(遠法師問..「嵩岳普寂禪師·東岳降魔藏禪師, 此二大德, 皆敎人坐禪, 『凝心入定, 住心看淨, 起心外照, 攝心內證』, 指此以爲敎門. 禪師今日, 何故說禪

脫. 解脫菩提若如是, 舍利弗宴坐林間, 不應被維摩詰訶. 訶者云.. 不於三界現身意, 是爲宴坐也. 但一切時中見無念, 不見身相, 名爲正定. 不見心相, 名爲正慧.」)"

不敎人坐, 不敎人『凝心入定, 住心看淨, 起心外照, 攝心內證』? 何名坐禪?」 和上答.. 「若敎人坐, 敎人『凝心入定, 住心看淨, 起心外照, 攝心內證』者, 此障菩提. 今言坐者, 念不起爲坐., 今言禪者, 見本性爲禪. 所以不敎人坐身住心入定.」)

라고 했다. 이 단도 역시 신회가 북종선의 종지를 4구로 요약하여 起心觀心을 집중적으로 비판하고 있는 부분이다. 이런 신회의 사상을 계승하여 돈황본 『육조단경』 20단에도 看心看淨은 도를 장애하는 인연이라고 맹렬히 비난하고 있다.

"여러분, 남종의 법문 중에서 좌선은 원래 마음을 보지도 않고, 마음의 청정함을 보지도 않으며, 또한 마음이 움직이지 않는 것을 말하는 것도 아니다. 만약 마음을 본다고 말하지만 마음은 원래 허망한 것이며, 허망하고 허깨비와 같은 것이기 때문에 볼 대상이 없는 것이다. 만약 마음의 청정함을 본다고 말한다면 사람의 성품은 본래 청정함에도 불구하고 망념으로 진여를 덮어서 진여가 감추어져 있는 것이므로 망념을 여의면 성품은 본래 청정한 것이다. 자성이 본래 청정한 그 사실을 깨닫지 아니하고 마음을 일으켜 청정함을 보려고 하는 것은 도리어 깨끗함이라는 망념을 일으키게 하는 것이다. 망념에는 처소가 없는 것이므로 본다는 것이 도리어 망념인 사실임을 알 수 있다. 청정에는 형상이 없으므로 도리어 청정이라고 하는 모양을 내세워 이를 공부라고 말한다. 이와 같은 견해를 가진 자는 자기의 본성을 장애하여 도리어 자기가 청정에 사로잡히게 되는 것이다. 또한 마음이 움직이지 않는 것이란 모든 사람들의 허물도 보지 않는 것이 바로 자성이 움직이지 않는 것이다. 어리석은 사람은 자기의 몸을 움직이지 않게 하지만 입을 열면 곧 남의 옳고 그름을 말하고 있으니 도와는 위배되는 일이다. 마음을 보려고 하고, 마음의 청정함을 보려고 한다면 이는 도리어 도를 장애하는 인연이 되고 만다(善知識, 此法門中坐禪, 原不看心, 亦不看淨, 亦不言不動. 若言看心, 心元是妄, 妄如幻故, 無所看也. 若言看淨, 人性本淨, 爲妄念故, 蓋覆眞如, 離妄念, 本性淨. 不見自性本淨, 心起看淨, 却生淨妄. 妄無處所, 故知看者, 却是妄也, 淨無形相, 却立淨相, 言是功夫, ,作此見者, 障自本性, 却被淨縛. 若修不動者, 不見一切人過患, 是性不動, 迷人自身不動, 開口卽說人是非, 與道違背. 看心看淨, 却是障道因緣.)"

라고 하면서 북종의 『大乘無生方便門』 등에서 주장하고 있는 좌선법인 看心看淨을 비판하고 있는 일단이다.[92]

위에서 인용한 『단경』에 간심과 간정은 청정한 마음을 일으켜 도리어 그 청정함에 얽매이게 하기 때문에 올바른 좌선법이 못되며, 또 마음의 활동을 정지시키는 것은 법에 맞지 않다. 왜냐하면 마음의 본성은 본래 물이 흐르듯 흐르는 것이 그 본성이기 때문에 마음의 활동을 정시시키려고 하는 것은 자신의 마음을 죽이는 꼴이 된다. 그러므로 이런 간심간정이나 不動法은 모두 도를 장애하는 원인이 되는 것이라고 비판하면서 남종선의 새로운 좌선의 이치를 제시하고 있다. 그 올바른 좌선의 이치란 바로 본래 청정한 본성을 깨닫는 것이라고 단언하고 있

92) 『圓覺經大疏鈔』 권3의 하(『卍續藏』 권14, p.277하~278중)에서는 북종선을 '拂塵看淨'이라고 평가하고 있다.

다. 이어서 21단에서는 좌선의 이치를 토대로 하여 남종선의 새로운 좌선의 정의를 구체적으로 제시하고 있다.

3. 좌선의 정의

하택신회는 대승불교의 모든 정신을 좌선의 정의에 귀결시키고 있다. 그 이유는 복잡한 사상을 단순화 시키지 않으면 실천이 불가능하기 때문이다. 환언하면 그는 禪이라는 한 글자에 전불교의 모든 정신을 통합하여 단순화 한 선사라고 볼 수 있다. 그러면 그가 어떻게 복잡한 불법을 간단하게 하여 불법의 정신을 자기화하고 나아가 생활화하도록 제시하고 있는지 고찰해 보자. 필자는 이와 같은 불법의 단순화·자기화·생활화를 좌선의 정의에서 찾아보고자 한다.

신회는『菩提達摩南宗定是非論』22단에서 좌선의 정의를 다음과 같이 내리고 있다.

> "지금 '坐'라고 하는 것은 망념이 일어나지 않는 것을 말하며, '禪'이라고 하는 것은 본성을 깨닫는 것을 말한다(今言坐者, 念不起爲坐., 今言禪者, 見本性爲禪)."[93]

93) 楊曾文 編校,『神會和尙禪語錄』, 中國佛教典籍選刊, p.31. 또 石井本『南陽和尙問答雜徵義』 47단에도 "坐念不起爲坐, 見本性爲禪."이라고 동일한 좌선의 정의를 내리고 있다.

라고 정의를 내리고 있는데 이는 종래에 볼 수 없었던 독특한 정의라고 하지 않을 수 없다.

돈황본 『육조단경』 21단에서는 신회의 이 정의를 계승하여 북종선의 看心看淨을 비판한 후 좀 더 구체적으로 제시하고 있다. 즉,

> "이 법문(남종돈교)중에 무엇을 좌선이라고 하는가? 일체에 걸림이 없어서 밖으로는 모든 경계 상에 망념이 일어나지 않는 것을 '坐'라 하고, 안으로는 본성을 깨달아 어지럽지 않는 것을 '禪'이라고 한다(是此法門中, 何名坐禪? 此法門中, 一切無碍, 外於一切境界上, 念不起爲坐., 內見本性不亂, 爲禪)."[94]

고 정의 내리고 있는 것을 보면 신회의 것보다 구체적이고 체계적인 정의임을 알 수 있다.

전불교의 사상을 단순화하고, 또 자기화하는 과정을 세밀하게 고찰하기 위하여 이 좌선의 정의를 세부분으로 분석하여 접근해 보면,

① 일체에 걸림이 없는 것(一切無碍)⇒空의 실천,
② 밖으로는 일체의 경계상에 망념이 일어나지 않는 것(外於一切境界上, 念不起爲坐)⇒坐; 頓悟→知, 無念·眞如自性, 止(定),
③ 안으로는 본래의 성품을 깨달아 산란스럽지 않는 것(內見本

---

94) 駒澤大學禪宗史硏究會編, 『慧能硏究』, 大修館書店, pp. 298~299. 大珠慧海(?~?)의 『頓悟入道要門論』에는 "妄心不生曰禪, 見本性曰定."이라고 했다.

性不亂)⇒禪; 見性→見(觀照), 觀(慧)
의 세 부분으로 나누어 볼 수 있다.

①의 一切無碍(일체에 걸림이 없는 것)는 곧 공의 실천을 의미한다. 즉 일체무애란 무애자재 · 해탈 · 자유와 상통하는 말로서 이는 無相과 無住 등 공의 실천에 의하여 마음에 일체의 번뇌 망념이 없어졌기 때문에 자유로운 생활이 전개되고 있는 모습을 표현한 말이다. 이 일체 무애한 삶은 반야사상을 토대로 하여 공을 실천함으로써 자기의 마음 속에서 만들어 지는 것이다. 다시 말해서 이 무애의 삶은 분별심과 차별심이 일어나는 이원론적인 세계에서는 결코 이루어질 수 없고, 오직 분별과 차별의 대립이 없어진 근원적인 不二의 세계에서만 가능한 것이다.

그러나 상대적인 대립의 세계를 불이의 절대적인 세계로 전환하는 것은 물론 공의 실천에 의하여 이루어지는 것은 분명하지만 그 불이의 사상적인 근거가 경전 상에 없다면 실천하는데 있어서 의지처가 되지는 못할 것이다. 그렇기 때문에 불이의 세계로 전향할 수 있는 사상적인 근거를 『유마경』과 『열반경』을 통해서 밝혀 보고자 한다. 이 부분에 대한 자세한 언급은 2款의 1項과 2항에서 다시 다루어 질 것이다. 그리고 이 불이의 사상을 자기의 것으로 만드는 것은 돈오의 전환적인 구조로써만 가능하기 때문에 돈오견성에 대해서도 간략한 언급이 있을 것이다. 이 부분은 2項의 1目에서 다시 언급할 것이다.

②의 外於一切境界上, 念不起爲坐(<모든 것에 걸림이 없기 때

문에> 밖으로는 일체의 경계상에 망념이 일어나지 않는 것)은 바로 괴로움에서 해탈된 세계로서 이른바 止(śamatha, 定)의 상태이다. 환언하면 분별의 중생세계에서 본래 깨달음의 세계로 전환된 것을 말한다. 즉 무상・무주 등 공의 실천에 의하여 차별과 분별의 대립적인 세계에서 근원적인 불성의 세계로 환원된 상태이다. 그렇기 때문에 일체의 망념이 일어나지 않는 念不起의 상태는 유무와 선악 등이 모두 초월된 중도의 세계로서 바로 無念의 입장이다. 이 무념은 불성사상의 실천적인 입장에서 붙혀진 이름으로서 분별심이 끊어진 一念의 세계이고, 일념은 곧 一切智이며, 일체지는 곧 반야바라밀인 것이다. 왜냐하면 분별심이 없어진 일념, 즉 正念에서 지혜가 나오고, 그 지혜로써 제법의 본성을 깨닫기 때문에 반야바라밀이 성취되는 것이다.

망념이 일어나지 않는 念不起는 자각의 주체가 공을 실천하여 근원적인 본성의 세계로 되돌아간 상태이기 때문에 자각의 주체인 불성과 그 불성이 공을 실천하는 양면을 동시에 포함하고 있는 말이다. 다시 말해서 불성사상과 반야사상을 념불기, 즉 禪(一心)이라는 말속에 응축시키고 있는 입장이라고 볼 수 있다. 이를 연역하여 해석하면 全佛教의 사상이 이 선이라는 하나의 글자 속에 모두 통합되어 단순화 되어 있다고 단언할 수 있다.

그리고 중요한 것은 이 념불기의 無念體上에서 반야의 지혜가 작용하는데 이 반야지를 하택신회는 '知'라고 표현했다. 이 知의 철학에 대해서는 2항 2목에서 구체적인 증거를 들어서 자세하게 언급할 것이다.

③의 內見本性不亂(<모든 것에 걸림이 없기 때문에> 안으로는 본래의 성품을 깨달아 산란스럽지 않는 것)은 止의 상태에서 나온 반야지로써 觀(vipaśyanā, 慧)의 작용이 이루어지고 있는 것을 말한다. 신회는 반야의 근본지(知)로써 진여본성을 자각하는 것(見=觀照=照見)이라고 했다. 즉 망념이 일어나지 않는 念不起의 무념체상에서 체득된 반야지로써 진여의 본성이 공적한 사실을 깨닫는 것을 의미한다. 환언하면 이 知는 진여자성에 본래부터 구족하고 있는 일체만법을 자기의 것으로 만드는데 있어서 근본이 되는 중요한 것이다. 이 불성의 지혜작용인 見에 대해서는 2항 2목에서 다시 언급할 것이다.

지금까지 언급한 ①과 ②와 그리고 ③의 내용을 요약해서 말하면, ①에서 말한 바 돈오는 깨달음의 구조만을 말하는 것일 뿐 구체적인 실천은 무주와 무상등 공의 실천에 의해서 不二의 세계를 만들어 가는 것임을 명심해야 한다. ②와 ③은 깨달음의 구조적인 측면에서 보면, 돈오(②)와 견성(③)의 구조로서 나누어 볼 수 있고, 불성의 지혜작용적인 측면에서 보면 知는 본체의 입장이고, 見은 그 본체의 작용으로 볼 수 있기 때문에 체용의 논리로써 설명이 가능하다. 또 ①의 불이의 세계는 지와 견이 없으면 절대 체득되지 않는다. 따라서 이 지와 견은 불법의 정신을 자기의 것으로 만드는데 있어서 없어서는 안 될 매우 중요한 역할을 하는 불성의 지혜작용인 것이다.

그러면 지금까지 언급한 내용을 세부적으로 항을 나누어 고찰해 보자.

1) 반야의 不二사상

이미 앞에서 언급한 바와 같이 반야의 不二사상을 자기의 것으로 전환하는 깨달음의 논리적인 구조를 돈오라 한다고 했다. 돈오에 대한 설명은 다음 장에서 다루어질 것이기 때문에 잠시 뒤로 미루고 먼저 불이의 사상적인 근거부터 살펴보자.

그런데 불이사상을 언급함에 있어서 왜 많은 경전들 가운데 유독히 『유마경』과 『열반경』의 불이사상만을 취급하는지에 대해서 의문이 있을지 모르겠으나 이 두 경전을 선택한 이유는 하택신회의 어록에 『유마경』과 『열반경』을 가장 많이 인용하고 있기 때문이다. 전항에서 念不起란 말 속에 반야사상과 불성사상이 통합되어 있다고 말한 바와 같이 반야사상은 『유마경』이 대신하고 있고, 불성사상은 『열반경』이 대신하고 있다. 신회는 반야사상을 비롯하여 대승불교의 모든 사상을 『열반경』의 불성사상에 통합하여 완성하려고 했던 선사라고 볼 수 있다.

(1) 『유마경』과 『열반경』의 不二사상

먼저 『유마경』에서 불이사상을 천명하고 있는 곳은 '佛道品'에 "번뇌의 대해에 들어가지 않으면 일체지의 보배를 얻을 수 없다(不入煩惱大海. 則不能得一切智寶)"[95]고 한 말과 '弟子品'에

95) 『대정장』권14, p.549중.

"번뇌를 끊지 않고 열반에 들어간다(不斷煩惱而入涅槃)"96)고 한 이른바 '煩惱卽菩提'97)는 대승불교의 대표적인 불이사상이라고 할 수 있다.

신회는 이와 같은 대승불교의 불이사상을 토대로 하여 「南陽和尙頓敎解脫禪門直了性壇語」 26단에 '煩惱卽菩提'의 뜻을 다음과 같이 해석하고 있다. 즉,

> "여러분을 위하여 '번뇌가 곧 보리'인 뜻을 가려 보겠다. 허공을 들어 비유하면 저 허공은 본래 動靜이 없어서 밝음이 다가 오면 밝은 허공이 되고, 어두움이 다가 오면 어두운 허공이 된다. 이 때 어두운 허공은 밝은 허공과 다르지 않고, 밝은 허공은 어두운 허공과 다르지 않다. 허공중의 명암은 스스로 왔다가 가는 것일 뿐, 허공 그 자체에는 본래 동정이 없다. 번뇌와 보리의

---

96) 『대정장』 권14, p.539하. 석정본 「남양화상문답잡징의」 1단에 "마땅히 번뇌를 끊고 열반을 구해서는 안된다(不應斷煩惱而求涅槃)"고 말도 주목된다. 이 구절에 대한 참고자료를 소개하면, 『景德傳燈錄』 '南陽慧忠章'(『대정장』 권51, p.244중)에 "問, 阿那箇是佛. 師曰, 卽心是佛. 曰, 心有煩惱否. 師曰, 煩惱性自離. 曰, 豈不斷耶. 師曰, 斷煩惱者卽名二乘, 煩惱不生名大涅槃."

97) 『유마경』(『대정장』 권14, p.539하)에 "不斷煩惱而入涅槃, 是爲宴坐"라고 한 말과 같은 의미이다. 『歷代法寶記』 '제1조 菩提達摩多羅章'(『대정장』 권51, p.180하)에도 이 말(煩惱卽菩提)이 나오는데 돈오의 의미를 서술하고 있다. 이는 『신회어록』의 영향을 받았을 것으로 본다. 『法句經』(『대정장』 권85, p.1434중)과 『法華玄義』 권9(『대정장』 권33, p.790상)에 "體生死卽涅槃, 名爲定. 達煩惱卽菩提, 名爲慧" 또 p.790중에 "觀生死卽涅槃故證得解脫, 煩惱卽菩提故證得般若"라고 한 말과 『仁王般若經』 권하(『대정장』 권8, p.829하)에 "菩薩未成佛時, 以菩提爲煩惱, 菩薩成佛時, 以煩惱爲菩提"라고 한 말도 참고가 된다.

뜻도 또한 이와 같다. 迷와 悟는 다름이 있으나 보리의 성은 원래 다르지 않다."[98]

라고 한 바와 같이 번뇌 그 자체가 바로 보리라는 의미이다. 德異本『육조단경』 22단에서는 좀더 구체적으로 "凡夫卽佛, 煩惱卽菩提"[99]라는 라고 표현하고 있다. 이것과 상대어로 '生死卽涅槃'[100]이란 말도 생사 가운데 열반이 있는 것이지 생사를 떠나서 열반이 따로 존재하는 것이 아니라는 뜻이다. 즉 일체제법을 본질적인 면에서 보면 번뇌도 그 본질은 불생불멸의 진여 그 자체이기 때문에 이것을 떠나서 열반이 따로 존재하는 것이 아니라는 말이다. 번뇌와 보리의 이러한 不二의 사상을 중국의 楚圓慈明(986~1040)은 상당법문에서 "무명의 실성이 곧 불성이고, 허깨비와 같이 실체가 없는 공신이 곧 법신이다(無明實性卽佛性, 幻化空身卽法身)."[101]이라고 표현하고 있다

또 달마의 『二入四行論』 제29단에 "보살이 생사를 버리지 않고 열반에 드는 것은 생사의 본질이 그대로 열반의 본질이기 때문이며, 생사를 끊고 열반에 들어갈 필요가 없는 것이다(菩薩

98) 『신회화상선화록』, p.11, "爲知識聊簡「煩惱卽菩提」義. 擧虛空爲喩, 如虛空本無動靜, 明來是明家空, 暗來是暗家空, 暗空不異明, 明空不異暗, 虛空明暗自來去, 虛空本來無動靜. 煩惱與菩提, 其義亦然. 迷悟別有殊, 菩提性元不異." 「남양화상문답잡징의」 '석정본' 제39단과 내용이 같다.

99) 駒澤大學禪宗史硏究會編著, 『慧能硏究』, p.313.

100) 『思益經』(『대정장』 권15, p.41상)에 "生死是涅槃. 涅槃是生死."라는 말이 보인다.

101) 『續藏經』 1輯2編乙8套4册.

不捨生死而入涅槃, 生死性卽涅槃故. 不待斷生死而入涅槃)"[102] 라고 한 것은 '生死卽涅槃'의 뜻을 좀 더 구체적으로 표현하고 있는 말이라고 생각한다. 생사를 버리고 나서 열반에 동화하는 것이 아니라 생사의 본질이 그대로 열반의 본질과 같기 때문에 생사를 버리고 열반에 들 필요가 없는 것이다. 환언하면 생사와 열반은 서로 나눌 수 없는 불이의 관계에 있다는 뜻이다.

다음 신회의 어록에서 불이의 사상을 고찰해 보면, 석정본「남양화상문답잡징의」 16-1에 魏郡의 乾光法師와 신회화상이 佛心과 중생심의 차이를 묻고 답하는 것 중에 불심과 중생심이 둘이 아니라 하나라는 것을 천명하고 있다.

> 魏郡의 乾光法師가 물었다. "무엇이 佛心이며, 무엇이 중생심입니까?"
>
> 답, "중생심이 곧 불심이고, 불심이 곧 중생심입니다."
>
> 문, "중생심과 불심이 이미 차별이 없다면 무엇 때문에 중생이라 하고, 불심이라고 말합니까?"

---

102) 柳田聖山주해, 『달마어록』, 김영사, p.268. 『大方等大集經』에 "항상 생사의 세계에 가는 것이 그대로 열반이며, 모든 탐욕속에서도 절대로 물드는 일이 없다"고 한 말이나 『유마경』 '佛道品'(『대정장』권14, p.549중)에 "높은 육지에는 연꽃이 자라지 않으며, 습기가 낮은 진흙속에서라야 아름다운 꽃을 피운다(高原陸地不生蓮華卑濕淤泥乃生此華.)"는 말과 그리고 『思益經』 제1(『대정장』권15, p.36하)에 "생사를 떠나서 열반을 얻는 것이 아니다(佛不令衆生出生死入涅槃)." 또 제3(『대정장』권15, p.51중)에 "생사의 본질이 그대로 열반이며, 열반의 본질이 그대로 모든 존재의 본질임을 알아야 한다. 그렇기 때문에 심성은 항상 청정하다고 하는 것이다(知生死性卽是涅槃. 涅槃性卽是一切法性. 是故說心性常淸淨)"고 한 말도 같은 의미로서 참고가 된다.

답, "만약 깨닫지 못한 사람을 의거해서 논하면 중생이 있고, 佛이 있는 것이지만 만약 요달한 자라면 중생심과 불심이 원래 차별이 없는 것입니다."103)

라고 했다. 乾光法師에 대해서는 전기가 불분명하다. 여기서 중생심이 곧 불심이고, 불심이 곧 중생심이라고 한 말이 不二의 사상을 대변해 주고 있는 말이다. 중생심과 불심이 따로 존재하는 것이 아니라 중생이 一念의 자각이 있으면 중생심 전체가 그대로 불심으로 전환되는 것이고, 자각이 없으면 본래 구족하고 있는 불심이 그대로 중생심이 되는 것을 의미한다. 그렇기 때문에 신회는 깨닫지 못한 사람을 두고 말하면 중생이 있고, 부처가 따로 있지만 만약 깨달은 사람의 입장에서 보면 중생심과 불심이 원래 차별이 없다고 주장한 것이다.

그 다음 『열반경』의 不二사상은 '迦葉菩薩品'에 "초발심과 구경각의 둘을 구별할 수 없어, 두 마음 중 어느 것이 先心인지 구별하기 어렵네(發心畢竟二不別, 如是二心先心難)"104)라고 한 말이 있다. 이 말 속에 불이사상의 뜻이 내포되어 있다. 여기서 발심은 초발심을, 畢竟은 구경각을 각각 가리킨다. 이 말

---

103) 『신회화상선화록』, p.75, "魏郡乾光法師問, 「何者是佛心, 何者是衆生心?」 答曰, 「衆生心卽是佛[心], 佛心卽是衆生心.」 問, 「衆生心與佛[心]旣無差別, 何故言衆生, 言佛?」 答, 「若約不了人論, 有衆生有佛. 若其了者, 衆生心與佛心元不別."

104) 『열반경』(『대정장』 권12, 북본 권39, p.590상, 남본 권35, p.838상); 『勝天王般若經』 권2(『대정장』 권8, p.694상). 이 게송은 「단어」 37단; 「보리달마남종정시비론」 52단; 석정본 「남양화상문답잡징의」 48단 등에도 인용되어 있다.

은 처음 발심한 때의 마음과 정각을 이룬 때의 마음이 둘이 아니라 하나라는 의미이다. 즉 처음에 보리심을 일으킨 그 마음이 바로 깨달음의 마음이라는 뜻이다. 이와 같이 대승의 깨달음이란 번뇌를 끊고 구경각을 성취하는 것이 아니라 처음 발심할 때의 그 마음이 곧 바로 佛地에 들어가는 마음과 동일하다는 것이다.

지금까지 살펴 본 반야의 불이사상은 근원적인 깨달음의 세계에서만 구현될 수 있는 사상이자 논리인 것이다. 신회는 이러한 반야의 不二사상을 돈오라는 깨달음의 구조를 가설하여 그 사상을 체험케 하여 자기의 것으로 만들도록 하고 있다.

2) 불법의 自己化

(1) 頓悟見性

하택신회는 불법의 정신을 자기의 것으로 만들기 위하여 임시방편으로 돈오라고 하는 깨달음의 실천구조를 제시하였다. 그러면 먼저 왜 불성을 돈오해야 하는지 그 이유부터 살펴 본 후, 돈오의 개념에 대해서 고찰해 보겠다.

먼저 頓悟해야 할 이유에 대해서 살펴보자. 『열반경』에 "일체의 모든 중생은 불성을 가지고 있다(一切衆生 悉有佛性)"[105)]

105) 『대정장』권12, p.573하.

고 한 말이나 "일체의 모든 중생은 본래 열반의 세계에 있으며, 무루지의 성품을 본래 스스로 가지고 있다(一切衆生 本來涅槃 無漏智性 本自具足)"[106]고 한 말은 중국 돈오선의 가장 근본적인 바탕이 되는 사상이다. 왜냐하면 만약 우리의 本源自性이 청정하고 지혜와 덕성이 구족되어 있지 않다면 돈오할 필요가 없기 때문이다. 그러므로 『頓悟入道要門論』에 "무엇으로부터 닦습니까? 근본으로부터 닦습니다. 왜 근본으로부터 닦아야 합니까? 마음이 근본이기 때문이다"[107]라고 한 바와 같이 수행을 하는 것도 우리의 마음이고, 깨달음을 이루는 것도 역시 우리의 마음으로 말미암아 이루기 때문에 마음이 근본이 된다고 한 것이다. 그리고 『景德傳燈錄』 권5 '제33조 慧能大師章'에 "道는 마음으로 말미암아 깨닫는다(道由心悟)"[108]고 한 말도 상기할 필요가 있다.

불성이 번뇌망념에 물들지 않도록 잘 지키는 실천적인 입장에서 불성의 자각을 강조하고 있는 말을 보면, 『열반경』 제25권 '光明遍照高貴德王菩薩品'에 "번뇌를 끊는 것을 열반이라 하지 않고, 번뇌가 일어나지 않는 것을 열반이라 한다. 제불여래는 번뇌가 일어나지 않는다. 이를 열반이라 한다"[109]고 한

106) 『대정장』 권12, p.424하와 p.423하에 나오는 내용을 취의한 것이다. 이와 동일한 구절은 본경에는 보이지 않는다. 『金剛三昧經』(『대정장』 권9, p.368하)에 "一切衆生 本來無漏"라고 한 말이 있다.

107) 『卍續藏』 권110, p.840하, "問, 從何而修. 答, 從根本修. 云何從根本修. 答, 心爲根本."

108) 『대정장』 권51, p.236상.

109) 『대정장』 권12, p.514하, "斷煩惱者不名涅槃. 不生煩惱乃名涅槃. …

이 말은 불성의 자각을 강조하고 있는 말로서 無念사상과 직결되는 사상이기도 하다. 念念自覺에 의하여 근원적인 본래심으로 되돌아가서 더 이상 번뇌가 이어지지 않고 단절된 상태를 의미한다. 제불여래는 항상 念念自覺의 상태에 있기 때문에 번뇌망념이 일어나지 않고 오직 지혜만이 상속한다. 이러한 불성의 자각적인 입장을 신회는 無念이라고 했다. 이 무념은 념념자각에 의해서 이루어진다. 이 념념 자각이 바로 돈오인 것이며, 근원적인 불성으로 되돌아 간 돈오의 상태에서 견성이 이루어지는 것이다. 또 이때가 바로 반야바라밀이 성취된 때이며, 이 반야바라밀에서는 항상 眞心이 작용하기 때문에 반야바라밀은 곧 一念이고, 일념은 곧 일행삼매인 것이다.[110]

그밖에 돈오의 논리적 구조를 창안할 수 있도록 만든 사상을 보면, 『화엄경』 권8, '梵行品'의 '初發心時便成正覺(처음 발심할 때가 곧 바로 정각을 이룬 때다)'[111]이란 말도 돈오의 전환적인 논리구조를 잘 대변해 주고 있는 사상이라고 볼 수 있다.

그러면 신회의 석정본 「남양화상문답잡징의」 21단에 頓의 의미를 묻는 가운데 도약적인 돈오의 논리가 나오는 것을 고찰해 보자.

諸佛如來煩惱不起是名涅槃."

110) 「菩提達摩南宗定是非論」 제47단(『신회화상선화록』, p.39)에 "云何無念? 所謂不念有無, 不念善惡, 不念有邊際無邊際, 不念有限量無限量. 不念菩提, 不以菩提爲念. 不念涅槃, 不以涅槃爲念. 是爲無念. 是無念者, 卽是般若波羅蜜. 般若波羅蜜者, 卽是一行三昧."라고 했다. 이와 같은 말이 석정본 「남양화상문답잡징의」 14단(앞의 책, p.73)에도 나온다.

111) 『대정장』 권9, p.449하.

"頓의 의미가 어떠합니까? 원컨대 그 요지를 가르쳐 주십시오."

신회화상이 답했다. "周의 太公望[112]이나 殷의 傳說의 경우는 모두 낚싯대를 내걸거나 도로공사를 하고 있었을 뿐이었고, 任用하는 것은 황제의 마음에 있었다. 필부의 몸으로 일어나 곧 바로(頓) 재상의 지위에 올랐으니 어찌 이것이 세간의 부사의한 일이 아니겠소. 그러나 출세간의 부사의는 중생들이 마음 가운데에 탐애와 무명을 가득히 갖고 있음이 분명하지만, 다만 眞正한 선지식을 만나게 되어 一念이 상응하면 곧 바로 정각을 이루게 되는 것이니 이것이 어찌 출세간의 부사의한 일이 아니겠소."[113]

라고 한 내용에서 알 수 있듯이 한 생각이 본래심과 상응할 때 곧 바로 깨달음을 성취한다는 말로서 이는 頓悟의 뜻을 잘 나타내 주고 있는 말이다. 일념상응이란 한 생각이 본래심과 상응하는 것을 말한다. 즉 한 생각이 근원적인 불성과 상응할 때

---

112) 周太公은 周代의 太公望呂尙이다. 주나라 文王의 스승. 여상은 빈궁하고 年老하여 渭水의 물가에서 낚시질하고 지내다가 문왕에게 등용됨. 출처; 「說苑」에 呂望年七十釣于渭渚, 三日三夜魚無食者, 望卽忿脫其衣冠, 上有異人者謂望曰, 子姑復釣, 必細其綸芳其餌, 徐徐而投, 無令魚驚, 望如其言 初下得鮒, 次得鯉, 刺魚腹得素書 , 又曰 呂望封於齊. 또「史記齊太公世家」에 西伯獵果遇太公於渭之陽, 與語大說曰, 自吾先君太公, 曰當有聖人適周, 周以興, 子眞是邪, 吾…子久矣, 故號之曰…, 載與俱歸, 立爲師.

113) 『신회화상선화록』, p.80, "問曰, 「其義云何? 願示其要.」 答曰, 「如周太公, 殷傳說(原『傳』下有『上』字), 皆竿釣板築, 而簡在帝心, 起自匹夫, 爲頓登台輔, 豈不是世間不思議之事. 出世不思議者.. 衆生心中, 具足貪愛無明宛然者, 但遇眞正 善知識, 一念相應, 便成正覺, 豈不是出世不可思議事." 같은 내용이 파리본「남양화상문답잡징의」 4단에도 나온다.

곧 그 때가 바로 깨달음을 이룬 때라는 것이다. 프랑스 파리본 「남양화상문답잡징의」 4단에 출세간의 부사의라는 것은 10信에서 처음 발심하여 一念이 본성과 상응하여 문득 정각을 이루는 것이 돈오의 부사의[114]라고 한 말도 역시 돈오의 논리구조를 대변해 주고 있는 말이라고 볼 수 있다.

그 다음 돈오의 개념을 고찰해 보자. 돈오란 시간적으로 빨리 깨닫는다는 말이 아니다. 깨달음의 논리구조만을 나타내는 말임을 명심해야 한다. 다시 말해서 깨달음의 시간이 길고 짧음을 나타내는 말이 아니라 초월적이고, 전환적인 깨달음의 논리구조를 표현한 말임을 상기해 둘 필요가 있다. 그래서 唐 大珠慧海(생몰 년대 미상)의 『頓悟入道要門論』의 벽두에 "頓이란 것은 망념을 頓除하는 것이고, 悟란 것은 무소득을 깨닫는 것이라(頓者, 頓除妄念. 悟者, 悟無所得)"[115]고 했다. 부연하면 망념을 돈제한다는 것은 미혹의 세계에서 일념전환에 의하여 근원적인 불성의 세계로 되돌아 간 것을 말하며, 무소득을 깨닫는 것은 근원적인 불성의 세계로 환원된 상태에서 나온 반야지로써 진여본성이 공적한 사실을 자각하는 것을 뜻한다.

요컨대 돈오란 一念의 자각에 의하여 불성의 세계로 되돌아가는 논리구조를 가리키는 말이다. 그렇기 때문에 돈오라는 말은 반드시 불성사상을 전제로 하고 있음을 알 수 있다. 돈오라는 말은 불성을 돈오하는 데만 써야지 다른 말에 붙여서 이 말

114) 『신회화상선화록』, p.118, "出世間不思議者, 十信初發心, 一念相應便成正覺. 於理相應, 有何可怪? 此明頓悟不思議."

115) 『卍續藏』 권110, p.840하.

을 사용하면 의미가 통하지 않는다는 사실을 강조해 둔다..

수행을 단 하루를 하든, 아니면 20년, 30년을 하든지 간에 깨달음은 항상 一念의 전환에 의해서 이루어지는 것이다. 왜냐하면 미혹과 깨달음은 서로 공존할 수 없는 관계에 있고, 또 迷와 悟는 絶對斷絶性의 관계에 있기 때문이다. 우리의 一念이 작용하는 行相을 보면 서서히 작용하는 경우는 없다. 예를 들면 태양이 동쪽에서 떠오를 때 여명이 서서히 밝아 오는 것과 같이 우리의 마음이 미혹함에서 깨달음으로 차츰차츰 전환되지 않는다는 것이다. 그러나 사람의 근성에 따라 깨달음이 빠르고 느림은 있다.[116] 즉 영리한 사람은 깨달음이 빨리 오고, 우둔한 사람은 깨달음이 느리게 올 것이다.

지금까지 살펴 본 바와 같이 돈오는 념념 자각에 의하여 무념의 세계로 환원된 상태를 말하는 것임을 알 수 있다. 이 무념의 경지는 일체의 차별심과 분별심이 일어나지 않는 본래의 자리이기 때문에 만법과 자기가 하나가 된 세계이다. 이 근원적인 무념체상에 반야지(知)가 나와서 본성을 깨닫게 되는 것(見)이다.

(2) 知와 見

하택신회는 「보리달마남종정시비론」 14단에서 '見' 1자에 대해서 30년 동안 공부했다고 자기의 입으로 말하고 있는 것[117]

116) 돈황본 『육조단경』 41단에 "法卽一種, 見有遲疾, 見遲卽漸, 見疾卽頓. 法無漸頓, 人有利鈍故, 名漸頓."이라고 한 말을 참조.

117) 양증문, 『신회화상선화록』, p.26에 "神會三十餘年所學功夫唯在「見」

처럼 신회의 선사상을 연구함에 있어서 知와 見의 사상은 매우 중요하다. 그는 불성의 지혜작용을 지와 견으로 나누어 설명하고 있는데 지는 무념의 상태에서 나오며, 이 무념체상에서 나온 지의 작용이 견이라고 설명하고 있다. 이 지와 견의 차이를 「단어」 29단에 의거하여 살펴보자.

> "여러분, 자신의 몸속에 불성을 가지고 있으면서 아직 분명히 보지 못하고 있다. 그 이유를 비유로써 설명하면 이곳에서 여러분들 각자의 가정에 있는 주택이나 衣服 · 臥具 및 일체의 여러 가지 물건들을 생각한다고 할 때 도구들이 있는 것을 전부 잘 알고 있어서 결코 의심하지 않는 것과 같기 때문이다. 이러한 경우 知(안다)라고 부르지 見(본다)이라고 부르지는 않는다. 만약에 직접 주택에까지 가서 위와 같은 물건들을 직접 본다면 見이라고 부르지 知라고는 부르지 않는다(知識, 自身中有佛性, 未能了了見. 何以故? 喩如此處, 各各思量家中住宅·衣服·臥具及一切等物, 具知有, 更不生疑. 此名爲知, 不名爲見. 若行到宅中, 見如上所說之物, 卽名爲見, 不名爲知.)"[118]

라고 한 바와 같이 반야의 근본지인 知와 그 지의 작용인 見에 대한 차이점은 지는 견이 작용할 수 있도록 엄밀하게 힘을 제공해 주는 역할을 하는 것이라고 한다면 견은 지를 의지하여 직접 사물을 육안으로 보고 확인하는 것을 가리킨다. 그러므로 육안으로 직접 보았기 때문에 추호도 의심이 없는 확신의 의미

字."

118) 양증문, 『신회화상선화록』, p.12.

가 내포된 말임을 알 수 있다. 신회는 이 육안으로 보는 견을 내부로 돌려 心眼으로 진여자성의 작용을 보고 확인하도록 하고 있다. 심안으로 자기의 본성을 볼 때가 바로 돈오견성이 이루어지는 때이며, 이때가 또한 불법과 자기가 하나가 된 때이다.

불법의 정신을 자기의 것으로 만드는 데는 돈오견성으로써도 가능하지만 불법의 현지를 자각함에 의하여 이루어지는 頓悟玄旨로써도 가능하다. 그러나 돈오견성이 된다고 해서 돈오현지가 자각되는 것은 아니며, 반대로 돈오현지가 될 때는 반드시 돈오견성이 동시에 이루어진다. 돈오현지는 주로 경전이나 어록을 보는 가운데 이루어지며, 또 강의를 듣는 중에도 이루어진다.[119] 현지를 체득하는 것은 강의를 듣거나 자신이 공부를 하면 되니까 논외로 하고, 여기서는 돈오견성만 다루기로 한다.

다음 항으로 넘어가기 전에 지금까지 논급한 내용 가운데서 오해하면 안 될 사항을 지적해 보면, ①의 '一切無碍'와 ②의 '念不起'와 ③의 '見本性'은 모두 一心의 작용을 세부분으로 나누어 설명한 것이지만 이 셋은 사실 분리되어 작용하는 것이 아니라 동시에 작용하는 것임을 명심해야 한다.

---

119) 석정본 「문답잡징의」 혜능전에 '言下證'·'言下便證'·'言下便悟'이란 말이나 돈황본 『육조단경』 4단에 '慧能一聞, 心明便悟'·10단에 '慧能聞已, 卽識大意'·11단에 '慧能一聞, 言下便悟'·13단에 '得聞言下心開'·33단과 44단에 '一聞言下大悟'라고 한 말은 모두 돈오현지를 표현하고 있는 내용들이다.

3) 불법의 생활화

하택신회는 불법을 자기화 하는 구조를 돈오견성으로 제시하였다. 그리고 이를 구체적으로 일상생활 속에서 실천하는 방법을 제시하고 있는데 그 사상을 고찰해 볼 차례이다.

남종선에서 주장하고 있는 깨달음의 구조와 그 구체적인 실천방법을 간단히 말하면 망념이 일어나면 망념이 일어난 사실을 자각하는 것이다. 망념이 일어난 사실을 자각하면 망념은 저절로 사라짐과 동시에 근원적인 본래심으로 되돌아가는 실천구조로 되어 있다. 그러면 신회의 어록 상에서 구체적인 실천구조와 그 방법을 고찰해 보자. 먼저 「壇語」 36단에,

> "만약 망념이 일어나면 곧 바로 자각하라. 자각하면 망념은 없어진다. 이것이 곧 本性인 無住心인 것이다(若有妄起, 卽覺. 覺滅卽是本性無住心.)."[120]

라고 했고, 또 「菩提達摩南宗定是非論」 48단에,

> "마음에 妄念이 일어나면 곧 바로 깨달아 비추어라. 망념이 없어지면 깨달아 비추는 것도 또한 없어진다. 이것이 곧 無念인 것이다(心若有念起, 卽便覺照. 起心旣滅, 覺照自亡. 卽是無念.)."[121]

---

120) 『神會和尙禪語錄』, p.13.

121) 『神會和尙禪語錄』, p.39.

라고 했으며, 그 다음 「南陽和尙問答雜徵義」 제14단에는,

"마음에 만약 망념이 일어나면 곧 바로 覺照하라. 만약 일어난 망념이 곧 소멸하면, 각조도 또한 저절로 없어진다. 이것이 곧 무념인 것이다(心若有念, 卽便覺照. 若也起心卽滅, 覺照自亡, 卽是無念.)."122)

라고 했다.

이런 사상의 근거는 『大乘起信論』(『대정장』 권32, p.576중)에 "범부는 앞의 생각이 망념이 일어난 사실을 자각했기 때문에 능히 뒤의 생각이 그 망념으로 하여금 지속하지 않도록 끊어줄 수 있다(凡夫人覺知前念起惡故, 能止後念令其不起.)"라고 한 말을 토대로 한 것이다. 먼저 논에 망념이 일어난 무명의 입장을 다음과 같이 기술하고 있다. 즉 "이른바 심성은 항상 번뇌망념이 없기 때문에 불변이라고 한다. 그러나 근원적인 일법계(깨달음의 세계)를 통달하지 못했기 때문에 마음이 본래심과 상응하지 못하고 홀연히 망념이 일어나는 것을 무명이라 한다"고 했고, 다음 "먼저 일어난 망념을 자각했기 때문에 능히 뒤에 일어나는 망념을 방지할 수 있다(覺知前念起惡故, 能止後念, 令其不起)"고 한 것이 그 전거이다. 그러나 『기신론』에서는 위의 말에 대한 부연설명으로 덧붙이기를, 망념을 자각했기 때문에

122) 『神會和尙禪語錄』, p.73. 「南陽和尙問答雜徵義」 12단에 "만약 망념을 자각하면 망념은 저절로 다 없어진다(若覺妄念者, 覺妄自俱滅.)"고 한 말도 같은 뜻이다.

망념이 이어지는 것을 끊어주기는 했지만 또 망념이 일어나기 때문에 깨달았다고 할 수는 없다고 했다. 그러면 선에서의 구경각이란 어디인가? 불법의 정신을 체구연마 하여 완전히 자기의 것이 됨과 동시에 생활화와 인격화가 자연스럽게 이루어지는 경지를 말한다.

圭峰宗密(780～841)은 신회의 이 사상을 계승하여 『도서』에서 간단명료하게 게송으로 요약하고 있다. 즉 "망념이 일어나면 곧 망념인 줄 깨달아라. 망념인 줄 깨닫게 되면 망념은 곧 없어진다. 이것이 수행의 妙門이다(念起卽覺, 覺之卽無, 修行妙門)"[123]라고 했다. 宋代의 長蘆宗賾선사(생몰 년대 미상)는 그의 「坐禪儀」에서 "망념이 일어나면 곧 바로 망념이 일어난 사실을 깨닫도록 하라. 망념이 일어난 사실을 깨달으면 곧 바로 망념은 없어지게 된다. 이렇게 오래도록 하여 일체의 경계에 끄달리는 망념이 없어진다면 자연히 나와 경계도 없어져 하나가 된다. 이것이 좌선의 요술인 것이다(念起卽覺, 覺之卽失. 久久忘緣, 自成日片, 此坐禪之要術也.)"[124]라고 강조하고 있다. 이는 모두 불성의 자각을 강조하고 있는 말들이다.

깨달음의 생활을 제시하고 있는 신회의 句와 종밀이나 종색의 게송과를 서로 비교해 보면 내용은 똑 같다. 그러므로 신회의 구는 간단명료하지 않기 때문에 종밀의 게송을 이용하여 구체적으로 설명해 보면, 좌선중이나 일상생활 속에서 망념이 일어나면 망념이 일어난 사실을 자각하는 것은 곧 '돈오'이고, 일

---

123) 김무득 註釋, 『선의 근원』, 우리출판사, p.130,

124) 해인사승가대학, 『新編緇門警訓』, p.191에 자세한 내용이 나와 있다.

어난 망념을 자각하면 망념은 없어지게 되는 것은 곧 '견성'과 같은 구조이다. 그러므로 신회는 돈오견성을 통해서 자기화된 불법을 일상생활 속에서 구체적으로 실천하는 방법을 "마음에 만약 망념이 일어나면 곧 바로 覺照하라. 만약 일어난 망념이 곧 소멸하면, 각조도 또한 저절로 없어진다"고제시하고 있는 것이다. 그러나 망념이 일어난 사실을 자각하면 붓다가 되지만 만약 자각하지 못하면 번뇌망념속에 떨어진 중생이 되고 만다. 지금까지 언급한 내용을 도시하면 다음과 같다.

念起卽覺　　覺之卽無
↓　　↓
頓悟　　見性

念起卽覺 → 凡夫

覺之卽無 → 佛

우리의 마음은 본래 공적하여 망념이 일어나는 사실을 깨닫지 못하고 넘어 가는 경우가 허다하다. 그렇지만 만약 망념이 일어난 사실을 자각하면 그 망념은 저절로 다 없어지고 본래의 공적심으로 되돌아가게 되는 것이다. 망념이 사라지고 자기의 본래심으로 되돌아간 때가 다름 아닌 무념의 깨달음인 것이다. 이 때 일체의 모든 망념은 사라짐과 동시에 오직 자기의 본래심인 불성과 상응(一體化)하게 되는 것이다. 이를 일행삼매라 한다. 그러나 마음속에 티끌만한 망념이라도 있으면 불성과 상응할 수 없고, 一行三昧 또한 이루어지지 않는 것이다. 그러므로 스스로 번뇌망념이 일어난 사실을 자각하지 못하면 번뇌망념 속에서 중생의 미혹한 삶을 살게 되는 것이다. 그 뿐만 아니라 이러한 수행구조와 실천방법을 모르면 자기 자신도 올바른 깨달음의 세계를 만들어 갈 수 없게 된다.

신회가 깨달음의 구조를 돈오견성이라는 틀로써 체계화하여 실천할 수 있도록 방법을 제시한 점은 그의 뛰어난 창안이라고 하지 않을 수 없다. 그러나 신회의 사상을 이어 받아 좌선할 때나 일상생활 속에서 좀 더 구체적으로 발전시킨 사상이 돈황본 『육조단경』 22단에 無相戒의 가르침을 설하는 중 圓滿報身佛에 대한 설명에서 잘 나타나 있다.

> "前念을 생각하지 말고, 항상 後念만을 생각하라. 항상 후념이 善한 것을 보신이라 한다. 한 생각의 악한 과보는 천년의 선을 생하지 않게 하고, 한 생각의 착한 과보는 천년의 악을 소멸하게 한다. 시작이 없는 때부터 지금까지 후념이 선한 것을 보신이라 한다. … 생각 생각이 선한 것을 보신이라 한다(莫思向前, 常思於後. 常後念善, 名爲報身. 一念惡報, 却千年善止, 一念善報, 却千年惡滅. 無始以來, 後念善名爲報身. … 念念善卽是報身.)"[125]

고 했다. 여기서 전념은 망념이 일어나는 것을 가리키고, 후념은 일어난 망념을 자각하는 것을 가리킨다. 禪에서 善의 기준은 현재 지금 자기가 하는 일이 기준이 된다. 즉 현재 지금 자

125) 『혜능연구』, p.303.

기가 하는 일에 몰두하여 불성의 자각적인 작용이 끊어지지 않는 것이 선한 삶인 것이다. 다시 말해서 생각 생각에 항상 자각적인 삶으로 가꾸어 가는 그 자체가 바로 보신이라는 말이다.

또『단경』24단 無相懺悔의 설법 중에

> "前念과 後念과 그리고 今念이 생각 생각에 우치와 미혹에 물들지 않고, 지금까지의 악행이 일시에 완전히 제거되어 자기의 성품에서 없어져 버렸다면 이것이 곧 참회인 것이다. 전념과 후념과 그리고 금념이 생각 생각에 우치에 물들지 않고, 지금까지 자기의 교광심을 제거하여 영원히 끊어 버린 것을 자성의 참회라고 한다. 전념과 후념과 그리고 금념이 생각 생각에 질투와 시기에 물들지 않고 지금까지 자기의 질투심을 제거한다면 이것이 곧 참회인 것이다(前念後念及今念, 念念不被遇迷染, 從前惡行, 一時自性若除, 卽是懺悔. 前念後念及今念, 念念不被愚癡染, 除却從前矯誑心, 永斷名爲自性懺, 前念後念及今念 念念不被疸疫染, 除却從前嫉妬心. 自性若除卽是懺.)"[126]

라고 한 말 중에 前念과 後念은 앞에서 언급한 내용과 같고, 今念은 '망념을 자각한 후 본래심으로 환원된 상태'를 가리킨다. 이 단에서는 今念을 더 추가하여 '念起卽覺, 覺之卽失'의 논리적인 구조를 더 자세하게 설명하고 있다.

3念 가운데 중요한 것은 망념이 일어난 사실을 자각하는 後

---

126)『혜능연구』, p.306.

念이다. 왜냐하면 망념이 일어난 사실을 자각하는 그 상태가 바로 무념의 깨달음이기 때문이다. 그러나 만약 망념이 일어난 사실을 자각하지 못하면 범부로 전락되고 마는 것이다. 그래서 『단경』 28단에 "전념(이전의 생각)이 미혹하면 범부이고, 후념(지금생각)이 깨어 있으면 부처이다(前念迷卽凡, 後念悟卽佛)[127]라고 한 것이다.

생각 생각에 영원히 미혹하지 않고, 생각 생각에 영원히 우치에 물들지 않으며, 그리고 생각 생각에 영원히 빠지지 않는 방법은 자성에서 미혹과 우치와 그리고 질투심을 제거해야 한다. 이렇게 자성에서 일체의 우치와 미혹 등 번뇌를 영원히 제거하는 방법은 근원으로 되돌아가서 자각적인 생활을 하는 것 외에는 다른 방법이 없다. 이 단에서도 역시 강조하고 있는 것은 자각적인 삶 그 자체가 바로 진정한 참회라는 것을 역설하고 있다.

127) 『혜능연구』, pp.312~313.

4. 결 론

지금까지 좌선의 정의를 기본 골격으로 하여 불법의 정신을 자기화하고, 생활화하는 과정을 살펴보았다.

일체에 무애한 삶은 반야의 불이사상을 토대로 하여 돈오의 구조로써 체계화하였고, 일체의 망념이 일어나지 않는 념불기는 바로 근원적인 불성의 세계로 되돌아 간 상태로서 이는 바로 만법과 자기가 하나가 된 경지이다. 일체의 번뇌망념이 일어나지 않는 무념체상에서 나온 반야지로써 불법의 정신을 자기화 하도록 하였다.

『단경』에서는 불법의 자기화와 생활화를 좌선이나 일상생활 속에서 전개하는 방법을 구체적으로 제시하고 있는데 그것이 다름 아닌 念念自覺에 의해서 이루어지도록 하고 있음을 알 수 있다.

<참고문헌>

*和田昌太郎, 「生死と問題」(『印度學佛教學研究』19-1, 1970, 12).

*春日禮智, 「生死即涅槃について」(『宗教研究』206, 1971, 3).
*春日禮智, 「煩惱即菩提について」(『印度學佛教學研究』19-1, 1970, 12).
*安井廣濟, 「煩惱即菩提について」(『煩惱の研究』, 1975, 9).
*安井廣濟, 「煩惱即菩提」(『大谷學報』54-2, 1974, 9).
*『講座佛教思想』第4卷(人間論・心理學), 東京: 理想社, 1974.
*三枝充悳, 김진무, 『인간론・심리학』, 서울: 불교시대사, 1996.

찾 아 보 기

(ㅁ)

(ㅂ)

(ㅇ)

(ㅈ)

지은이 活空 唯眞

1986년 동국대학교 영어영문학과 졸업
1987년 해인사에서 득도
1992년 해인사 승가대학 대교과 졸업
1996년 동국대학교 대학원 불교학과 석·박사과정 졸업 철학박사
현 재 동국대학교 선학과 교수
著 書: 『돈황본 육조단경 연구』 『돈오입도요문론 연구』
『윤회의 주체와 실상』 『번뇌장 • 소지장의 연구』
論 文: 「하택신회의 선사상연구」「남종선의 三學一體연구」「신회어록상에 나타난 반야사상」「하택신회의 북종선 비판」「남종선의 실천구조와 수행방법」「돈황본 육조단경의 실천사상」「無念에 대한 고찰」「유마경의 반야사상을 의용한 신회의 선사상」「신회와 혜능의 삼무관에 대하여」「혜능이 선학에 준 공과」「말나식의 성립과 현대적 의미」「신수와 혜능의 득법게에 대하여」「돈황본 <단경>상의 心病에 대하여」 외 다수

禪學概論

불기 2551년(2007) 4월 20일 초 판 1쇄 발행
불기 2553년(2009) 3월 5일 증보판 1쇄 발행
불기 2561년(2017) 7월 31일 증보판 2쇄 발행

지은이 정 유 진
펴낸이 이 규 택
펴낸곳 경 서 원
110-170 서울시 종로구 견지동 55-2
등록번호 제 1-37호 (1980. 7. 22)

☎ 편집부 02) 733-3345
영업부 02) 733-3346
전 송 02) 722-7787

ISBN 978-89-92062-31-2

파본은 바꾸어 드립니다.
값 25,000 원